JN340512

한국 최초의 치과 의사

함석태

한국 최초의 치과의사

함석태

편저자 | 변영남
발행자 | 오혜정
펴낸곳 | 글나무
주　소 | 서울시 은평구 진관3로 32, B동 516호(파크앤타워)
전　화 | 02)2272-6006
e-mail | wordtree@hanmail. net
등　록 | 1988년 9월 9일(제301-1988-095)

2025년 8월 25일 초판 인쇄 · 발행

ISBN 979-11-93913-21-5 03990

값 20,000원

© 2025, 변영남

저자와 협의하여 인지를 생략합니다.
이 책의 내용을 재사용하려면 저작권자와 출판사 글나무의 허락을 받아야 합니다.

한국 최초의 치과의사

함석태

변영남 편저

| 서문

한국 최초의 치과의사는 함석태(咸錫泰) 선생이다. 그는 호를 토선(土禪)이라고 했다.

조상 대대로 많은 농토를 갖고 있어 흙과 더불어 살았다. 그래서 흙을 사랑했다. 또 흙으로 빚어 구운 우리나라 토기를 사랑했다. 백자도자기 특히 〈금강산 연적〉을 제일 사랑했다. 그래서 호에 '土' 字를 붙였을 것이다. 또 함석태 선생은 조국을 사랑했다. 한국 최초의 치과의사이고 한국인 최초의 치과의사 단체인 한성치과의사회를 만들었다. 또 최초의 구강운동 계몽운동가, 사라져가는 문화재를 수집한 문화재 애호가, 독립운동가를 도운 애국자였다.

함석태 선생의 비극은 우리 민족의 비극이었다. 불행하게도 해방되기 약 두 달 전 일제의 소개령에 의해 갖고 있던 문화재 소장품을 지키기 위해 소장품을 고향 영변으로 끌고 갔다.

영변 근처 구장이라는 곳에서 짐도 풀지 못한 채 피신해 있다 해방을 맞았는데, 북한 땅을 점령한 김일성이 지주들의 토지를 몰수하자 심상치 않음을 느끼고 문화재를 갖고 다시 남하하기로 결심했다. 가족들과 헤어져 신의주로 가서 남하한다고 했으나 그 후 행방은 알 수 없고 죽었는지 살았는지도 알 수 없다.

다만 노무현 대통령 시절 북녘 문화재가 서울에서 전시회를 한 바 있다. 그때 함석태 선생 소유 문화재가 다수 출품되었다. 특히 〈금강산 연적〉이 출품되며 우리를 흥분케 했다. 조선총독부 『고적도본』에 있는 함석태 선생의 것과 일치된 것이다. 남하하다 문화재급 소장품을 모두 뺏기고 본인은 희생되지 않았나 추측해 본다.

금년(2025년) 한성치과의사회 설립 100주년을 맞이했다. 몇 년 전부터 함석태 선생에 관한 전기를 써보고자 마음먹었다. 후배로서 당연한 일이라 생각하고 기록을 남기고 싶어서 많은 자료를 수집했다. 함석태 선생에 대해 많은 관심을 가진 김상엽 교수, 향토사학가 이승을 선생님, 치과의사 선배인 이한수, 기창덕 선생님, 치과의사 동료인 신재의, 권훈 선생님의 글이 많은 도움이 되었다. 원고 입력과 편집을 도와준 박혜숙(구네군다)께 감사드린다. 1920, 30년대의 《동아일보》, 《조선일보》 기사도 많은 참고가 되었다.

이러한 모든 자료를 수집 정리해 편저자 형식으로 전기를 썼다. 부끄럽고 부족한 부분이 많으리라 본다. 그러나 죽기 전에 함석태 선생에 관한 기록을 남기고자 하는 후배의 마음이니 널리 양해해 주기 바란다.

미래 도약을 위한 가치와 비전을 제시하는 일

박 태 근 (대한치과의사협회 회장)

안녕하십니까. 대한민국 1호 치과의사 토선 함석태 선생의 전기인 『한국 최초의 치과의사 함석태』 전기 발간을 진심으로 축하드립니다.

함석태 선생은 일제강점기 시절 치과의사 전문직업인으로의 이정표를 세우신 분입니다. 조국과 민족을 사랑한 애국자이시며 일본인 치과의사단체에 대항하는 한국인 최초 치과의사단체인 한성치과의사회 창립자였고, 우리나라 구강위생 계몽을 위한 선구자였을 뿐만 아니라, 민족문화유산을 사랑해 지킴이 역할을 평생 노력한 참 지식인이었습니다.

특히 우리나라 면허 1호 치과의사로서 대한민국 3만 7000여 치과의사의 사실상의 시조가 되는 분입니다.

올해는 함석태 선생께서 창립한 한성치과의사회가 100년이 되는 해로써 한성치과의사회의 정통성을 계승한 대한치과의사협회가 100의 역사를 자랑할 수 있는 이유입니다.

우리 선배님들이 일궈온 빛나는 역사를 우리 스스로가 축하하고 자랑스럽게 여기지 않는다면, 우리의 전통과 가치는 역사 속으로 묻히지 않겠습니까?

함석태 선생의 전기는 독립운동가 지원부터 구강위생계몽운동, 문화유산

지킴이 역할 등 선각자적인 활동 등을 사실에 기초해 조명하고 있어, 우리 치과의사들에게 자긍심을 심어주고 정체성을 확립해주는 기념비적 사업이라고 생각합니다.

이와 같은 사업에 사재를 털어 선뜻 나서주신 변영남 선생께 대한치과의사협회장으로서 존경과 감사의 말씀을 드립니다.

변영남 선생은 대한치과의사협회 임원으로 활동하시면서 이뤄낸 공적뿐만 아니라, 대한치과의사학회장과 협회사편찬위원회 위원장을 역임하시면서 우리나라 치과의사 역사를 정립하는 데 크게 공헌하신 치과계 역사학자이십니다.

100년의 생일잔치를 맞이한 우리 치과계로서는 이번 함석태 선생 전기 발간은 한 분의 역사를 정리한다는 의미를 넘어, 오늘을 있게 한 수많은 혜안과 업적들을 되돌아보고, 미래 도약을 위한 가치와 비전을 제시하는 일이라는 점에서도 매우 중요하며 시의적절하고 고무적인 사업이라고 생각합니다.

다시 한번, 함석태 선생 전기 발간을 진심으로 축하드리며, 100년 역사의 소중한 자산을 남기기 위해 고군분투 해오신 변영남 선생의 건강과 행운을 기원드립니다. 대단히 감사합니다.

치과의사의 뿌리를 돌아보고 일

강 현 구 (서울특별시치과의사회 회장)

함석태는 대한민국 최초의 치과의사로 서울시치과의사회의 전신인 한성치과의사회 초대 회장을 역임하셨습니다. 이 사실만으로도 대한민국 치과의사들이 함석태 선생을 기려야 하는 이유는 충분하다고 생각합니다.

함석태 전기를 통해 선생의 넋을 기릴 수 있게 된 점 매우 기쁘게 생각합니다.

출판을 위해 수고를 아끼지 않으신 서울시치과의사회 회사편찬위원회 변영남 고문님께 깊은 감사의 마음을 전합니다.

함석태 선생이 일본치과의학전문학교를 졸업한 것은 1912년이지만, 당시 한국에는 치과의사제도가 없었습니다. 제도가 마련된 후인 1914년 2월 5일에야 국내 치과의사면허 제1호로 등록되었습니다.

한국인 치과의사만으로 조직된 한성치과의사회의 초대 회장을 역임하셨고, 국민의 구강위생을 위한 계몽활동에도 적극적이셨습니다. 실제로 초등학교 학생들의 구강검사와 치아위생에 대한 계몽운동에 동참하며, 일본인과 비교되는 한국인의 구강위생을 걱정하셨습니다.

"일본 아이들은 칫솔을 이용하지만, 조선 아이들은 소금을 이용해 이를 닦는 게 전부여서 구강 상태가 매우 안좋다"라는 내용의 1924년 2월 11일 《동아일보》의 기고, 「구강위생 긴급한 요건」에서는 국민의 구강건강을 걱정하는 함석태 선생의 마음을 엿볼 수 있습니다.

이외에도 문화재 수집가로 활동하면서 지금까지도 국보급 문화재를 지켜낸 위인으로 언론에 회자되고 있습니다. 그가 지켜낸 〈금강산 연적〉 같은 경우 현재 북한의 국보로 지정될 만큼 역사적으로 매우 귀중한 문화재로 여겨지고 있습니다.

또한, 옥중의 독립운동가 안창호의 이를 치료하는가 하면, 강우규 열사의 손녀인 강영재를 양녀로 키우는 등 한국 현대사에도 상당한 업적을 남기셨습니다.

함석태 전기를 통해 우리나라 치과의사의 뿌리를 돌아보고, 치과의사라는 직업의 자긍심을 되새기는 계기가 됐으면 합니다. 대단히 감사합니다.

함석태 선생님 전기 출판을 축하드리며

류 인 철 (대한치과의사협회사 편찬위원회 위원장)

인류 역사상 사람의 수명이 늘어나는 데 기여한 대표적인 이유가 이닦기와 손씻기라고 합니다. 이들은 신체 감염을 예방하고 줄이는 가장 효과적인 수단입니다. 그러므로 구강건강과 구강위생을 담당하고 있는 치과의료는 인류의 수명 연장에 중요한 역할을 하고 있습니다.

2025년은 대한치과의사협회가 창립 100주년이 되는 해입니다.

일제 강점기 시절이었던 1925년 한국인 치과의사들이 독자적으로 '한성치과의사회'를 설립한 것이 오늘날 대한치과의사협회의 모태가 된 것입니다. 1922년 우리나라에 와 있던 일본인 치과의사들이 주축이 되어 만들어졌던 '경성치과의사회'가 있었으나 한국인만으로 구성된 독립된 단체를 만들고자 했던 열망과 움직임이 일어났던 결과입니다. 일본 유학을 다녀왔던 한국인 최초의 치과의사인 함석태 선생과 1922년에 우리나라 최초로 설립된 치의학 교육기관이었던 경성치과의학교 출신 치과의사들이 한성치과의사회를 결성했던 것입니다.

어떤 학문 분야이든 간에 최초라는 명칭을 갖는 역사적 의미가 큽니다. 서울을 유유히 흐르는 한강이 백두대간의 한 계곡에서 발원되었듯이, 오늘날 대한민국 국민들의 건강 보호와 증진을 책임지고 있는 대한치과의사협회도 함석태라는 한국인 최초의 치과의사로부터 기원하였다고 볼 수 있습니다. 19세기 말에 외국선교사들에 의해 근대 의료가 최초로 도입되고 한반도를 둘러싼 해외 열강들의 각축장이 되었던 시절, 일제 강점기와 해방 이후의 역사를 그 시대를 살았던 한 개인의 인생사를 통해 조명해 보는 것은 그 의미가 대단히 크다고 볼 수 있습니다.

대한치과의사회 회장을 역임하시고 대한치과의협회와 서울시치과의사회의 역사편찬에 주도적으로 활동하셨던 변영남 선생님께서 한국인 최초의 치과의사 함석태 선생에 대한 전기를 발간하신다니 후배 치과의사로서 감사와 축하를 드립니다.

그동안 함석태 선생님에 대해 단편적으로만 전해 들어 왔던 치과의사로서, 독립운동가로서, 우리 문화재를 소중히 보존하고자 했던 수집가로서 그 분의 일대기를 정리하기 위해 관련 자료 수집에 쏟았을 변영남 선생님의 노고에 경의를 표합니다. 그 험난했던 시절에 국민의 건강을 위해 일생을 사셨던 함석태 선생님의 전기를 발간함으로써 대한치과의사협회 창립 100주년을 맞이하여 후배들에게 의료인인 치과의사의 사명과 정체성을 되돌아보는 계기를 마련해주셔서 더욱 감사드립니다.

차례

Ⅲ. 함석태 관련 글 모음

차례

Ⅳ. 함석태 사람들

Ⅶ. 함석태 소장품과 관련 작가

I

함석태 이야기

1
함석태 선생 연보

1889. 12. 25.	평안북도 영변 출생(영변군 오리면 세죽동 61)
1912.	일본치과의학전문학교 졸업
1914. 2. 5.	조선총독부 치과의사 면허 1호
1914. 6. 19.	서울 삼각정 1번지(광교 근처)에 함석태치과의원 신축 개원
1925.	한성치과의사회 초대 회장(서울시치과의사회 전신)
1927. 9. 10.	사회주의 독립운동가 김약수 서대문형무소에 출장 치료
1930. 5. 19.	남강 이승훈(오산학교 설립자) 사회장에 부의금 5원 쾌척
1930. 10. 17.	동아일보사 3층 '조선고서화진장품' 전람회 4점 출품
1930.	수표동 장택상 사랑방 모임 골동품 수집가 박병래, 윤치영, 도상봉, 이한복, 이만규, 한상억, 한상로, 손재형, 이여성 등과 교류(소물진품대왕小物珍品大王)이라는 평을 들음
1932. 7. 12.	도산 안창호 유치장으로 출장 가서 치료 후 틀니 해줌(《동아일보》 4면) 안도산(安島山)의 入齒
1932. 10. 1.	동아일보사 '조선고서화진장품' 전람회에 총 20점 출품
1933. 11. 6.	보성전문학교 창립발기인 중 1인

1934. 6. 22.	《동아일보》 주최 '조선중국명작고서화'에 20점 출품
1935.	일제 간행 『조선고적요건』 15권. 조선시대 도자에 조선 사람으로 가장 많은 15점의 소장품이 수록됨
1938. 8. 20.	「비경탐승 - 장수산행」, 글 서항석, 삽화 노수현, 함석태가 딸 문희와 함께 장수산 오른 내용이 수록 함석태는 자연인, 치과의사로의 전문인, 문화재 수집가
1939. 9.	소설가 이태준이 편집인으로 있던 《문장》지 제1권 8호에 「공예미」라는 글 기고
1940. 1.	《문장》지에 「청복반일(淸福反日)」 기고
1941. 7.	경성종로금융조합 감사 취임
1943. 4. 5.	손재형의 〈승설암도(勝雪庵圖)〉에 토선 함석태 선생에 대한 행적이 나옴
1945. 5. 6.	일제의 소개령에 의해 고향으로 고미술품 가지고 피신
1946.	고미술품 소지하고 해주 거쳐 남한으로 가겠다고 가족과 헤어짐. 그 뒤 흔적이 없음
2006. 6. 13~8. 16.	'북녘의 문화유산 - 평양에서 온 국보'를 주제로 국립중앙박물관에서 열린 '북한문화재' 특별전에 함석태 선생이 소장하던 〈진홍백자〉, 〈금강산 연적〉(현재 북한 국보) 등이 전시됨

2
함석태 선생 생애 (1889.12.25.-?)

함석태 선생의 출생과 가족

한국 최초의 치과의사 咸錫泰 선생은 1889년 평안북도 영변군 오리면 세죽동 1번지에서 부유한 집안의 독자로 태어났다. 영변은 살수대첩의 청천강과 묘향산 근처에 있다. 본관은 강릉(江陵) 咸氏 熙川派이다. 사망연대는 알 수 없다. 호는 토선(土禪)이라고 한다.

부친은 함영택(咸泳澤)으로 성균관(成均館) 진사(進士)와 의관(醫官)을 지냈다고 전해진다. 미루어보아 그 지방의 향반(鄕班) 계층이었음이 분명하다. 재산도 많아 학교와 교회를 세우는 등 사회사업도 많이 했다. 모친은 이일녀이다.

함석태 선생은 외아들 철훈(哲薰)과 두 딸 순정과 문희를 두었고 양녀 강영재(姜英材, 강유규 의사 손녀)가 있었다. 며느리는 김숙종이고 평안남도 순천 출신이다. 손자로는 완(玩), 순(珣), 어렸을 때 죽은 진(珍)과 옥(玉), 그리고 막내 각(珏)이 있었으며 손녀 함경자가 있었다. 그의 다섯 손자 이름은 함석태 선생이 지었으며 각자마다 '王'변이 들어가 있다.

아들 哲薰 부부는 6.25 때 폭격으로 사망했다. 함각 씨는 아버지 함철훈(함석태 선생 큰아들), 어머니 김숙종(함석태 선생 며느리), 큰형 함완(咸玩), 둘째형 함순(咸珣) 그리고 조카 함명숙과 함께 연변에서 살았었다고 한다. 큰형 玩은 영변농업학교를 졸업했고 둘째 형 珣은 신의주동중을 다녔다고 한다. 玩은 1965년 사망했다고 하나 확실치는 않다. 함경도에 대토문제로 주민들에게 맞은 후유증으로 서울대병원 신경외과에서 뇌수술을 받았다고 함각이 증언했다. 珣은 경관으로 근무하다 6.25때 실종됐다.

함석태 가족 사진
(우측 첫 번째 강우규 의사의 손녀 강영재)

함석태 선생의 가족은 실로 불행한 가족사였다. 함각(咸珏)은 2023년 고대안암병원에서 선종했으며 가족들에 대한 많은 증언을 남겼다. 함각은 아들 함정호, 딸 함주현, 함주희, 함윤성을 두었다. 사위 노훈용이 있었다. 2023년 3월 15일 벽제청아공원에 영면했다.

부친 함영택*

1926년 5월 28일 자 《시대일보》 기사 내용을 보면 부친 함영택(咸泳澤, 1980-1931)은 영변 직조조합장을 지냈고, 《동아일보》(1926.11.24.) 기사의 영변직조조합 감사를 역임한 사실로 미루어 명주 비단 직조 사업을 했음을 알 수 있다. 중국과의 비단 거래 사업으로 많은 부를 축적했으리라 본다. 당시 비단은 최고의 무역상품이었다. 또 청천강 유역의 강변 모래땅은 뽕나무 재배에

* 한국근현대인물자료 〈신사보감〉, 〈조선신사보감〉 참고

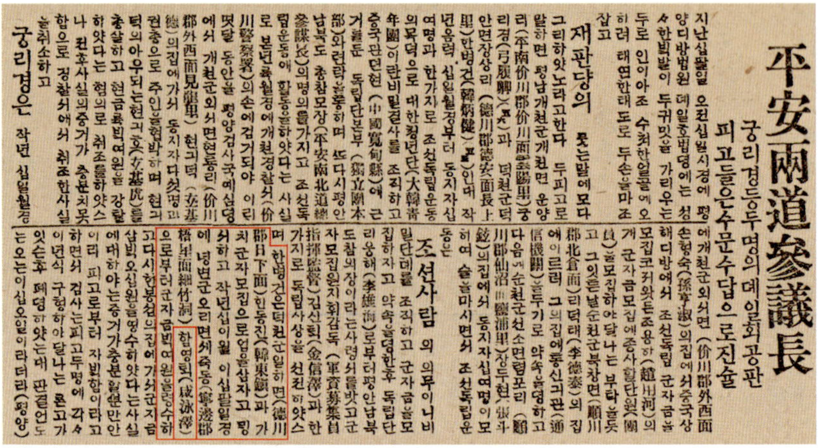

平安兩道參議長

궁리경등두명의뎨일회공판 피고들은수문수답으로진술

지난십칠일 오젼십일시경에 평양디방법원 뎨일호법뎡에는 쳥수한빅발이 두귀밋을 가리우는 두로 인이아조 수쳑한얼골에오히려 태연한태도로 두손을마조잡고

재판댱의 뭇는말에모다

그러하얏노라고한다 두피고로 말하면 평남개쳔군개쳔면 운양리(平南价川郡价川面雲陽里)궁리경(弓履卿)(五六)과 덕쳔군덕안면장상리(德川郡德安面長上里)한병건(韓炳健)(四四)인데 작년음력 십일월경부터 동지자십여명과 한가지로 조선독립운동의목뎍으로 대한쳥년단(大韓靑年團)이란비밀결사를 조직하고 즁국관뎐현(中國寬甸縣)에 근거를둔 독립단본부(獨立團本部)와련락을통하며 또다시평안남북도 총참모장(平安南北道總參謀長)의명의를가지고 조선독립운동에 활동을하얏다는 사실로 본년음칠월경에 개쳔경찰서(价川警察署)의손에검거되야 이리몃달 동안을 평양검사국에심뎡에서 개쳔군외서면현동리(价川郡外西面見龍里) 현긔덕(玄基德)의집에가서 동지자다섯명과 권총으로 주인을협박하며 현긔덕의아우되는현긔호(玄基虎)를 총살하고 현금륙빅여원을 강탈하얏다는 혐의로 취조를하얏스나 피고사실의증거가 충분치못함으로 경찰서에서 취조한사실을취소하고

궁리경은

작년 십일월경에개쳔군외서면(价川郡外西面)손형숙(孫亨淑)의집에서중국상해디방에서 조선독립 군자금을모집코저왓든조용하(趙用河)의게 군자금모집에종사할단원(團員)을모집하야달나는 부탁을듯고 그잇흔날순쳔군북창면(順川郡北倉面)리덕태(李德泰)의 집에이르러 그의집에통신긔관(通信機關)을두기로 약속을뎡하고 다음에순쳔군선소면렴포리(順川郡仙沼面鹽浦里)장두현(張斗鉉)의집에서 동지자십여명이모히여 술을마시면서 조선독립운동은

조선사람

의 의무이니비밀단톄를 조직하고 군자금을모집하자고 약속을뎡한후 독립단리응해(李應海)로부터평안남북도참의장이라는사령서를밧고군자모집원지휘감독(軍資募集員指揮監督)김신퇴(金信澤)과 한가지로 독립사상을 션뎐하얏스며 한병건은덕쳔군일하면(德川郡日下面)한동진(韓東鎭)과 가치군자모집으로업을삼자고 령셔하고 작년십이월 이십팔일경에 녕변군오리면세쥭동(寧邊郡梧里面細竹洞) 함영틱(咸泳澤)으로부터군자금빅여원을령수하고다시헌봉섭의집에가서군자금삼빅오십원을령수하얏다는사실에대하야는증거가충분할뿐만안이라 피고로부터 자빅함이라고하면서 검사는피고두명에 각々이년식 구형하야달나는 론고가잇슨후 폐뎡하얏는데 판결언도는오는이십오일이라더라(평양)

함영택이 독립운동에 간접적으로 참여했음을 확인할 수 있는 기사
《동아일보》, 1921. 11. 20.

유리한 조건으로 누에치기가 적합해 명주 생산에 유리했다. 증손자 함각의 증언도 일치한다.

또 함영택(咸泳澤)은 서우 회원(1907), 서북학회 회원(1908)으로 저명인사 박은식, 이승훈, 안창호 등과 교류하였다. 민립대학설립운동 참여(1923), 독립군 자료 간도 동흥중학교 및 영변 숭덕학교 · 영변 농업학교에 설립기부금을 냈다. 국채보상운동(1907년 함영택 4환, 동부인 김씨 3환, 아들 함석태 3환. 총 10환 냄), 안주군 수해 시에 의연금 기부(1899년 7월 천백 냥 기부) 등을 볼 때 지방의 부유한 저명인사였다.

함석태 선생이 당시에 생소한 학문이었던 치의학을 택한 것은 집안에서 학교를 후원하는 등 사회 사업을 하며 문명 · 개화에 관심이 많았고 기독교 선교사들의 영향을 받았으리라 본다.

함석태 선생의 성격

함석태 선생은 여름에 부채와 그 당시 유행한 흰 구두와 흰 모자, 흰 양복은 절대로 입지 않았으며 어린아이들이 아무리 늦어도 전차를 태우지 않는 철저한 근검절약을 지켰다. 1935년 제2고보(高普: 현 경복고등학교)에 다니는 아들도 먼거리였지만 도보(徒步)로 학교에 보냈다.

막냇손자 각(珏)의 증언에 따르면 함석태 선생은 손자에게 매우 근엄하고 엄하였다. 각(珏)은 할아버지가 귀여워해 겸상을 자주 했는데 무릎을 단정히 꿇고 앉아 음식을 오래 씹고 밥을 흘리지 않도록 조심해 먹어야 했다.

문화수집가 박병래는 '성품이 온아하고 다정다감한 인정을 가진 분'이었다고 증언한다. 박병래보다 여러 해 손위였으나 피차 선생으로 호칭하면서 간절하고 신애가 넘치는 존경심으로 대해 왔다.

조선미술관(朝鮮美術館)을 경영한 화상(畵商) 오봉빈(吳鳳彬)의 소물진품대왕(小物珍品大王)이라는 유머러스한 평이야말로 그의 치밀한 성품과 소장품의 경향에 대한 정확한 표현이다. "함석태 씨야말로 모든 일을 물샐틈없이 하는 분이다. 소털을 뽑아서 제 구멍에 넣는 이가 있다면 咸 씨뿐"이라고 평했다.

함석태 선생의 취미는 서화, 분재, 여행, 하이쿠(俳句, 비구), 골동, 꽃꽂이였으며 특히 전다(煎茶)를 좋아하였다.

함석태 선생과 강영재(姜英才)**

강영재는 일제 강점기 예순넷의 나이에 신임 총독 사이토에게 수류탄을 던진 독립운동가 강우규 의사의 손녀딸이다. 강우규 의사의 동상은 현재 서울역 앞에 있다.

** 참고: 권훈, 「대한민국 치과의사 함석태 전기」, 대한치과의사학회 학술대회, 2024.

1920년 11월 29일 강우규 의사가 사형당한 3년 후인 1923년에 강영재는 서울에 오게 된다. 13세의 나이에 강영재는 아버지 강건하와 어머니 최짐손과 함께 서울 생활을 시작하였다. 강우규 의사 가족들은 알게 모르게 감시와 생활에 어려움이 많았을 것이고, 이때 함석태 선생이 강영재를 양녀로 삼아 이화고등보통학교를 졸업시킨 것으로 보인다. 이런 연유로 1936년 촬영된 유일한 함석태 선생 가족사진을 갖게 되었다.

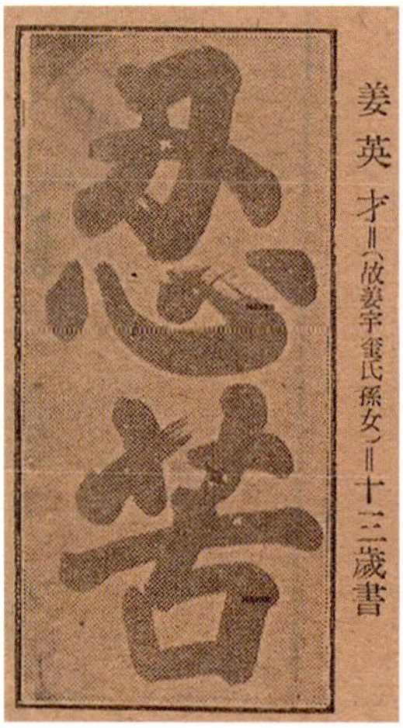

1954년 《조선일보》에 실린 강영재 여사의 수기에 의하면 만주에서 할아버지인 강우규 의사와 함께 살았고 만주에서 글과 붓글씨를 배웠다. 매일 한자(漢字)로 붓글씨를 써 습자첩을 만들었다. 그렇게 배운 글씨체로 1923년 1월 1일 자 《조선일보》에 '인고(忍苦)'라는 글씨가 실려 있다. 이 글씨에는 강우규 의사와 가족들의 삶의 애환이 들어 있다. 강우규 의사가 길림성 요아현에 설립한 광동(光東)학교 현판 글씨도 강영재 본인이 썼다고 회고했다.

—

함석태 선생의 손자 함각은 혈혈단신으로 내려와 가족에 관한 사진이 없었다. 1985년 함석태 선생의 사진을 구해달라는 치과원장 신종호 선생의 부탁으로 사진을 찾기 시작했다. 강우규 의사 손녀 강영재가 함석태 선생의 양녀로 있었다는 점에 착안해 강우규 의사 연금 수령자를 추적한 결과 강영재의 아들 채수철을 만나게 되었다. 두 사람이 만나기 2개월 전에 강영재(강우규 손녀)는 돌아가셨는데, 돌아가시기 전 혹시 함석태 선생의 친척이 찾아올 줄도 모른다는 유언을 남겼다고 한다. 진짜 손자인가를 알아보기 위해 신분증과 사진의 인물을 알아맞히는 테스트를 한 후 사진을 인계받은 것이 유일한 함석태 선생의 사진이다.***

손자 함각은 함석태 선생의 유일한 사진이 본인이 죽고 난 뒤 아이들이 관심도 없고 가치도 느끼지 못할 것이라 생각되었다. 그래서 할아버지 흉상 제작도 주선하였고 관심이 많다고 생각된 필자(변영남)에게 사진을 들고 와서 적절히 잘 활용해 달라고 부탁하고 주고 가셨다. 필자도 부담이 되어 한참 동안 갖고 있다가 서울대 치의학박물관에 기증하겠다고 마음먹었다. 가장 안전하고 확실한 곳이라 생각되어 당시 한중석 학장실에 가지고 가서 전달하였고, 현재 치의학박물관에 보존하게 되었다. 다행스러운 일이다. 강영재와 손자 함각 선생이 아니면 이 사진 한 장마저도 구하지 못할뻔했다.

*** 김상엽의 〈한국민족문화대백과사전〉의 내용 참고

3
함석태 선생 학력*

1912년 함석태(咸錫泰) 선생은 일본치과의학전문학교를 졸업하고 최초의 한국인 치과의사가 되었다. 함석태 선생의 일본치과의학교(日本齒科醫學教) 입학 전의 교육은 밝혀지지 않았으나 손자 함각의 증언에 따르면 신의주동중을 졸업하지 않았나 생각해 본다. 왜냐하면 손자 중 신의주동중을 졸업한 사람이 있는 걸로 보아 짐작할 수 있다.

함석태 선생은 일본치과의학전문학교를 1912년에 졸업한 인정과 제2회 졸업생이었다. 설립(1907년 6월) 시에 일본치과의학교의 수업은 2년제로 운영되었으나 1909년 8월 전문학교령에 의한 일본치과의학전문학교가 3년제로 승격되었다고 한다. 함석태 선생은 인정과로서 수업을 받았던 걸로 보아 1909년 8월 이전에 입학한 것으로 추측이 된다.(재학생은 인정과로서 수업을 받고 전문학교 교령에 의한 3년제로 승격된 후 입학한 학생은 지정과로서 수업을 받았기 때문이다.)

기창덕(奇昌德)의 『한국치과의학사(韓國齒科醫學史)』 기록을 보면 함석태 선생이 졸업한 일본치과의학전문학교(日本齒科醫學專門學教)는 임상의 그룹 20일회를 모태로 하였다. 이 그룹은 中原市五郎에 의하여 1901년 설립되어 학술 연

* 참고: 신재의, 「한국근대치의학사 연구 : 1885-1945」, 단국대학교, 2003.

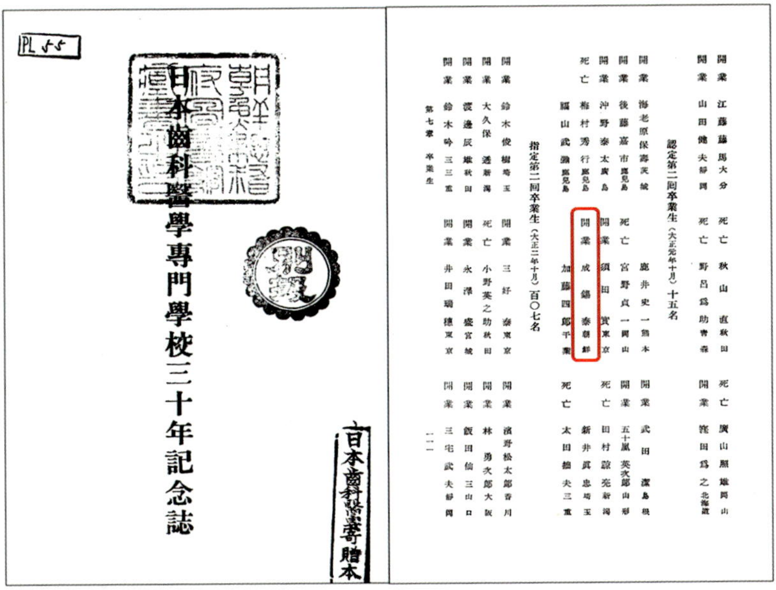

認定第二回卒業生（大正元年十月）十五名

開業 江藤藤馬 大分	死亡 秋山直 秋田	死亡 廣山照雄 岡山
開業 山田健夫 靜岡	死亡 野呂爲助 青森	開業 窪田爲之 北海道
開業 海老原保壽 茨城	鹿井史一 熊本	開業 武田潔 島根
開業 後藤嘉市 鹿兒島	死亡 宮野貞一 岡山	開業 五十嵐英次郎 山形
開業 沖野泰太 廣島	開業 須田實 東京	死亡 田村諒充 新潟
死亡 梅村秀行 鹿兒島	開業 成錫泰 朝鮮	新井眞忠 埼玉
福山武雄 鹿兒島	加藤四郎 千葉	死亡 太田[illegible]夫 三重

指定第二回卒業生（大正二年十月）百〇七名

開業 鈴木俊樹 埼玉	開業 三好泰 東京	開業 濱野松太郎 香川
開業 大久保透 新潟	死亡 小野英之助 秋田	開業 林勇次郎 大阪
開業 渡邊辰雄 秋田	開業 永澤盛 宮城	開業 飯田仙三 山口
開業 鈴木吟三 三重	開業 井田瑞穗 東京	開業 三宅武夫 靜岡

第七章 卒業生 一一一

일본치과의학전문학교 일람(1925)

찬과 후진 양성에 힘쓰면서 치과의사의 사회적 향상을 위해 노력하고 있었다. 그런 중에 1906년 치과의사법에 따르는 공사립치과의학교 지정규칙(公私立齒科醫學校 指定規則)이 제정되었다. 1907년 학교를 설립하기 위하여 일본치과의학회를 결성하고 6월에 사립공립치과의학교(私立公立齒科醫學校) 설립을 신청하여 인가를 받았다.

1909년 6월 학교명은 일본치과의학교(日本齒科醫學校)로 개칭되었다. 이 학교는 치과의사법과 치과의학교 지정 규칙에 의한 최초의 치과의학교였다. 이것이 현재 일본치과대학(日本齒科大學)이다.

함석태 선생은 졸업 후 금의환향을 바랐으나 당시 조선 사회는 치과의학에 대한 이해가 없어 개업을 해도 쉽지 않으리라 생각했다. 그리하여 이비과

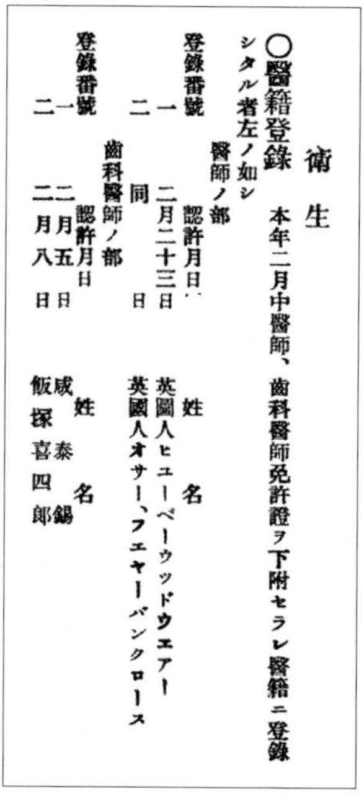
衛生

○醫籍登錄　本年二月中醫師、齒科醫師免許證ヲ下附セラレ醫籍ニ登錄シタル者左ノ如シ

醫師ノ部

登錄番號	認許月日	姓名
一	二月二十三日	英國人ヒユーベーウッドウエアー
二	同日	英國人オサー、フエヤーバンクロース

齒科醫師ノ部

登錄番號	認許月日	姓名
一	二月五日	咸泰錫
二	二月八日	飯塚喜四郎

조선총독부 관보
(제482호, 1914. 2. 5)

(耳鼻科)를 더 전공하고 돌아가려는 마음으로 1913년 말까지 동경에 머물렀다. 일본치과의학전문학교 교장 中原市五郎 등으로부터 일본과 조선은 치과의 발전이 일치하므로 조선은 장래가 유망하리라는 격려를 받고 돌아왔다. 그러나 1912년 일본치과의학전문학교를 졸업했으나 치과의사로서 활동할 제도가 없었다.

이후 일제는 1913년 각종 규칙을 공표했다. 즉 의사규칙(醫師規則), 치과의사규칙(齒科醫師規則), 의생규칙(醫生規則)이었다. 이 치과의사규칙에는 치과의사가 되려면 조선총독부 면허를 얻도록 되어 있다. 이 규칙은 일본의 국내치과의사법에 따라 문부대신이 지정한 치과의학교를 졸업한 자로 치과의사시험에 합격한 자가 치과의사가 될 수 있었다. 그러나 규칙을 제정할 때는 한국에 치과의학도 없었고 치과의사 시험제도도 없었다. 그래서 한국 내에서 치과의사가 되는 방법은 일본이나 외국에서 동등의 자격을 얻는 것 뿐이었다. 당시 치과의사는 의사와 의생과 같이 개업과 의료행위까지 경찰의 감시를 받게 되었다. 치과의사규칙에 따른 취급 수속에 12월 11일 경무총감부 훈령 갑제 45호로 제정되었다. 이렇게 함석태 선생이 전문학교를 졸업 후 규칙과 취급수속이 마련되었고 1914년 2월 5일에 이르러서야 치과의사 면허 제1호로 등록된 치과의사가 되었다.

4
최초의 치과의사 함석태(咸錫泰)*

당시 생소한 분야인 치과의사라는 직업이 없었던 시절 함석태 선생이 치의학을 전공으로 선택한 동기는 정확히 알 수는 없다. 다만 손자 珏이 1985년 치과임상 편집팀과 인터뷰에서 "대단한 부호였음이 틀림없다. 소작을 주

서울 삼각정(三角町: 현 서울시 중구 삼각동) 1번지

* 참고: 김상엽, 「한국 근대의 고미술품 수장가 : 치과의사 함석태」, 2010.10.

는 전토도 많아서 고향에서는 남의 땅을 밟지 않고 다닐 정도였다고 한다. 그러나 증조부 함진사(咸泳澤)는 재산도 많은 만큼 학교도 세우고 교회도 세우는 등 소위 사회사업도 많이 하셨다고 들었다. 조부(咸錫泰)가 일본 유학까지 할 수 있었던 것은 이와 무관치 않을 것이다"라고 한 증언에서 유추할 수 있다. 사회사업에 힘쓰는 등 '開化'한 트인 집안이었기에 선진 학문을 습득하는데 안목이 있었으리라 생각한다.

함석태 선생은 1909년 일본치과의학전문학교(현 일본치과대학)에 입학하여 1912년 졸업하였다. 1913년 말까지 동경에 머문 후 귀국 후인 1914년 2월 5일 조선총독부 치과의사면허 제1호로 등록되었다.

이후 1914년 6월 19일, 서울 三角町 1번지 옛 제창국(濟蒼局) 자리 동쪽에 함석태 치과의원을 신축하고 개원하였다. 1919년 이후 일본에 유학한 다른 치과의사들이 귀국하여 개업하기까지 '독무대'로 활동하였으나 개업은 원활치 않았다. 구강 위생에 대한 인식이 낮고 국민의 경제적 여건이 좋지 않았기 때문이었다.

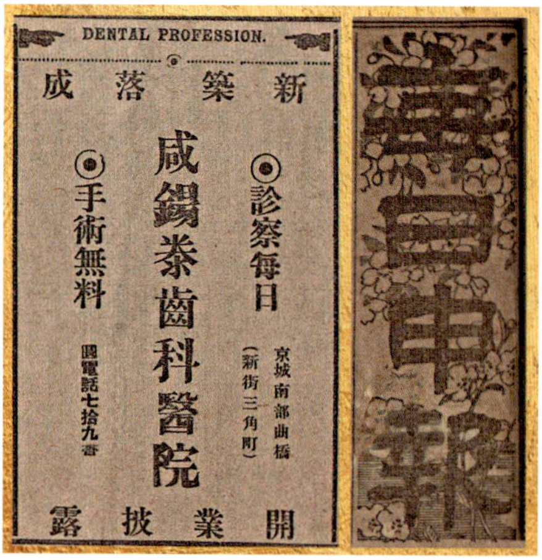

함석태치과 개원 광고
《매일신보》 1914. 6. 19.

손자 함각은 함석태 치과의원을 다음과 같이 기억하였다. "치과는 삼각동에 있었는데 그중에서도 아주 요충지였다. 지금의 청계천 고가도로가 끝나고 광교로 연결되는 부근이었을 것이다. 건물은 3층 목조 건물이었는데 건물도 크고 좋았다"고 증언했다.

함석태 선생은 개원 당시 신문광고에 무료 수술을 표방하였고 1924

덕수공보 위생실에서 치료를 받는 아동들
《조선일보》 1935.11. 15.

년 《동아일보》 신년원단 인사에도 구강과(口腔科)를 강조하였다. 선생은 보철 등 치과 일반을 진료하면서 구강외과에 주력하는데, 이는 당시에 번창하던 입치사(入齒師)들과 차별화하고 치과의사로서의 긍지를 심기 위함이었다.

그는 1925년 경성치과의학교에서 첫 졸업생이 배출되자 한국인 치과의사 7명을 규합하여 한국인만의 한성치과의사회를 설립하고 회장으로 추대되었다. 일본인 주도로 이루어진 조선치과의사회에 한국인이 소외되는 현실에서 한국인만의 한성치과의사회를 조직한 것이다. 민족의식의 발로이다.

함석태 선생은 충치 예방에 대한 글을 1924년 《동아일보》에 기고하고 구강위생에 대한 좌담회에 참여해 구강위생에 대한 한국인의 인식 부족을 개탄하고 구강위생 계몽활동에 적극 힘을 쏟았다.

1932년 7월 12일 자 《동아일보》에 보면 '의사가 출장 유치장서 치료'라는 제목과 함께 '함석태 의사가 입치에 전력 - 안창호(安昌浩)의 최근 소식'이라는 부제로 함석태 선생이 안창호(安昌浩) 선생을 치료했다는 내용이 보도되었다. "安昌浩는 상해에서 만든 틀니가 파손하여 이래 유동식만 섭취해 오던 중 심문도 얼추 끝난 6월 말부터 삼각정 치과의 함석태 씨의 치료를 받기 시작하여 잇몸에서 뼈조각을 빼어내는 수술을 하고 그 자리도 거의 아물었으므로 틀을 만들기 시작하였다. 함석태 치과의사는 매일 혹은 간일하여 경찰부 유치장에 출장하여 입치를 하는 중인데 남은 것이 아래 앞니 6개뿐이므로 그것을 제하고는 전부 다 틀니라 한다. 그동안 유동식만 섭취하여 건강을 보전키 어려우므로 경찰 당국에서는 특별히 치료를 허한 것이라고 한다"는 애국지사를 치료한 내용이다.

안창호와 함께 일제강점기 사회주의계열 독립운동가이자 제헌국회 부의장을 지낸 후 월북한 김약수(金若水) 등의 치료도 했던 점으로 보면 일제 강점기 치과의사로서의 함석태 선생의 위상은 대단히 높았다. 순종과 순종비도 함석태치과의원에서 치료를 받았다. 당시 치과의사로서의 위상을 여러 방면에 걸쳐 떨쳤다.

5
한성치과의사회(漢城齒科醫師會)

한성치과의사회는 1925년 함석태(咸錫泰) 선생이 주동하여 만들어졌다. 한국인치과의사회는 1925년 경성치과의학교 제1회 졸업생이 배출되자 함석태(咸錫泰), 안종서(安鐘書), 김용진(金溶瑨), 최영식(崔永植), 박준영(朴俊榮), 조동흠(趙東欽), 김연권(金然權) 7인이 한성치과의사회를 구성하였다.

한성치과의사회 창립회원 명단(1925년 4월 15일 이후 어느날)

회장 : 함석태(咸錫泰, 1912년 일본치과의학전문학교)

총무 : 안종서(安鐘書, 1925년 경성치과의학교)

회원 : 김용진(金溶瑨, 1925년 경성치과의학교), 최영식(崔永植 1925년 경성치과의학교), 박준영(朴俊榮, 1925년 경성치과의학교), 조동흠(趙東欽, 1925년 오사카치과의학전문학교), 김연권(金然權, 1923년 제1회 총독부치과의사시험 합격)

초대 회장은 함석태(咸錫泰) 선생이었고 총무에 안종서(安鐘書)가 취임하였다. 당시는 순전히 친목 단체로 매주 식사하며 회합을 가졌으며 일상적 토론 및 상호 간에 지식을 교환하는 모임이었다. 회칙이나 발기 모임이 있는 것도 아닌 단순한 친목 모임이었다. 이중 경성치과의학교 1회 졸업생은 안종서, 김용진, 최영식, 박준영 등 4명만 참여했다.

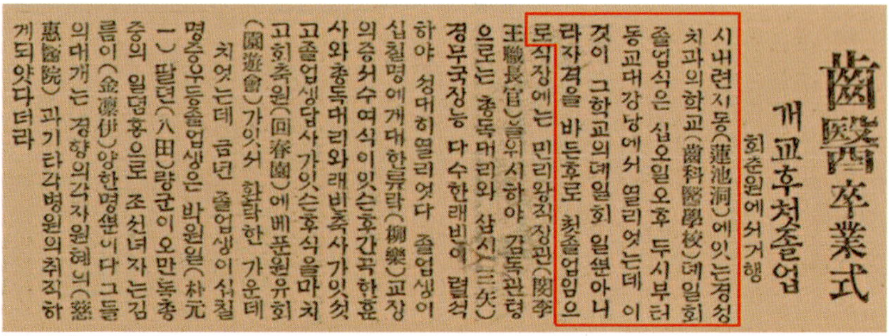
齒醫卒業式
개교후첫졸업
회춘원에서거행
시내련지동(蓮池洞)에잇는경성치과의학교(齒科醫學校)데일회졸업식은 십오일오후 두시부터동교대강당에서 열리엇는데 이것이 그학교의데일회 일썐아니라자격을 바든후로 첫졸업임으로 식장에는 민리왕직장관(閔李王職長官)을위시하야 감독관텽으로는 총독대리와 삼시(三矢)경무국장등 다수한래빈이 렬석하야 성대히열리엇다 졸업생이십칠명에게대한류락(柳樂)교장의증서수여식이잇슨후간곡한훈사와총독대리와래빈축사가잇섯고졸업생답사가잇슨후식을마치고회춘원(回春園)에베푼원유회(園遊會)가잇서 화락한 가운데치엇는데 금년 졸업생이 십칠명중우등졸업생은 박원일(朴元一)팔뎐(八田)량군이오만녀동창중의 일뎜홍으로 조선녀자는김름이(金凛伊)양한명썐이다그들의대개는 경향의각자혜의원(慈惠醫院)과기타각병원의취직하게되얏다더라

1925년 4월 15일 경성치과의학교 제1회 졸업생이 배출되었는데, 한국인이 23명이었다.
《조선일보》 1925. 4. 16.

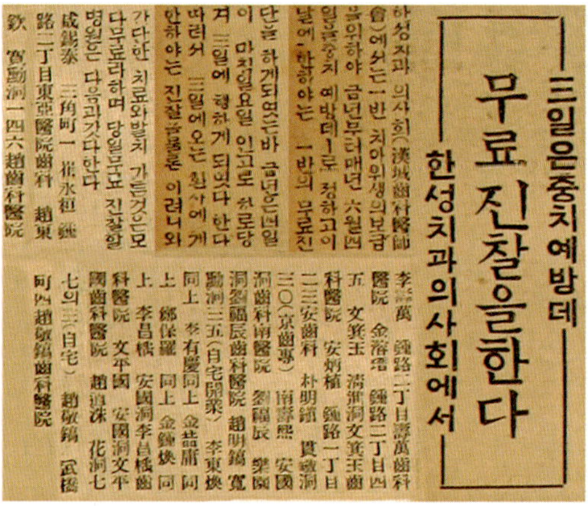
三일은충치예방데
무료 진찰을한다
한성치과의사회에서
한성치과 의사회(漢城齒科醫師會)에서는 一반 치아위생의보급을위하야 금년부터매년 六월四일을충치 예방데ㅣ로 정하고이날에 한하야는 一반의 무료진단을 하게되엿는바 금년은데일이 마치일요일 인고로 三일로당겨 三일에 행하게 되엿다 한다 따러서 三일에오는 환자에게 한하야는 진찰을무료로 하려니와 가다란 치료와발치 가튼것은모다무료라하며 당일무료 진찰할 병원은 다음과갓다한다

한성치과의사회의 활약을
기록으로 확인한 최초의 자료
《조선중앙신문》 1933. 6. 3.

1925년 경성치과의학교 1회 한국인 졸업생은 다음과 같다. 윤병준, 박원일, 이병철, 노기섭, 김기우, 이무상, 신용현, 최영식, 김용진, 인종서, 정동진, 전훈조, 박준영, 노짐수, 한종호, 남기범, 김관현, 노용규, 이근용, 조원, 유희경, 김름이, 강휴숙 등 총 23명이다.

해마다 졸업생이 배출되자 회원이 계속해서 가입하게 되었다. 1926년에는 경성치과의학교 2회 졸업생이 20명 배출되었는데 문기옥(文箕玉), 박준대(朴準大), 이수만(李壽萬)이, 1927년에는 경성치학교 제3회 졸업생 16명 중 신

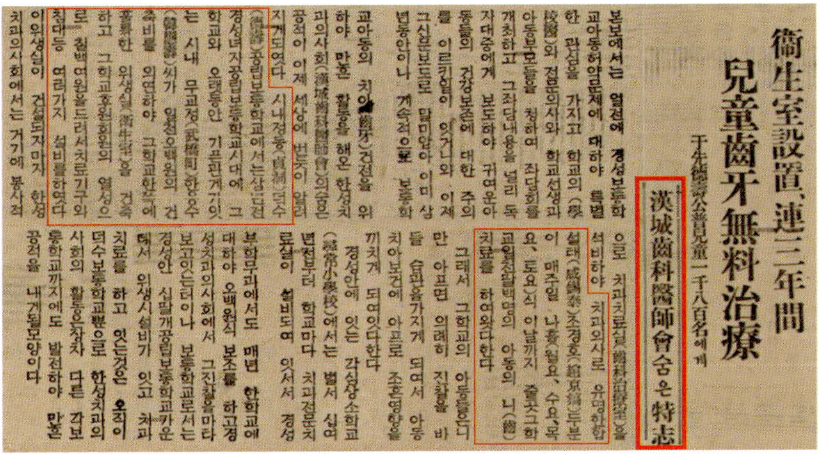

衛生室設置, 連三年間
兒童齒牙無料治療
于先德壽公普兒童一千八百名에게
漢城齒科醫師會숨은特志

본보에서는 일전에 경성보통학교아동허약문제에 대하야 특별한 관심을 가지고 학교의(學校醫)와 전문의사와 학교선생과 아동부모들을 청하여 좌담회를 개최하고 그좌담내용을 널리 독자대중에게 보도하야 귀여운아동들의 건강보존에 대한 주의를 이르키엇이 잇거니와 이제 그신문보도로 말미암아 이미 상년동안이나 계속적으로 보통학교아동의 치아(齒牙)건전을 위하야 만흔 활동을 해온 한성치과의사회(漢城齒科醫師會)의숨은 공적이 이제 세상에 번듯이 알려지게되엿다 시내정동(貞洞)덕수(德壽)공립보통학교에서는삼년전 경성녀자공립보통학교시대에 그학교와 오래동안 기픈관게가잇는 시내 무교정(武橋町)한응수(韓應壽)씨가 일천오백원의 건축비를 의연하야 그학교안에 훌륭한 위생실(衛生室)을 건축하고 그학교후원회원의 열성으로 칠백여원을드려서치료기구와 침대등 여러가지 설비를하엿다 이위생실이 건설되자마자 한성치과의사회에서는 거기에 봉사적으로 치과치료실(齒科治療室)을 설비하야 치과의사로 유명한함석태(咸錫泰)조경호(趙京鎬)두분이 매주일 나흘(월요, 수요, 목요, 토요)식 이날까지 줄곳그학교의천팔백명의 아동의 니(齒)치료를 하여와다한다

그래서 그학교의 아동들은니만 아프면 의례히 진찰을 바들 습관을가지게 되여서 아동치아보건에 아프로 조흔영향을 끼치게 되여잇다한다

경성안에 잇는 각심상소학교(尋常小學校)에서는 벌서 십여년전부터 학교마다 치과전문치료실이 설비되여 잇서서 경성부학무과에서도 매년 한학교에 대하야 오백원식 보조를 하고경성치과의사회에서 그진찰을마타보고잇는터이나 보통학교로서는 경성안 십팔개공립보통학교가운데서 위생시설비가 잇고 치과치료를 하고 잇는것은 오직이 덕수보통학교뿐으로 한성치과의사회의 활동은장차 다른 각보통학교까지에도 발전하야 만흔 공적을 내게될모양이다

위생실내에 치과치료실을 마련하여 1800명 아동의 치과 치료를 행한 기사
《조선일보》 1935.11. 15.

헌식(申獻植), 신응현(申應鉉) 2명이, 1928년에는 경성치의학교 4회 졸업생 8명, 특과 1회 9명 중 박명진(朴明鎭), 장지원(張志遠), 김종찬(金鍾瓚), 남수희(南壽熙), 신인철(申仁澈), 이천흥(李天興) 등 8명이 가입하였다.

그리하여 각 부를 결정하고 회의 체계를 확립시키는 동시에 구강위생계몽, 학술연구, 회원 복지를 목적으로 발전하게 되어 매년 회원이 증가하게 되었으며 회 운영도 잘 되었다. 1927년에는 구강위생 강연회를 하였고 1928년 제1회 '충치 예방의 날'을 실시하였다. 이것이 구강보건의 날의 효시이다.

함석태 선생은 조선 아동들을 대상으로 구강검진 및 구강위생 계몽 활동이 시행되지 못함을 안타까워했다. 이 소망은 1933년 정동에 있는 경성여자보통학교 학부형 한응수(韓應壽)가 기증한 일천오백 원으로 위생실이 설치되었다. 함석태 선생과 조경호는 덕수공본 위생실에 치과치료실을 설치하여 아동 치과치료를 실시했다.

일제강점기 조선인 치과의사로 구성된 한성치과의사회는 덕수공보 위생실

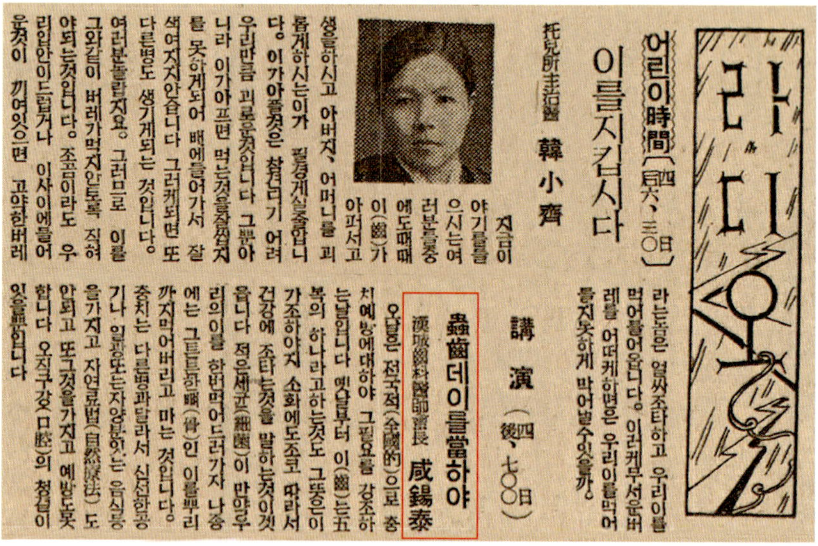

라디오

라는놈은 열씨조타하고 우리이를 먹어들어옵니다。이러케무서운버레를 어떠케하면은 우리이를먹어들지못하게 막어낼수잇슬가。

어린이時間(四日後、三〇日)

이를지킵시다

托兒所主治醫 韓小齊

지금이 야기를들 으시는여 러분들중 에도때때 이(齒)가 아퍼서고생을하시고 아버지、어머니를 괴롭게하시는이가 필경게실줄압니다。이가아플것은 참견디기 어려우리만큼 괴로운것입니다 그뿐아니라 이가아프면 먹는것을잘씹지를못하게되어 배에들어가서 잘 삭여지지안습니다 그러케되면 또 다른병도 생기게되는 것입니다。여러분들랍지요。그러므로 이를 그와같이 버레가먹지안토록 직혀야되는것입니다。조곰이라도 우리입안이드럽거나 이사이에들어운것이 끼여잇으면 고약한버레

講演(四日後、七〇日)

蟲齒데이를當하야

漢城齒科醫師會長 咸錫泰

오날은 전국적(全國的)으로 충치예방에대하야 그필요를 강조하는날입니다 옛날부터 이(齒)는五복의 하나라고하는것도 그뜻은이가조하야지 소화에도조코 따라서 건강에 조타는것을 말하는것이겟읍니다 적은세균(細菌)이 만약우리의이를 한번먹어드러가자 나중에는 그튼튼한뼈(骨)인 이를뿌리까지먹어버리고 마는 것입니다。충치는 다른병과달라서 신선한공기나 일광또는자양분잇는 음식등을가지고 자연료법(自然療法)도 안되고 또그것을가지고 예방도못합니다 오직구강(口腔)의 청결이 잇을뿐입니다

탁아소 주치의 한소제와 함께 '이를 지킵시다'라는 주제로 강연한 내용
《동아일보》 1938. 6. 4.

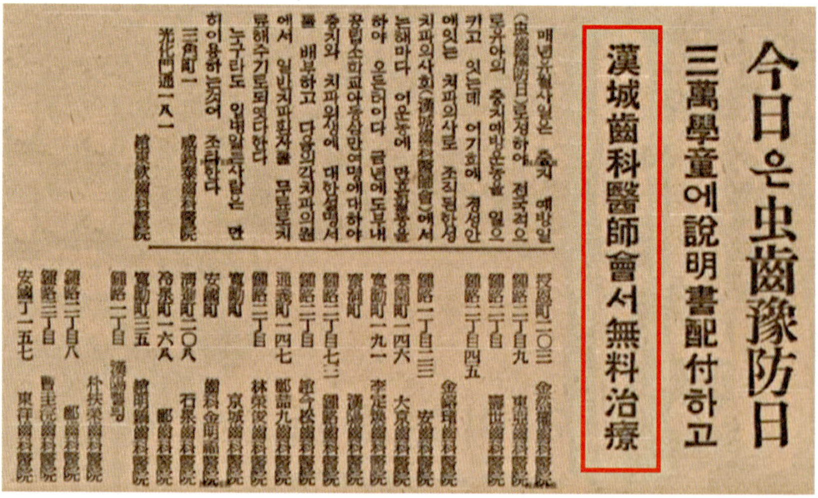

今日은虫齒豫防日

三萬學童에說明書配付하고

漢城齒科醫師會서無料治療

매년六월사일은 충치 예방일(虫齒豫防日)로정하야 전국적으로아동의 충치예방운동을 일으키고 잇는데 여기에 경성안에잇는 치과의사로 조직된한성치과의사회(漢城齒科醫師會)에서는해마다 [illegible]

[illegible]

授恩町二〇三 金[illegible]齒科醫院

[illegible]

'충치예방일' 행사로 경성에 있는 공립소학교 아동 3만 명에게 충치와 치과 위생에 관한
홍보물을 배부하고 23명의 회원이 무료진료에 참여했다는 기사
《조선일보》 1938.6. 4.

치과치료실에서 1,800여명 아동의 치과진료를 담당하였고, 치과의사 함석태 선생과 조경호가 교대로 매주 4일(월, 수, 목, 토) 학교치과치료실을 방문하여 봉사하였다.

일본학생들이 다니는 심상소학교에는 10년 전부터 치과진료실이 설치되고, 일본치과의사 단체인 경성치과의사회 회원들이 진료를 담당하고 있었다. 게다가 경성부 학무과에서는 치과진료실이 구비된 심상소학교에 매년 5백 원씩 보조를 하고 있었다. 반면에 조선인 학생들이 다니고 있는 18개의 보통학교 중에서 치과진료실이 설치된 곳은 덕수공보가 유일하다.

함석태 선생과 조경호는 당국자들에게 조선아동들이 다니는 보통학교에도 심상소학교처럼 보조금 지원을 요청하였다. 학부형들에게도 도회지 아동들의 충치 발생율이 높아지고 있으니 자녀들의 치아에 관심을 가져줄 것을 당부하기도 하였다. 한성치과의사회에서는 지난 3년 동안 덕수공보 아동들의 구강검진 결과 아동의 65%가 충치를 가지고 있다는 통계를 보고하였다.(권훈, 「대한민국 치과의사 함석태」, 2024년 대한치과의사학회 종합학술대회, pp.17-18)

그러나 1942년 10월 1일 당시 조선총독부의 방침에 따라 '내선일체'라는 명목으로 일본인만으로 조직했던 당시의 경성치과의사회(京城齒科醫師會)로 합류하게 되었다. 당시 여러 치과의사회는 임의 단체였는데 경성치과의사회도 해산 후 합친 것이다.

현 서울특별시치과의사회는 그 시원(始源)을 오래전부터 1925년 한성치과의사회에 두고 있다. 대한치과의사협회는 1981년 제30차 경주총회에서 1921년 조선치과의사회에 연원을 두었으나 2021년 대의원총회에서 1925년 한성치과의사회에 연원을 둔 창립기념일로 바꾸었다.(서울특별시치과의사회 회사 1995, 196쪽).

6
골동품소장가로서의 함석태(咸錫泰)*

골동품 사랑

함석태 선생이 언제부터, 어떤 계기로 고미술 수집에 눈을 뜨게 되었는지는 정확하지 않다. 다만, 장택상 선생의 수표동 자택 사랑방에서 자주 열리던 고미술 애호가들의 모임에 주요 인물로 참여했다는 점은 분명히 기록으로 남아 있다. 그 자리는 그 시대 문화인들의 취향과 안목이 오가던 곳이었고, 함 선생도 그 안에서 적지 않은 역할을 맡았던 것으로 보인다.

그가 어떤 유물을 얼마나 모았는지 전모를 알기는 어렵지만, 도자기 소품에 대한 애정은 유별났던 듯하다. 당대의 저명한 화상이자 전시 기획자였던 오봉빈은 그를 두고 '소물 진품의 대왕'이라 부르기도 했다. 1935년에 간행된 『조선고적도보』 제15권, 조선시대 도자기 편에는 그의 소장품이 무려 15점이나 수록되었는데, 이는 조선인 수장가 가운데 가장 많은 숫자였다.

그의 수집품은 전시회에서도 여러 차례 대중과 만났다. 1930년 10월 동아일보사에서 열린 '조선고서화진장품전람회', 1934년 6월의 '조선중국명작고서화전람회', 1938년 11월의 '조선명보전람회'에 각각 4점, 20점, 6점을

* 참고: 김상엽, 「한국 근대의 고미술품 수장가 : 치과의사 함석태」, 서울特別市史編纂委員會, 2010.10.

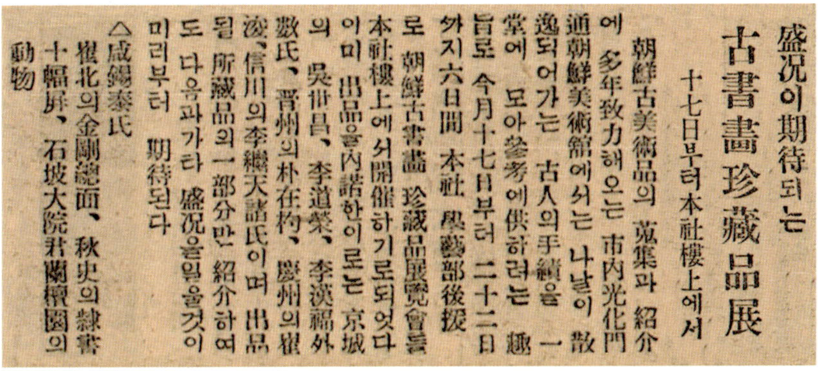

盛況이期待되는
古書畵珍藏品展
十七日부터本社樓上에서

朝鮮古美術品의 蒐集과 紹介에 多年致力해오는 市內光化門通朝鮮美術館에서는 나날이 散逸되어가는 古人의手績을 一堂에 모아參考에供하려는 趣旨로 今月十七日부터 二十二日까지六日間 本社 學藝部後援로 朝鮮古書畵 珍藏品展覽會를 本社樓上에서開催하기로되엇다 이미 出品을內諾한이로는 京城의 吳世昌、李道榮、李漢福外數氏、晋州의朴在杓、慶州의崔浚、信川의李繼天諸氏이며 出品될 所藏品의一部分만 紹介하여도 다음과가타 盛況을일울것이 미리부터 期待된다

△咸錫泰氏
崔北의金剛總面、秋史의隷書十幅屛、石坡大院君蘭欄圖의動物

첫 전람회 출품 '고서화진장품전' 기사.(《동아일보》, 1930. 10. 10.)

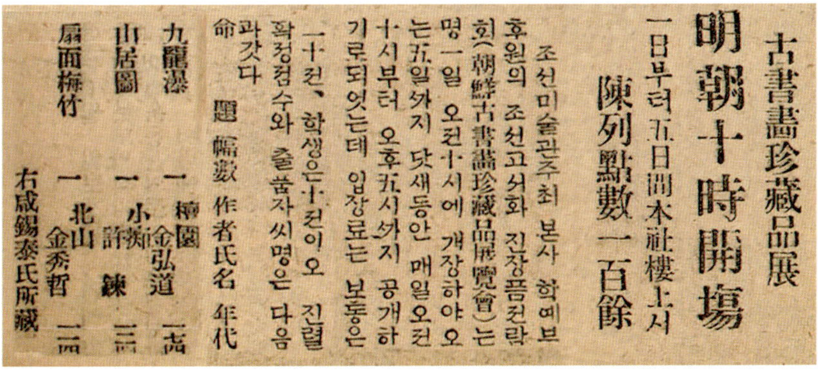

古書畵珍藏品展
明朝十時開場
一日부터五日間本社樓上서
陳列點數一百餘

조선미술관주최 본사 학예부후원의 조선고서화 진장픔전람회(朝鮮古書畵珍藏品展覽會)는 명一일 오전十시에 개장하야 오는五일까지 닷새동안 매일오전十시부터 오후五시까지 공개하기로되엇는데 입장료는 보통은 一十전、학생은十전이오 진렬확정점수와 출품자씨명은 다음과갓다

命題	幅數	作者氏名	年代
九龍瀑	一	檀園 金弘道	[illegible]
山居圖	一	小痴 許鍊	[illegible]
扇面梅竹	一	北山 金秀哲	[illegible]

右咸錫泰氏所藏

제2회 '고서화진장품전'에 함석태는 3점의 소장품을 선보였다.(《동아일보》, 1932. 10. 1.)

출품한 기록이 있다.

그러나 일제강점기 말, 1945년 6월경, 함 선생은 일제의 소개령을 따라 자신의 고향인 평안북도 영변으로 향했다. 세 대의 차에 소중히 모은 유물들을 실은 채였다. 그 뒤의 행적은 뚜렷이 알려진 바 없지만, 해주를 거쳐 가족과 함께 남쪽으로 내려오려 했으나 끝내 뜻을 이루지 못했다는 이야기가 전해질 뿐이다.

—

선생은 성품이 온유하고 매우 다감하셨던 분으로 취미인 골동품 수집이 대단하였다. 골동품을 시작으로 신들인 사람처럼 골동품을 닦고 부비며 애상(愛賞)하던 모습은 마치 磁器의 유약을 뚫고 그분의 사랑이 陶工의 마음과 소통하기도 했다. 선생은 다방면에 걸친 골동품 수집을 즐겼으며 담배물부리와 바늘통 같은 것까지 잘 모았다. 모두 자기로 된 것이다. 선생이 각별히 아꼈던 골동품은 〈金剛山 연적〉이다. 병명도 연적(硯適)이다. 그 모양은 금강산처럼 만들고 그 안을 비우게 해서 물이 드나들도록 했던 연적이다. 선생이 어찌나 그 연적을 귀히 여기고 사랑했던가 하는 점은 다음과 같은 얘기가 전해지는 것으로 보아도 알 수 있다.

당시 일본을 왕래하는 일은 대단한 일이었다. 지금은 누구나 미국이나 영국으로 간다는 그런 것과는 비교할 수 없으리 만한 일이었는데 그 여행길에도 연적을 꼭 싸 들고 다녔다는 얘기다. 요즈음 우리가 감히 생각지 못할 일이다.

그때 일본으로 가기 위해 부산에서 연락선을 타면 승객에 대한 형사들의 조사가 대단했다. 처음 연적을 들고 갔을 적에는 형사들의 자세한 심문을 받아 속이 상했었다. 더욱이 한국인이라 까다롭게 여러 가지 추궁을 당한 것이다. 그러나 골동품 취미 관계로 여러 번 왕래하는 동안 나중에는 소문이 나고 말았다. '한국인 치과의사 아무개는 골동품에 미쳐 일본 여행하는 길에도 좋아하는 골동품을 들고 다닌단다.' '그 연적은 국보급이다.' 그것도 그럴 것이다. 그때 일본을 왕래하는 사람이라야 뻔한 숫자요. 얼굴이 정해진 사람들이었으니 말이다.

이런 얘기도 있다. 소공동 치대 교사 옆을 지나가는데 웬 달구지에 이삿짐을 싣고 가는 것이 보였다. 당시는 그 길이 한적하기 그지없는 길이었다. 앞서가는 소달구지를 보면서 뒤따르던 그는 문득 이삿짐 속에 옛 장롱이 있는 것을 보았다. 달구지는 현 고려대학교 부속병원 건너편의 개천 옆을 한참 가더니 어느 집 앞에 멈췄다. '옳지' 이렇게 집을 알아둔 선생은 쾌재를 부르며 돌아섰다. 선생은 목공예에 대해서는 식견이 있었다. 그 장롱을 골동품 넣어두는 장으로 살 심산이었다. 이삿짐을 싣고 가던 주인은 새로 간 집에서 곧 쌀가게를 차렸는데, 선생은 매일 그 집을 찾아 쌀 한 되씩을 샀다. 더도 적지도 않은 쌀 한 되씩을 날마다 사가는 신사. 주인이 양복 입은 점잖은 사나이를 미심쩍게 여기지 않을 수 있을까? 며칠을 두고 보다 못한 싸전 주인은 드디어 입을 열었다.

"보아하니 댁은 쌀을 친히 사 들고 다닐만한 분이 아닐 듯싶은데, 그것도 연일 우리 집에 오시는 걸 보니 이 사람 소견에는 필시 무슨 사유가 있으신가 합니다. 혹시 제 집에 대해 염탐하는 일이라도 있으신가요?"

선생도 이쯤 되면 모든 사정을 얘기하지 않을 수 없었다. 싸전 주인은 장롱

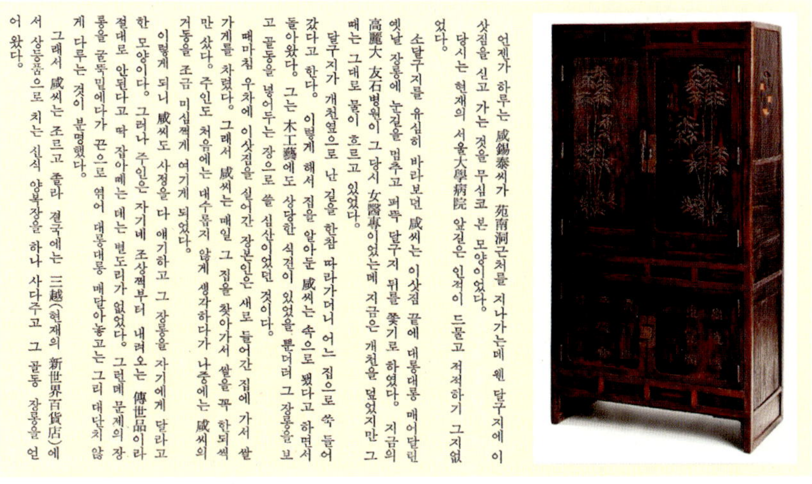

언제가 하루는 咸錫泰씨가 苑南洞근처를 지나가는데 웬 달구지에 이삿짐을 싣고 가는 것을 무심코 본 모양이었다。

당시는 현재의 서울大學病院 앞길은 인적이 드물고 적적하기 그지없었다。

소달구지를 유심히 바라보던 咸씨는 이삿짐 끝에 대롱대롱 매어달린 옛날 장롱에 눈길을 멈추고 퍼뜩 달구지 뒤를 쫓기로 하였다。 지금의 高麗大 友石병원이 그 당시 女醫專이었는데 지금은 개천을 덮었지만 그때는 그대로 물이 흐르고 있었다。

달구지가 개천옆으로 난 길을 한참 따라가더니 어느 집으로 쑥 들어갔다고 한다。 이렇게 해서 집을 알아둔 咸씨는 속으로 됐다고 하면서 돌아왔다。 그는 木工藝에도 상당한 식견이 있었을 뿐더러 그 장롱을 보고 골동을 넣어두는 장으로 쓸 심산이었던 것이다。

때마침 우차에 이삿짐을 실어간 장본인은 새로 들어간 집에 가서 쌀가게를 차렸다。 그래서 咸씨는 매일 그 집을 찾아가서 쌀을 꼭 한되씩만 샀다。 주인도 처음에는 대수롭지 않게 생각하다가 나중에는 咸씨의 거동을 조금 미심쩍게 여기게 되었다。

이렇게 되니 咸씨도 사정을 다 얘기하고 그 장롱을 자기에게 달라고 한 모양이다。 그러나 주인은 자기네 조상쩍부터 내려오는 傳世品이라 절대로 안된다고 딱 잡아떼는 데는 변도리가 없었다。 그런데 문제의 장롱을 굴뚝밑에다가 끈으로 엮어 대롱대롱 매달아놓고는 그리 대단치 않게 다루는 것이 분명했다。

그래서 咸씨는 조르고 졸라 결국에는 三越(현재의 新世界百貨店)에서 상등품으로 치는 신식 양복장을 하나 사다주고 그 골동 장롱을 얻어 왔다。

『도자여적』에 함석태의 목공예 장롱에 관한 이야기도 나온다.(『도자여적』, 중앙일보사, 1974.)

은 조상 적부터 내려온 것이라 절대로 팔 수 없다고 했다. 그러나 문제의 장롱은 굴뚝 밑에 끈으로 엮어 매달아 놓고 실상 그리 대단치 않게 다루는 것이 분명했다. 선생은 며칠을 두고 시간만 있으면 그 집을 찾았다. 갈 때마다 주인은 전시품이라 양도할 수 없다고 했지만 선생은 조르고 또 졸랐다.

결국 그때의 미쓰꼬시백화점(현 신세계)에서 최고급 신식 양복장을 하나 사다 주고 차마 버리지 못하고 굴뚝 밑에 달아 두었던 헌 장롱 하나를 얻었다.

그때 우리 치과의사 중에 민족 문화를 이해하고 인식하며 다시 그 보존을 위해 노력하신 분이 있었음은 자랑이 아닐 수 없다. 당시는 일본인들이 우리 문화적 유산인 고려청자를 위시하여 갖가지 미술품과 공예품을 휩쓸어 가져가던 때인지라 한국인 대다수는 아무런 생각 없이 마구 골동품을 버리던 시절이었다.

선생이 지금도 광화문 네거리에 있는 비각 철제의 대문짝까지 샀던 일은 옛날 사람들 알만한 사람은 아는 일이다. 장안에서는 골동품 수집가로 너무 유명했었기에 이분이 일제 강점기 때 도난당한 문짝까지 샀다는 소문에 따라 8.15가 되자 李王職 관리 사무소에서는 그것을 회수하기도 했다.

고종어극 40년 칭경기념비(高宗御極四十年稱慶記念碑, 1969. 7. 18. 사적 171호 지정)

1902년, 광무 6년에 세워진 이 기념비는 고종의 즉위 40주년과 함께 그의 나이 51세에 기로소(耆老所)에 입소한 것을 기념하기 위해 만들어졌다. 또한 국호를 '대한제국'으로 바꾸고 황제의 칭호를 공식적으로 사용하게 된 역사적 전환점을 기리기 위한 목적도 담겨 있다. 기로소는 조선시대에 정2품 이상의 문신 중 70세를 넘긴 원로 관료들에게 예우를 표하던 제도였다.

비석은 돌거북 받침 위에 세워졌으며, 정면에는 '대한제국 대황제 보령망육순 어극 칭경기념송(大韓帝國 大皇帝 保齡望六旬 御極 稱慶記念頌)'이라는 장문의 문

고종 어극 40년 칭경기념비와 비각(우측 하단 철제문)

구가 새겨져 있다. 이 글씨는 당시 황태자였던 순종이 직접 쓴 것으로 기념의 의미를 더한다. 비를 감싸 보호하는 비각(碑閣)은 '기념비전'이라는 현판을 걸고 격을 높였으며, 정면 3칸, 측면 3칸의 정자형 구조로, 2층 기단 위에 세워진 아름다운 전통 건축물이다. 20세기 초, 전통 양식이 점차 사라지던 시기에 지어진 건물 가운데서도 손꼽히는 품격을 지녔다.

비각 남쪽에는 무지개 모양의 문이 돌기둥 위에 세워졌으며 '만세문(萬歲門)'이라는 글씨가 새겨져 있다. 광복 이후인 1954년 비각은 보수되었고, 일제강점기에 일본으로 반출되었던 만세문 일부도 찾아 복원되었다. 이후 1967년경 광화문 지하보도 공사와 종로 도로 확장으로 인해 비는 원래 위치에서 북동쪽으로 조금 옮겨졌고, 1979년에는 전면 보수를 통해 옛 모습을 다시 갖추게 되었다.

이 기념비는 대한제국 시절 유명한 건축기사 심의석(沈宜錫)에 의해 설계되어 건립되었으며, 황제의 기념비인 만큼 당대 정궁이었던 경복궁 인근에 세워졌을 것으로 추정된다.

비각 태극 문양 철문은 함석태 선생이 보관하던 것이다. 이 철문과 관련된 일화가 있다. 이태준 「도변야화(陶邊夜話)」에 적혀 있다. 1942년 조선춘추사(朝鮮春秋社) 《춘추(春秋)》에 이태준이 쓴 글이다.

> 한 서울 안에 제짝끼리 있으면서 떨어진 지 삼십 년을 그저 만나지 못하는 슬픈 짝들이 있다. 삼각정 토선댁(함석태) 철문짝과 본정 삼목정 어느 부호의 집에 있는 만세문들이다. 워닉 광화문 네거리 농북부에 있는 비각의 정면 울타리요 문이었다. 길을 넓히느라고 뜯어 경매할 때 토선께서 그 문짝의 공예성의 우수함을 보고 철공소로 가 부러진 것을 구해 내인 것이다. 그때는 하숙시대라 문만도 파출소 뒤에다 여러 달을 두었다 하니 그 거창한 울타리며 석물까지 샀어도 거두지 못했을 것이다. 울타리의 석물은 어느 철공소로 갔었는데 그 철공소에 별장문을 맞추러 왔던 진고개 부호가 그 울타리에 흥미를 가진 것이다. 돈이면 으레 될 줄 믿고 토선께 문짝까지 교섭이 왔으나 벽처에 있는 개인의 별장을 꾸미려는 것이다. 그 물건에 대한 심정이 양편이 너무나 거리가 있었다. 여러 번 거액으로 탐내왔으나 토선은 굳게 문짝을 보관해 온 것이요. 저쪽도 별장에는 단념하고 진고개 울타리로 써 버린 것이다.
>
> 이 어엿한 유서(由緖)가 있는 만세문이 어서 한자리에 어울려 제 모양대로 길이 보전되기를 우리가 바라지 않으리오!
>
> 물건도 이렇듯 별리해후(別離邂逅)의 애락(哀樂)이 있다. 생각하면 세상섭리란 묘연(渺然, 아득)할 따름이다.

이태준이 만세문과 토선 태극 문양 철문이 만나지 못함을 안타까워했으나, 해방 후 1954년 비각을 보수하면서 둘이 만나게 되었다. 교보문고 앞 광화문 네거리 교통 원표로 있는 지점에 태극 문양 철문이 의젓하게 남아 있다. 함석태 선생의 손자 함각은 흥남철수 후 월남하여 부산에 머물다 할아버지 집에 와보니 지하에 철문이 있었는데 나중에 광화문 비각 문이 되어 있었다고 필자에게 증언했다. 함석태 선생이 해방 전 수장품을 갖고 영변으로 가면서 문짝은 무게가 있으니 지하에다 두고 갔던 것 같다. 치과의사 후배들은 광화문 네거리 비각을 지나치면서 유심히 볼 것을 권한다.

7
함석태 선생의 수장품*

함석태 선생이 소장했던 고미술품의 수요를 정확히 알 수 없지만 일제 말 소개령(疏開令)에 따라 고미술품을 "세 차나 싣고 영변 근처 구장으로 싣고 왔다."는 손자 각(珏)의 증언에 따르면 대단한 분량이었음을 알 수 있다.

당시 함석태 선생은 조선백자 수장가로 손꼽히는 인물이었다. 『조선고적도보』 15권에는 일본인 永田英三 22점, 松原純一 21점, 田中明 18점에 이어 함석태 선생의 소장품이 15점으로 네 번째로 많이 수록되었다. 『조선고적도보』 15권의 수록 순서대로 보면 함석태 선생의 수장품은 다음과 같다.

① 6310 백자양각매화문수주(白磁陽刻梅花文水注), ② 6313 백자양각십장생문탁잔(白磁陽刻十長生文托盞), ③ 6346 백자투각연관대(白磁透刻煙管臺), ④ 6396 염부산수문완(染付山水文盌, 사발), ⑤ 6474 염부매화문수적(染付梅花文水滴), ⑥ 6493 염부합(染付盒), ⑦ 6498 염부분수기(染付粉水器), ⑧ 6502 염부소병(染付小甁), ⑨ 6505 염부소병(染付小甁), ⑩ 6511 염부용형수적(染付龍形水滴), ⑪ 6542 염부운용문명(染付雲龍文皿), ⑫ 6565 염부편복문회명(染付蝙蝠文灰皿, 박쥐모양 그

* 함석태의 수장품에 관련된 내용은 다음의 글을 참고하여 발췌·정리하였다.
김상엽, 「한국 근대의 고미술품 수장가 : 치과의사 함석태」, 서울特別市史編纂委員會, 2010.10
권훈. 「대한민국 치과의사 함석태 전기」, 대한치과의사학회 학술대회 초록, 2024.

릇), ⑬ 6566 염부산수문서판(染付山水文書版), ⑭ 6615 염부진사회산악형수적(染付辰砂繪山岳形水滴), ⑮ 6624 염부진사회필세(染付辰砂繪筆洗)

"특히 작은 물건을 좋아해서(도자기로 만든) 바늘통이며 담배물부리 같은 것을 잔뜩 사 모았다."는 박병래의 평과 '小物珍品大王'이라는 오봉빈의 표현에서 알 수 있듯 그가 소장했던 수장품은 작고도 모양이 독특한 자기들이 대부분이다. '소털을 뽑아서 제 구멍에 꽂는 이'라는 오봉빈의 평에서 볼 수 있듯 그의 성품은 대단히 치밀하고 꼼꼼하였기 때문에 작은 물건에 애착을 가졌었다.

〈백자투각연관대(白磁透刻煙管臺)〉는 2촌(1촌은 3.3㎝)이 채 되지 않은 작은 담뱃대 받침으로 작은 물건을 좋아하는 그의 골동품 수집 취향을 볼 수 있다.

백자투각연관대(白磁透刻煙管臺)

〈염부진사회산악형수적(染付辰砂繪山岳形水滴)〉은 함석태 선생이 그토록 애지중지하던 〈금강산 연적〉으로 추정되는데 험준한 봉우리를 첩첩이 만들고 계곡 곳곳에 사람과 동물, 정상에는 다층 누각집을 배치하였고 화려한 채색 안료를 사용하여 장식성을 한껏 발휘하였다. 굵은 음각선을 새겨 바위산의 질감을 강조한 이 연적은 코발트와 구리 안료를 채색하여 靑紅의 변화를 화려하게 강조하였고 굽에 丙午(1846)라는 간지가 있어 그 가치를 높여 준다.

염부진사회산악형수적(染付辰砂繪山岳形水滴)

〈염부진사회필세(染付辰砂繪筆洗)〉 역시 금

염부진사회필세(染付辰砂繪筆洗)

崔北의 〈金剛總圖〉

강산을 상징하여 만든 것으로 보이며 가운데 우뚝 솟은 바위산을 중심으로 청화와 진사로 채색된 다양한 모습의 산들을 배치하여 변화감을 주었다.

이외 1935년 6월에 간행된 월간 종합지 《三千里》 제7권 5호에서 春園 李光洙는 그의 처 허영숙(許英肅)에게 보낸 편지에서 "세계에 자랑할 온갖 陶器 등 美術 工藝品을 가지고 있는 가운데 장택상의 도자기 5점과 김찬영의 도자기 5점, 함석태의 도자기" 〈이조염부매장병(李朝染付竹梅長瓶)〉, 〈이조철사용필통(李朝鐵砂龍筆筒)〉, 〈이조백자사각병(李朝白磁四角瓶)〉, 〈이조진사수적(李朝辰砂水滴)〉 4점을 꼽았다. 이 가운데 〈이조진사수적(李朝辰砂水滴)〉을 〈금강산 연적〉으로 본다면, 《삼천리》에 언급된 다른 자기들은 명칭으로 볼 때 『조선고적도보』 15권에 실린 자기들과는 겹치지 않는 것으로 여겨진다.

따라서 이광수가 언급한 함석태 선생의 도자기 4점은 1935년에 간행된 『조선고적도보』 15권 이후 수집한 것이 아닐까 싶다. 박병래가 언급한 것처럼 함석태 선생은 도자기와 민속품을 주로 수집한 수장가이지만 그의 서화 소장품도 일제강점기 주요 수장가의 반열에 들 정도였음을 1930년대에 개최된 여러 전람회에 출품한 그의 소장품을 통해 그 대강을 짐작할 수 있다. 1930년 10월 17일에서 22일까지 6일간에 걸쳐 동아일보사 주최로 동아일보사 3층 홀에서 개최된 '조선고서화진장품전람회(朝鮮古書畵珍藏品展覽會)'에 함석태는 崔北의 〈금강총도(金剛總圖)〉, 秋史의 〈예서십폭병(隷書十幅屛)〉, 石坡大院君 〈난

(蘭)〉, 檀園의 〈동물(動物)〉 등 4점을 출품하였다.

북녘의 문화유산

'북녘의 문화유산 - 평양에서 온 국보들' 전시회가 2006년 6월 13일부터 8월 16일까지 국립중앙박물관에서, 8월 28일부터 10월 26일까지 국립대구박물관에서 개최하였다. (노무현 대통령 시절) 전시품의 수량은 90점이며 조선중앙역사박물관에서 대여하였다.

이 중 가장 눈에 띄는 것은 함석태 선생이 가장 아끼고 항상 품에 안고 다녔던 〈백자 금강산 연적〉이다. 조선 1846년 또는 1906년경으로 추정되는 17cm 정도의 국보로, 일명 〈백자청화채동채 금강산형 연적〉이다. '북녘의 문화' 전시회에 〈백자 금강산 연적(白磁靑畫彩銅彩金剛山形硯滴)〉이라는 이름의 국보로 출품되었는데 북녘의 『문화유산도록』(2006년, 140-141p 수록)에서의 명칭은 〈진홍백자금강산모양연적〉이다.

『북녘의 문화유산』 도록(2006)

진홍백자금강산모양연적

권훈에 의하면 북한에 있는 함석태 선생의 소장품으로 확신할 수 있는 작품은 도자기 4점(〈백자양각십장생문탁잔〉, 〈백자투각연관대〉, 〈청화백자진사회산악형연적〉, 〈청화백자진사필세〉), 김홍도 그림 2점(〈노예흔기〉, 〈구룡폭〉), 최북의 〈금강전경선면〉과 허련의 〈산거도(山居圖)〉 이외에도 함석태 선생의 소장품으로 확신할 수 있는 그림 여러 점이다. 김상엽의 글에 의하면 북한에 있는 함석태 선생의 소장품은 다음 목록표와 같다.

현재 북한에 있는 前 함석태 선생의 소장품 가운데
사진으로 확인할 수 있는 작품 목록표

작품 명칭	북한 명칭	크 기	소재 도록
白磁陽刻十長生文托盞	백자십장생 돋을무늬 잔과 잔대	잔 높이 3.5㎝, 잔대 너비 14㎝	『도보』15권, 도 6313
			『도자기』, 도 66
白磁透刻煙管臺	백자뚫음무늬 담배대받침	높이 5.1㎝	『도보』15권, 도 6346
			『도자기』, 도 92
染付辰砂繪山岳形水滴	진홍백자 금강산모양연적	높이 16.8㎝	『도보』15권, 도 6615
			『도자기』,도 308
			『북녘』, 도 63
染付辰砂繪筆洗	진홍백자 금강산모양붓빨이	직경 20㎝	『도보』15권, 도 6624
			『도자기』, 도 311
金弘道, 〈老猊掀蘷〉	늙은 사자	25.4×30.8㎝	『회화』, 도 235
金弘道, 〈九龍瀑〉	구룡폭	29×428㎝	『회화』, 도 120
			『조선』, 84쪽
崔北, 〈金剛全景扇面〉	金剛摠圖	26×72㎝	『조선』, 82쪽
許鍊 〈山居圖〉	산골살이	34.5×76㎝	『회화』, 도 43
			『조선』, 32쪽

북한의 문화재와 평양에 있는 조선미술관 소장품을 소개하는 『사진으로 보는 북한회화』(국립문화재연구소), 『북한의 문화재와 문화유적』(서울대학교 출판부,

심사정 〈매조도〉(평양조선미술관 소장)

심사정 〈묵연〉(평양조선미술관 소장)

2002) 두 종류의 책이 있는데, 그 도록에 함석태 선생의 수장품으로 추정되는 심사정의 그림이 있다. 북한에 국보로 지정되어 있는 심사정(1707 - 1769)의 〈매조도(梅鳥圖)〉는 함석태 선생이 1934년 전람회에 출품한 심사정의 〈梅圖〉와 제목이 비슷하다. 1934년 명작고서화전람회에 함석태 선생은 심사정의 〈매도〉와 〈묵연〉을 출품하였다. 조선미술관이 소장하고 있는 심사정의 그림은 낙관을 통해서 이 그림의 화가가 심사정임을 확인할 수 있다. 그러나 이 작품이 함석태 선생의 수장품인지 여부는 알 수 없는 것이 현실이다.

함석태 선생의 수장품 목록을 보면 그가 얼마나 금강산을 좋아했는지 알 수 있다. 그는 정선의 〈금강전경액(金剛全景額)〉도 소장하고 있었다. 또한 7번의 전람회에 참여할 때 최북의 금강산 그림을 4번이나 출품하였다. 함석태 선생은 최북의 〈금강총면(金剛總面)〉과 〈금강전경선면(金剛全景扇面)〉을 갖고 있었다. 그런데 최북의 금강산 그림 2점을 소유하고 있는 평양조선미술관은 제목을 〈금강총도(金剛總圖)〉와 〈금강산전도(金剛山全圖)〉로 명명하고 있다.

전람회별 서화 수장품 목록

조선고서화진장품 전람회 (동아일보, 1930년 10월 10일) 1930. 10. 17~22. 동아일보사 3층 홀	• 최북 : 금강총면(金剛總面) • 추사 : 예서십폭병(隷書十幅屛) • 석파 대원군 : 란(蘭) • 단원 : 동물(動物)
조선고서화진장품 전람회 (동아일보, 1932년 10월 1일) 1932. 10. 1~5. 동아일보사 3층 홀	• 단원 : 구룡폭(九龍瀑) • 허련 : 산거도(山居圖) • 북산 김수철 : 선면매죽(扇面梅竹)
조선중국명작고서화 전람회 (동아일보, 1934년 6월 22일) 1934. 6. 22~3. 동아일보사 3층 홀	• 연담 김명국 : 선인도(仙人圖) • 수운 유덕장 : 묵죽(墨竹) • 겸재 정선 : 금강전경액(金剛全景額), 호계삼소(虎溪三笑) • 현재 심사정 : 매도(梅圖), 묵연(墨蓮) • 단원 김홍도 : 화조대폭(花鳥對幅), 구룡폭(九龍暴), 노예흔기(老猊掀䗁) • 이재 권돈인 : 묵란(墨蘭), 원당제발(阮堂提跋) • 원당 김정희 : 행서칠언대련, 적고당예액, 부용추수비인거액, 묵란 • 호생관 최북 : 금강전경선면(金剛全景扇面) • 북산 김수철 : 화훼대폭(花卉對幅) • 대원군 : 묵난대폭(墨蘭對幅)
조선명보 전람회 1938년 11. 8~12. 경성부민관 주최 : 오봉빈 조선미술관 후원 : 매일신보	• 최북: 금강총면(金剛總面) • 윤제홍 : 산수쌍폭(山水雙幅) • 권돈인 : 란(蘭) • 김정희 : 행서첩(行書帖) • 소치 허련 : 산거도(山居圖) • 김수철 : 절지쌍폭(折枝雙幅)
십대가산수풍경화전 1940. 5. 28~31. 부민관중강당(3층) 주최 : 조선미술관 후원 : 동아일보 학예부	• 옥산 이우 : 괴석도(怪石圖) • 표암 강세황 : 한강선유도(漢江船遊圖) • 북산 김수철 : 화훼(花卉)
명가진장고서화 감상화 1943. 2. 17~21. 미쓰코시백화점 4층 갤러리 후원 : 중청서도연구소	• 북산 김수철 : 화훼(花卉) • 원당 김정희 : 묵란병기(墨蘭幷跋) • 이제 권돈인 : 묵란(墨蘭) • 호생관 최북 : 금강총도(金剛總圖)

함석태 선생 서화 수장품(14인 32점)

호생관 최북	금강총면(金剛總面) : 조선고서화진장품 전람회(1930) 금강전경선면(金剛全景扇面) : 조선중국명작고서화 전람회(1934)
겸재 정선	금강전경액(金剛全景額) : 조선중국명작고서화 전람회(1934) 호계삼소(虎溪三笑) : 조선중국명작고서화 전람회(1934)
단원 김홍도	동물(動物) : 조선고서화진장품 전람회(1930) 구룡폭(九龍瀑) : 조선고서화진장품 전람회(1932) 화조대폭(花鳥對幅) : 조선중국명작고서화 전람회(1934) 노예흔기(老猊掀䉲) : 조선중국명작고서화 전람회(1934)
연담 김명국	선인도(仙人圖) : 조선중국명작고서화 전람회(1934)
수운 유덕장	묵죽(墨竹) : 조선중국명작고서화 전람회(1934)
학산 윤제홍	산수쌍폭(山水雙幅) : 조선명보 전람회(1938)
소치 허련	산거도(山居圖) : 조선고서화진장품 전람회(1932)
옥산 이우	괴석도(怪石圖)
표암 강세황	한강선유도(漢江船遊圖)
현재 심사정	매도(梅圖) : 조선중국명작고서화 전람회(1934) 묵연(墨蓮) : 조선중국명작고서화 전람회(1934) 서과투서(西瓜偸鼠) : 조선일보 1936년 1월 4일(자년명화)
북산 김수철	화훼대폭(花卉對幅) : 조선중국명작고서화 전람회(1934) 선면매죽(扇面梅竹) : 조선고서화진장품 전람회(1932) 절지쌍폭(折枝雙幅) : 조선명보 전람회(1938) 화훼(花卉) : 십대가산수풍경화전(1938)
추사 김정희	예서십폭병(隷書十幅屛) : 조선고서화진장품 전람회(1930) 행서칠언대련(行書七言對聯) : 조선중국명작고서화 전람회(1934) 적고당예액(籍古堂隷額) : 조선중국명작고서화 전람회(1934) 부용추수비인거액(芙容秋水比鄰居額) : 조선중국명작고서화 전람회(1934) 묵란(墨蘭) : 조선중국명작고서화 전람회(1934) 행서첩(行書帖) : 조선명보전람회(1938)
이제 권돈인	묵란(墨蘭) : 조선중국명작고서화 전람회(1934) 원당제발(阮堂提跋) : 조선중국명작고서화 전람회(1934) 란(蘭) : 조선명보 전람회(1938)
석파 이하응	란(蘭) : 조선고서화진장품 전람회(1930) 묵란대폭(墨蘭對幅) : 조선중국명작고서화 전람회(1934)

II

함석태 글 모음

1
齒科學*

緖論(서론)

第一章. 齒科醫學의 講義(치과의학의 강의)

이에 齒科醫學을 강의함에 우선 그 의의를 명확함이 연구의 순서로 당연한 일이다.

치과의학의 위치

치과의학은 여하한 과학인가 하는 문제, 즉 의학과 치과학의 관계에 대해서 일부 학자들 간에도 갑론을박, 하나 되지 못한다. 지금 우리 조선에서는 수년 이래로 그 학문의 신지식을 접촉함에 불과하다. 독자 간에 놀라움이 특별한 것은 간과치 못한 사실이다. 이에 술자논조의 최근 일학설을 참고하여 아래와 같이 의문을 전제로 이를 논하고자 한다.

1. 치과의학은 의학에 대하여 독립된 과학 분야의 하나이다.
2. 치과학은 의학의 일부분이다.

---

* 함석태 선생은 1915년 『의약월보』 2권 3호에 치과학 연재를 시작해 총 6회분의 치과학 강의안을 게재하였다. 그 일부를 현대어로 고쳐 그 일부를 간추려 소개한다.

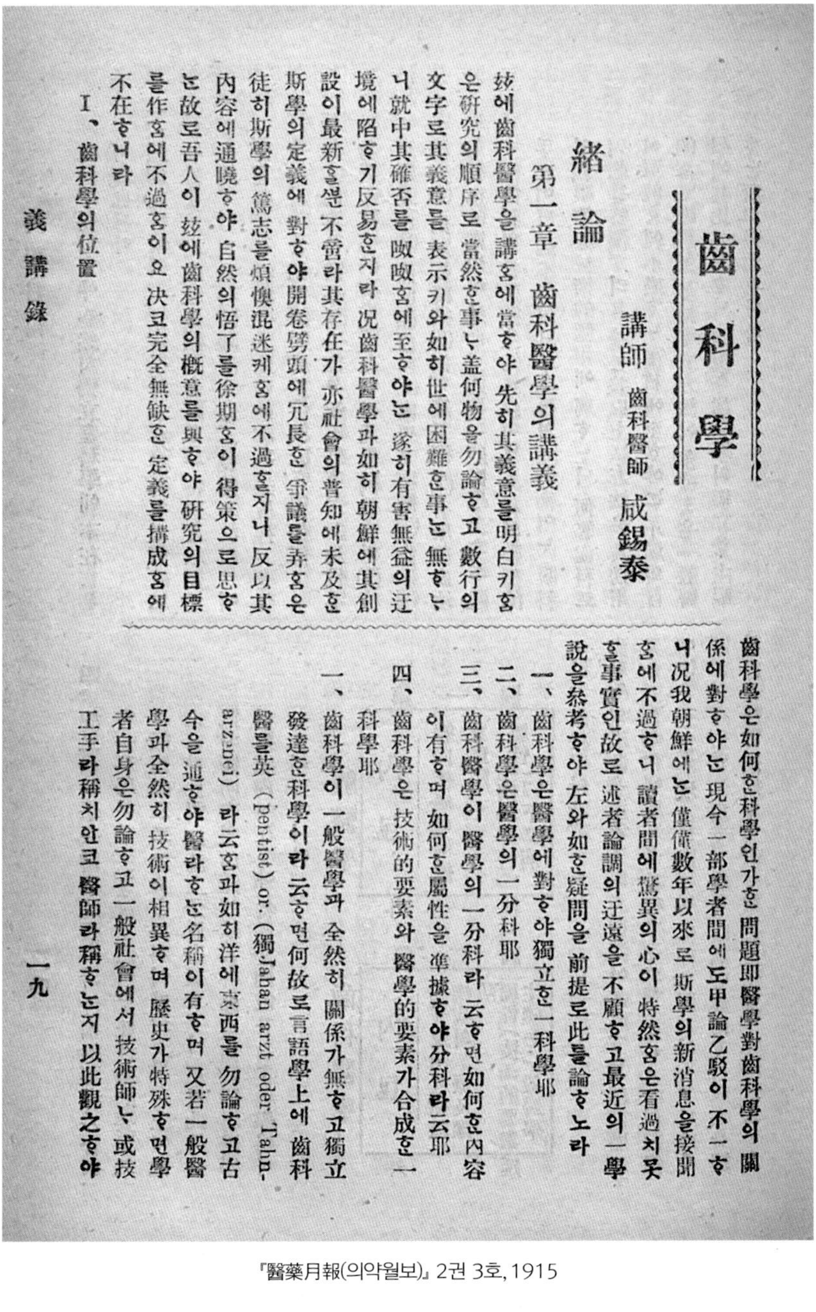

齒科學

講師 齒科醫師 咸錫泰

緖論

第一章 齒科醫學의講義

茲에齒科醫學을講홈에當ᄒᆞ야 先히其義意를明白키홈은硏究의順序로當然ᄒᆞᆫ事ᄂᆞ 盖何物을勿論ᄒᆞ고數行의文字로其義意를表示키와如히世에困難ᄒᆞᆫ事ᄂᆞᆫ無ᄒᆞᄂᆞ니就中其確否를呶呶홈에至ᄒᆞ야ᄂᆞᆫ 遂히有害無益의迂境에陷ᄒᆞ기反易ᄒᆞᆫ지라 況齒科醫學과如히朝鮮에其創設이最新ᄒᆞᆯ뿐不啻라其存在가亦社會의普知에未及ᄒᆞᆫ斯學의定義에對ᄒᆞ야開卷劈頭에冗長ᄒᆞᆫ爭議를弄홈은徒히斯學의篤志를煩懊混迷케홈에不過ᄒᆞᆫ지니 反以其內容에通曉ᄒᆞ야自然의悟了를徐期홈이得策으로思ᄒᆞᄂᆞᆫ故로吾人이茲에齒科學의槪意를與ᄒᆞ야硏究의目標를作홈에不過홈이요 決코完全無缺ᄒᆞᆫ定義를構成홈에不在ᄒᆞ니라

I、齒科學의位置

齒科學은如何ᄒᆞᆫ科學인가ᄒᆞᆫ問題卽醫學對齒科學의關係에對ᄒᆞ야ᄂᆞᆫ現今一部學者間에도甲論乙駁이不一ᄒᆞ니況我朝鮮에ᄂᆞᆫ僅僅數年以來로斯學의新消息을接聞홈에不過ᄒᆞ니讀者間에驚異의心이特然홈은看過치못ᄒᆞᆯ事實인故로述者論調의迂遠을不顧ᄒᆞ고最近의一學說을叅考ᄒᆞ야左와如ᄒᆞᆫ疑問을前提로此를論ᄒᆞ노라

一、齒科學은醫學에對ᄒᆞ야獨立ᄒᆞᆫ一科學耶

二、齒科學은醫學의一分科耶

三、齒科醫學이醫學의一分科라云ᄒᆞ면如何ᄒᆞᆫ內容이有ᄒᆞ며如何ᄒᆞᆫ屬性을準據ᄒᆞ야分科라云耶

四、齒科學은技術的要素와醫學的要素가合成ᄒᆞᆫ一科學耶

一、齒科學이一般醫學과全然히關係가無ᄒᆞ고獨立發達ᄒᆞᆫ科學이라云ᄒᆞ면何故로言語學上에齒科醫를英 (pentist) or. (獨.Jahan arzt oder Tahn-arzenei) 라云홈과如히洋에東西를勿論ᄒᆞ고古今을通ᄒᆞ야醫라ᄒᆞᄂᆞᆫ名稱이有ᄒᆞ며又若一般醫學과全然히技術이相異ᄒᆞ며歷史가特殊ᄒᆞ면學者自身은勿論ᄒᆞ고一般社會에서技術師ᄂᆞ或技工手라稱치안코醫師라稱ᄒᆞᄂᆞᆫ지以此觀之ᄒᆞ야

義講錄 一九

『醫藥月報(의약월보)』 2권 3호, 1915

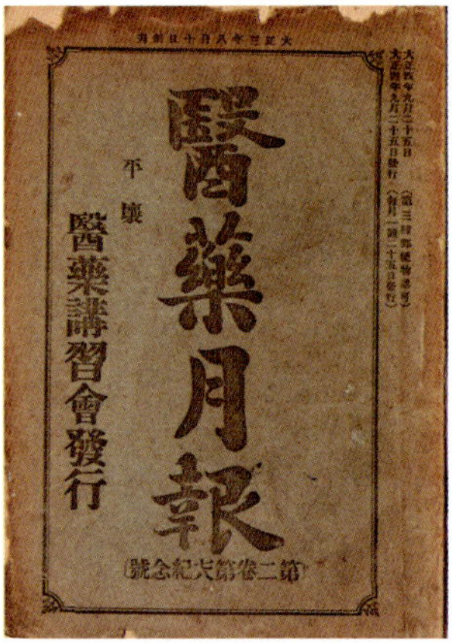

평남의회(平南醫會)가 만든 기관지이다. 1913년 의생(醫生) 규칙이 반포되고 동시에 평양의약 강습회가 설립되었고 서양의학을 위주로 의생시험과 의사시험을 대비하는 강좌가 개설되었다.
1914년 6월 평양의약 강습회 회원을 중심으로 평남의회(平南醫會)가 조직된 것이다. 이 단체는 기관지(醫藥月報, 의약월보)를 8월에 창간하였고 매월 1회 월간지로 발행했다. 회원들에게 발송되어 통신교육자료로 사용되었다.

의약월보 제2권 7/8호 표지(1915)

3. 치과학이 의학의 일부분이라고 말하면 어떠한 내용이 있으며 속성을 준비하고 근거를 내놓아야 분과라 말할 수 있는가.

4. 치과학은 시술적 요소와 의학적 요소가 함께 합성한 하나의 과학이다.

- 치과학이 일반의학과 전혀 다른 관계로 독립 발달한 과학이다. 자고로 언어학상(言語學上)에 치과의를 영국에서 Dentist, 독일에서는 Jahan Arzt 혹은 Tahn Arzt라 말한다. 이와 같이 동서고금을 통하여 '醫'라 하는 명칭이 있으며 또 만약 일반의학과 전혀 기술이 상이하며 역사가 특수하면 학자 자신은 물론이고 일반사회에서 技術師나 기공사라 말하지 않고 의사라 하는지 알아야 한다.

2

하계(夏季)에 대한 위생 문제

이 더워지는 때에는 더욱 음식과 거처 관계로 여러 가지 못된 병이 생기며, 필경은 그러한 병에 우리의 생명까지 빼앗고 마는 일이 많다. 우리는 여름날에 적당한 위생을 하여야만 여름날에 살 수가 있겠다. 말미암아 여러 대가의 고론탁설을 추후 소개하겠노라.

구강 위생에 대한 주의 - 삼각정 치과의원장 함석태 씨 담(談)

이미 여러분이 하계(夏季) 위생에 대하여는 여러 대가의 주의가 있었으니까 나 같은 사람이 말할 것도 없지만 나는 나의 전문인 치과에 대하여 말하겠노라.

나는 근일에 우리 의학계에 매우 재미있는 현상 하나를 보았으니 곧 각 과(科)가 분업적으로 된 일이다. 내가 처음 개업하던 대정3년 경에는 치과, 부인과이니 하는 것이 매우 유의하였고 더욱이 치과는 금니나 박는 곳으로 알았었다. 그러나 근래는 일반사회에 환자 자신이 자기의 병은 무슨 과에 속한다는 관념이 생긴 모양이오, 따라서 간간 전문가를 찾아가는 현상을 보면 매우 사회가 깨인 것을 알겠도다. 그러나 치과로는 특별히 하기(夏期)하고 더 주의할 점이 없겠지만 치아는 사람에게 제일 중요한 것이라. 어느 경우든지 주의치 아니치 못할 것이어니와 근일(近日)은 일기도 매우 덥고 온갖 전염병이 유행하는 때이라 각각 보통 위생에 대해서도 주의하려니와 요사이 흔한 홍역

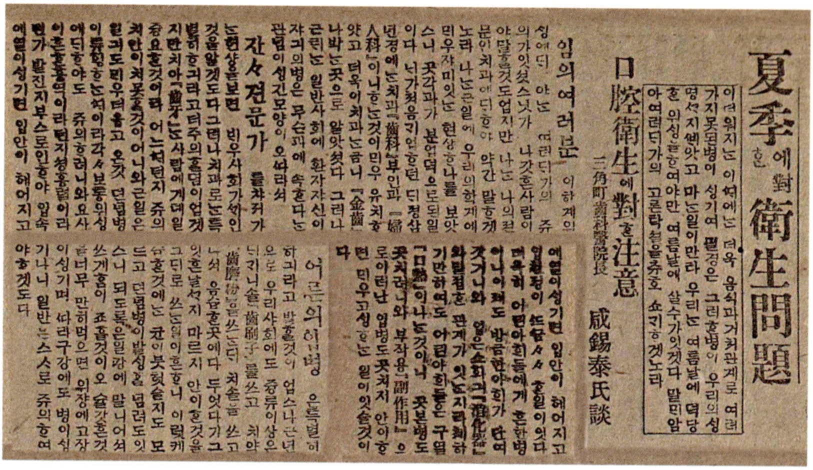

夏季에 對한 衛生問題

口腔衛生에 對한 注意

三角町齒科醫院長 咸錫泰氏談

이라던지 성홍열이라던가 발진티푸스로 인하야 입속에 열이 생기면 입안이 헤어지고 입 천정이 뜨끔뜨끔한 일이 있다. 더욱이 어린아이들에게 흔한 병이니 이제도 방금 한 아이가 다녀갔거니와 입은 소화기와 밀접한 관계가 있는지라 체하기만 하여도 어린 아이들은 구역이 나는 것이니 곧 본병도 고치려니와 부작용으로 일어난 입병도 고치지 아니하면 매우 고생하는 일이 있을 것이다.

어른의 입병은 특별히 하기(夏期)라고 말할 것이 없으나 근년으로 우리 사회에도 중류(中流) 이상은 대개 니솔(齒刷子 치쇄자, 칫솔을 의미)을 쓰고 치약(齒磨粉 치마분)을 쓰는데 칫솔을 쓰고나서 음습한 곳에다 두었다가 그 이튿날까지 마르지 아니한 것을 그대로 쓰는 일이 흔하니 이렇게 습한 것에는 균이 붙었을지도 모르고 전염병이 발생할 염려도 있으니 되도록은 일광(日光)에 말리어서 쓰게 함이 좋을 것이오. 술 같은 것을 너무 많이 먹으면 위장에 고장이 생기며 따라 구강에도 병이 생기나니 일반은 스스로 주의하여야겠도다.

《매일신보》(1919.07.23.)

3
구강위생 긴급한 요건*

보건문제는 아동위생으로부터,
아동위생은 구강위생으로부터

…(상략)… 10년 전 1914년(大正三年)에 본인이 개업할 당시에 경성(京城)에 일본인 치과의사가 4인이요. 조선인은 본인 한 사람이었던 바 금 십년 후 1924년에 이르러 일본인은 20인이 되고 조선인은 1인에 불과하니 참으로 애석한(可惜可怪) 일이 아니오닛가 …(중략)…

이에 가련한 독무대의 과정이 지난 10년의 오랜 세월에 자기 영업 이외에 무슨 치과의로서의 사회봉사적 어떤 노력이든지 버리지 않겠다는 생각은 끊임이 없었습니다. 그러나 이 방면으로 우리 사회의 위생관념이 더 나아지지 않으니 지금 형편으로는 자신도 모르게 그만두니, 원컨대 우리 일반 사회나 교육가에서도 좀 더 일반위생 내지 구강위생을 이해하여 주면 비록 한 사람 개인의 미력으로라도 다행히 부가된 책임(附職)의 바람을 통달할가 하나이

* 1924년 2월 11일자 《동아일보》에 게재된 함석태 선생의 글은 당시 치의학계와 구강위생계몽 상황을 보여준다. 1924년 경성의 일본 아동 구강검사결과, 963명 중에서 7-8명만 우식이 없고 치아 발육이 완전하였다. 조선 아동은 조사하지 않았지만, 낮은 구강위생품 보급률이나 증가된 당분 섭취를 감안할 때 가정에서 아동의 구강위생관리가 잘 이루어지지 않았을 것으로 추측된다.

口腔衛生

緊急한要件

保健問題는 兒童衛生으로부터 兒童衛生은 口腔衛生으로부터

齒科醫師 咸錫泰

去一月二十六日貴社說『時急한保健問題、敎育家와醫師에게』에感奮하야自己의立脚地로平素所感하던바의一端을記하야敢히我社會의口腔衛生上에幾分의注意를喚起코저하나이다

一

目下우리社會의諸般狀態를말하면無非缺乏、不足、不進、不備로도모지完全의據이나庶幾의望이란그것을發見키難합니다 況本人가치固陋한生活을하는사람은特然하나然이나그는各其專門識者의批評에一任하고오즉保健問題의一部에屬한口腔衛生即齒科醫學界의過去及現狀으로보면果然如何한가하면實로不進者ㅣ最多最甚이라함니다

二

即距今十年前大正三年에本人이開業할當時에京城에日本人齒科醫師가四人이요朝鮮人側으로本人이一人이든바今十年後大正十三年에至하야日本人은二十一人이되고朝鮮人은亦一人에不過하오니참으로可惜可愧할일이아니오닛가無論朝鮮側으로도其間에一二人의開業者가有하얏스나如何間存續치못하는것을보면此로써우리社會의口腔衛生思想의程度를可知할것이올시다京城에居住하는日本人의數를朝鮮人에比하야大略四分之一이나三分之一이라고假定하면此小數의人口로能히二十人以上의齒科醫를容納하는데朝鮮人은其四分之三이나三分之二以上의多數로서오히려二三人의齒科醫가門戶를維持치못하는그것이即무엇을意味함닛가또우리의發展上으로우리의十年間이라하면先進者의그네들의百年間에나相當하다고할만한이多事多端한十年안에우리가二十人이나늘엇다하면거의順調의向上發展이라할는지모르나도리여十年前一人은亦是十年後一人에不過하오니言念及此에果然悲嘆을禁치못하겟습니다日本人同業者는恒常本人을向하야君은獨舞臺이닛가조흐리라고하고稱羨함니다만은이獨舞臺야말로무슨意味의獨舞臺임닛가暫間對答하기거북함니다假令獨巢之下에一卵의完全하얏다면그런意味의獨舞臺가안인가하고自愧自歎함니다

三

此可憐한獨舞臺의過程을經過하는十年의長日月에自己營業以外의무슨齒科醫로서의社會奉仕的何等勞力이든지辭치아니하겟다는생각은實히綿々不絕이엇습니다그러나此方面으로우리社會의衛生觀念이一向不進하니至今形便으로는不禁이自禁으로朝鮮社會와는互相交涉이적어지고反히日本側으로보면最近에도彼日本人同業者數十人의對한이一個人의處地로서오히려市內某々尋常小學校의囑托으로每週間幾時間式幾百幾千名兒童의口腔檢査를實行하는中인데於此可惜한것이所謂獨舞臺이라는우리社會는果然、個人의活動範圍로는너무豐富함니다幾十萬長安에幾十處普通學校나中學程度의學校가모도다自己의背景이안임닛가그러나此를등지고彼少數의尋常小學校에가서그야말로齒科醫의社會奉仕를하는이사람의心理도可憐하려니와南北部同一한京城內에서참으로一奇現象이안임닛가勿論本人을選拔하여가는것이아니라彼幾個所의尋常小學校에二十餘人이나되는齒科醫가다配置되고도尙不足하야이러한사람外지도다려가는것이니細컨대우리一般社會나敎育家에서도좀더一般衛生乃至口腔衛生을理解하여주면비록一個人의微力으로라도幸히附驥의望을遂할가하나이다

四

그런데參考의資로最近檢査한日本兒童의口腔檢査成績을例로말하면自己맛든櫻井小學校가一學年으로四學年外지의生徒數가九百六十三名인데此九六三에對하야虫齒업고齒牙의發育이完全한兒童이七名乃至八名에不過하니百에對하야一人의比例가못됩니다그런즉朝鮮兒童의口腔의健康狀態는如何할는지實地調査한일이업서서明言치는못하나다만여러분도以上의比例를推測하여보시고各自家庭에서兒童의口腔衛生에一層注意하기를바람니다

五

齒刷子의使用率即每日規則的으로養齒를하는兒童의數를調査한比例를말合하야보면小學校生徒一學年으로四學年外지의兒童年齡이七、八歲로乃至十、十一歲間인데此程度兒童의齒刷子使用하는數가大略百에對하야二十乃至三十이나됨니다그런데朝鮮兒童의同程度의年齡으로每日正規로이를닥는數가如何할가하면더욱小數로생각합니다其理由는日本兒童의使用하는齒磨粉은甘味가잇고容器가美麗하고이人舍이입부닛가兒童이一種好奇心으로玩具品가치使用하는故로不知不識間에習慣이되야每日繼續使用하지만은朝鮮兒童은家庭의自來慣習에依하야多部分은齒磨用으로食鹽을使用하나니食鹽은醎剌할뿐아니라此를手指에다뭇처서막그라고命令的으로가르친대야利底히兒童心理에嗜好한배萬無한니다그럴뿐아니라食鹽養齒일망정어른들이規則的으로勵行식히는家庭도僅少할줄도생각합니다그런데京城가튼都會地兒童들은朝鮮兒童들도日本兒童과가치菓子나糖分을만히먹습니다그러면齒牙를破壞하는것은가치하고此를豫防하는것은그와가치떠러지면그結果가如何하겟습닛가實로從此의重大問題임니다日本兒童의健康齒牙가百對一이弱한比例보담도도數倍떠러질것이올시다그러면齒牙健康은全部零이라할수잇습니다이比例를熟知하시는有志와兒童을親愛하시는諸君은此口腔衛生의問題를더욱注意研究할必要가切實합니다

다. …(중략)…

칫솔(齒刷子)의 예를 들어 보면 소학교생도(小學校生徒) 1학년으로 4학년까지의 아동 연령이 칠, 팔세로 (내지) 십, 십일세인데 이정도 아동의 칫솔 사용하는 수가 대략 100에 대하여 20 내지 30이 됩니다. 그런데 조선 아동의 같은 정도의 연령으로 매일 정규로 이를 닦는 수가 더욱 소수로 생각합니다.

그 이유는 일본 아동의 사용하는 가루 치약(齒磨粉)은 단맛이 있고 용기가 미려하고(예쁘고) 잇솔이 예쁘니까 아동이 일종 호기심으로 완구품 같이 사용하는 고로 부지불식간(不知不識間)에 습관이 되어 매일 계속 사용하자면, 조선 아동은 가정의 본래의 습관에 의하여 대부분은 치마용(齒磨用)으로 식염(食鹽)을 사용하나니 식염은 감속할 뿐 아니라 이것을 손가락(手指)에 묻혀서 닦으라고 가르친 데도 도저히 아동심리를 즐기고 좋아함은 만무할 것입니다. 그럴 뿐 아니라 식염 양치일망정 어른들이 규칙적으로 이행시키는 가정도 근소할 줄로 생각합니다.

그런데 경성 같은 도회지 아동들은 조선 아동들도 일본 아동과 같이 과자나 당분을 많이 먹습니다. 그러면 치아를 파괴하는 것은 같고 이것을 예방하는 것은 그와 같이 떨어지면 결과가 如何(여하)하게 옵니다. 실로 피차의 중대 문제입니다.

일본 아동의 건강치아가 백대일(百代一)이 약한 사례보다도 또 여러 배 떨어질 것이 올시다. 그러면 치아건강은 전부 떨어질 것이라 할 수 있습니다. 이 예를 숙지하시는 유지와 아동을 친애하시는 제군은 이 구강위생의 문제를 더욱 주의 연구할 필요가 절실합니다.

《동아일보》(1924. 2.11.)

4

먼저 습관을 곳치라*

틀튼한 이를 만들려면 먼저 습관을 고치라

충치 예방일을 맞이하면서

여러분 우리의 치아(齒牙)를 충치(蟲齒)가 되어 썩지 않게 튼튼하게 하려면 어찌하여야 되겠는가를 물어 오신다면 나는 이렇게 대답하겠습니다.

우리의 신체를 건강케 할려면 영양(榮養)되는 식물을 섭취하여 될 수 있는 데까지 치아를 튼튼히 하여 병들지 않게 하려면 치아에 유익한 음식물을 공급하여야 될 것입니다. 그러면 수정(水晶) 같이 깨끗하고 굳은 치아는 무엇으로 된 것인가 하면 우리가 일상 섭취하는 음식물 중 '칼슘(칼시윰)' '인(燐)'이라고 하는 두 원소가 '비타민 D'의 힘으로 서로 결정되여 '세멘트 콩구리-트(세멘트콘크리트)'와 같이 된 것입니다. 만약 '칼슘(칼시윰)'을 세멘트에 비하면 '인'은 세사(細砂)같다고 할 수 있습니다. 거기다가 '비타민 D'라고 하는 물을 가하면 '세멘트 콩구리-트'와 같이 우리의 치아가 형성되어 나오는 것입니다.

* '충치예방일을 맞이하여'라는 제목으로 한성치과의사회 함석태 선생은 구강계몽을 위한 칼럼을 게재하였다.

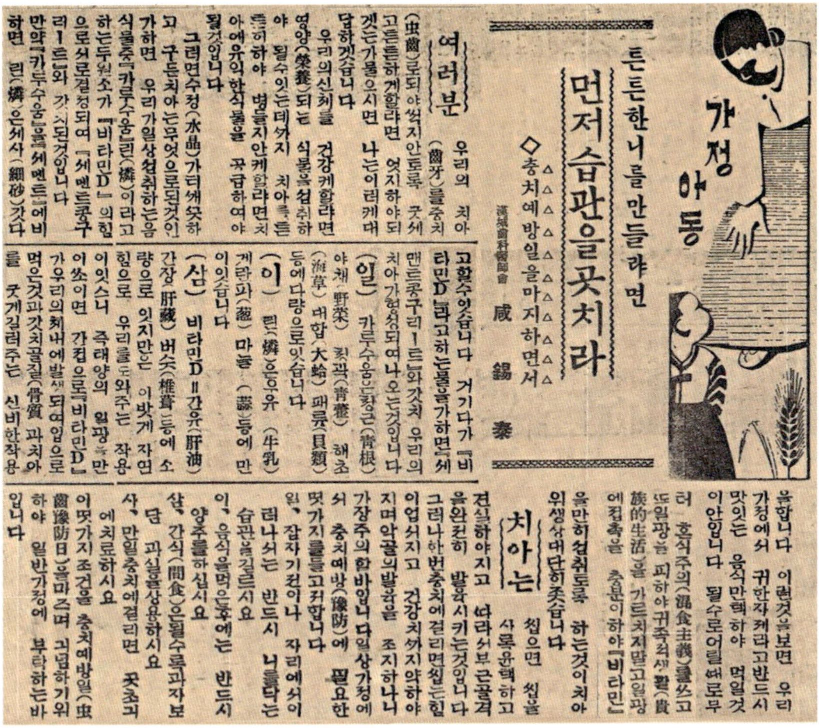

가정아동

튼튼한 니를 만들랴면
먼저 습관을 곳치라
◇충치예방일을 마지하면서

漢城齒科醫師會 咸錫泰

여러분 우리의 치아(齒牙)를 충치(虫齒)로되야 썩지안토록 굿세고 튼튼하게할랴면 엇지하야되겟는가 물으시면 나는 이러케 대답하겟습니다

우리의 신체를 건강케할랴면 영양(榮養)되는 식물을 섭취하야 될수잇는데까지 치아를 튼튼히하야 병들지안케할랴면 치아에 유익한식물을 공급하여야 될것입니다

그러면 수정(水晶)가티깨끗하고 굿든치아는 무엇으로된것인가하면 우리가일상섭취하는음식물중『카루수움』린(燐)이라고하는두원소가『비타민D』의힘으로서로결정되여『세멘트콩구리-트』와 갓치된것입니다

만약『카루수움』을『세멘트』에비하면 린(燐)은세사(細砂)갓다고할수잇습니다 거기다가『비타민D』라고하는물을가하면『세맨트콩구리-트』와갓치 우리의 치아가형성되여나오는것입니다

(일) 카루수움은청근(菁根) 야채(野菜) 청곽(青藿) 해초(海草) 대합(大蛤) 패류(貝類) 등에다량으로잇습니다

(이) 린(燐)은우유 (牛乳) 계란파(葱) 마늘 (蒜)등에 만이잇습니다

(삼) 비타민D=간유(肝油) 간장(肝臟) 버슷(椎茸)등에 소량으로 잇지만은 이밧게 자연힘으로 우리를도와주는 작용이잇스니 즉태양의 일광을만이쏘이면 간접으로『비타민D』가우리의체내에발생되여입으로먹은것과갓치골질(骨質) 과치아를 굿게길러주는 신비한작용을합니다 이런것을보면 우리가정에서 귀한자제라고반드시 맛잇는 음식만택하야 먹일것이안입니다 될수로어릴때로부터 혼식주의(混食主義)를쓰고 또일광을 피하야귀족적생활(貴族的生活)을 가르치지말고일광에접촉을 충분이하야『비타민』을만히섭취토록 하는것이치아위생상대단히조흡니다

치아는 씹으면 씹을사록윤택하고 견실하야지고 따라서부근골격을완전히 발육시키는것입니다 그러나한번충치에걸리면씹는힘이업서지고 건강치못지약하야지며악골의발육을 조지하나니 가장주의할바입니다 일상가정에서 충치예방(豫防)에 필요한 멧가지를들고저합니다

일, 잡자기전이나 자리에서이러나서는 반드시 니를닥는 습관을길르시요

이, 음식을먹은후에는 반드시 양추를하십시요

삼, 간식(間食)은될수록과자보담 과실을상용하시요

사, 만일충치에걸리면 곳조기에치료하시요

이멧가지조건을 충치예방일(虫齒豫防日)을마즈며 긔념하기위하야 일반가정에 부탁하는바입니다

구강계몽을 위한 칼럼을 신문에 게재한 함석태
《조선일보》 1933. 6. 2.

(일) 칼슘(칼시윰)은 청근(菁根), 야채(野菜), 청곽(青藿), 해초(海草), 대합(大蛤), 패류(貝類) 등에 다량으로 있습니다.

(이) 인(燐)은 우유(牛乳), 계란, 파(葱, 파총), 마늘 등에 많이 있습니다.

(삼) 비타민 D는 간유(肝油), 간장(肝臟), 버섯 등에 소량으로 있지만은 이 밖에 자연 힘으로 우리를 도와주는 작용이 있으니, 즉 태양의 일광을 많이 쏘이면 간접으로 '비타민 D'가 우리 체내에 발생되어 입으로 먹은 것과 같이 골질(骨質)과 치아를 곧게 길러주는 신비한 작용을 합니다. 이런 것을 보면 우리 가정에서 귀한 자제라고 반드시 맛있는 음식만을 택하여 먹일 것이 아닙

니다. 될수록 어릴 때부터 혼식주의(混食主義)를 쓰고 또 일광을 피하여 귀족적 생활(貴族的生活)을 가르치지 말고 일광 접촉을 충분히 하여 비타민 D를 많이 섭취하도록 하는 것이 치아위생에 대단히 좋습니다.

치아는 씹으면 씹을수록 윤택하고 견실해지고 따라서 부근 골격을 완전히 발육시키는 것입니다. 그러나 한번 충치에 걸리면 씹는 힘이 없어지고 건강치아까지 약해지며 악골의 발육이 좋지 않으니 가장 주의할 바입니다. 일상가정에서 충치예방에 필요한 몇 가지를 들고자 합니다.

일, 잠자기 전이나 자리에서 일어나서는 이를 닦는 습관을 기르시오.

이, 음식 먹은 후에는 반드시 양치를 하십시오.

삼, 간식(間食)을 될수록 과자보다 과실을 상용하시오.

사, 만일 충치에 걸리면 초기에 지료하시오.

이 몇가지 조건을 충치예방일(蟲齒豫防日)을 맞으며 기념하기 위해 일반가정에 부탁하는 바입니다.

《조선일보》(1933. 6. 2.)

—

충치(蟲齒) 데이를 堂하여야**

오늘은 전국적으로 충치 예방에 대하여 그 필요를 강조하는 날입니다.

옛날부터 이를 오복의 하나라고 하는 것도 그 뜻은 이가 좋아야지 소화에도 좋고 따라서 건강에 좋다는 것을 말하는 것입니다. 적은 세균(細菌)이 만약 우리의 이를 먹어들어가자 나중에는 그 튼튼한 뼈를 뿌리까지 먹어버리고 마

** 라디오 방송 〈이를 지킵시다〉 어린이 시간에 방송출연기사이다.

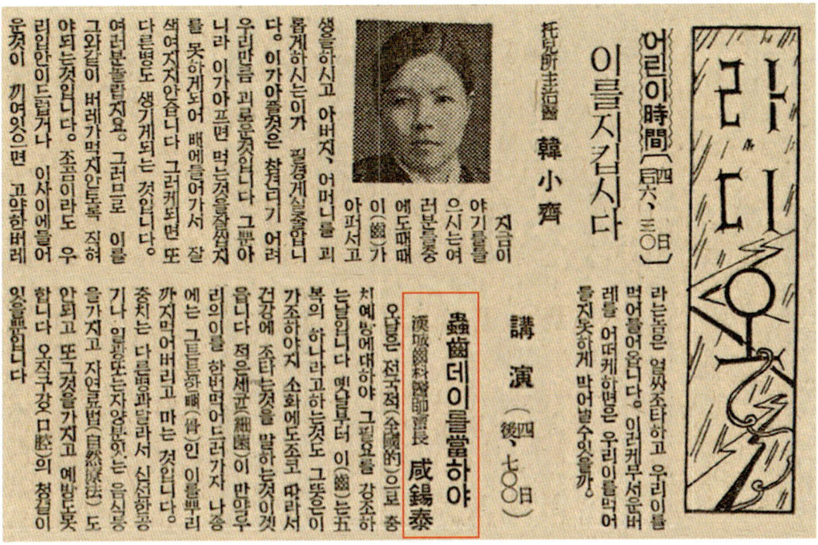

라디오

어린이時間(后六、三〇)

이를지킵시다

托兒所主治醫 韓小齊

라는놈은 열싸조타하고 우리이를 먹어들어옵니다。이러케무서운버레를 어떠케하면은 우리이를먹어들지못하게 막어낼수잇슬까。

지금이 야기를들 으시는여 러분들중 에도때때 이(齒)가 아퍼서고생을하시고 아버지、어머니를 괴롭게하시는이가 필경계실줄압니다。이가아픈것은 참견디기 어려우리만큼 괴로운것입니다 그뿐아니라 이가아프면 먹는것을잘씹지를 못하게되어 배에들어가서 잘 색여지지안습니다 그러케되면 또 다른병도 생기게되는 것입니다。여러분놀랍지요。그러므로 이를 그와같이 버레가먹지안토록 직혀야되는것입니다。조곰이라도 우리입안이드럽거나 이사이에음어운것이 끼여잇으면 고약한버레

講演(後四、七〇)

蟲齒데이를當하야

漢城齒科醫師會長 咸錫泰

오날은 전국적(全國的)으로 충치예방에대하야 그필요를 강조하는날입니다 옛날부터 이(齒)는五복의 하나라고하는것도 그뜻은이가조하야지 소화에도조코 따라서 건강에 조타는것을 말하는것이겟읍니다 적은세균(細菌)이 만약우리의이를 한번먹어드러가자 나종에는 그트튼한뼈(骨)인 이를뿌리까지먹어버리고 마는 것입니다。충치는 다른병과달라서 신선한공기나 일광또는자양분잇는 음식등을가지고 자연료법(自然療法)도 안되고 또그것을가지고 예방도못합니다 오직구강(口腔)의 청결이 잇슬뿐입니다

《동아일보》 1938. 6. 4.

는 것입니다. 충치는 다른 병과 달라서 신선한 공기나 일광 또는 자양분 있는 음식을 가지고 자연요법도 안 되고 그것을 가지고 예방도 못합니다. 오직 구강(口腔)의 청결이 있을 뿐입니다.

《동아일보》(1938. 6. 4.)

5
골동한화(骨董閑話)

일반이 골동을 운운하게 된 것은 최근의 일인데 대개 근래의 극도로 발달된 과학 문명의 기계화, 획일화에 대한 반동으로 그것에 염증을 일으킨 사람들이 개인의 인공으로 된 창작품을 존중히 여기게 된 데서부터 시작된 것 같다.

조선의 공예품은 인공으로 된 예술품의 가장 대표적인 것으로 요새 와서 조선 골동품의 성가가 날로 높아가는 것은 실로 이 까닭이다. 조선의 공예품은 모두 고인이 손수 정성을 다하며 만든 것으로 그 한 작품, 한 작품에는 우리 선조들의 피와 정신과 손길이 역력히 남아 있다. 나는 이런 작품을 볼 때마다 고인 - 우리들의 위대한 선조 예술가에게 면접하는 것 같은 숭엄한 감격과 법열을 느낀다.

최근에 북지(北地)에서 돌아온 사람의 얘기를 들어도 그렇지만 북경의 박물관이나 그 외의 여러 곳에서 본 지나(支那, 중국을 지칭)의 공예품은 호사하고 번화한데 지나쳐서 조선의 골동품같이 담박하고 간결한 맛이 도무지 없다고 한다. 또 내지(일본을 지칭)의 골동품은 너무 극단으로 담박해서 맛이 없는데 조선의 골동 공예품은 이 중간을 타서 소박하고 청담(淸淡)하고 간결한 것이 무어라 말할 수 없는 일종의 청운(淸韻)이 있다. 이것은 필경 민족성에 의한 것일 것으로 우리들 선조의 담박부욕한 처사(處士)와 같은 기질을 반영한 것일

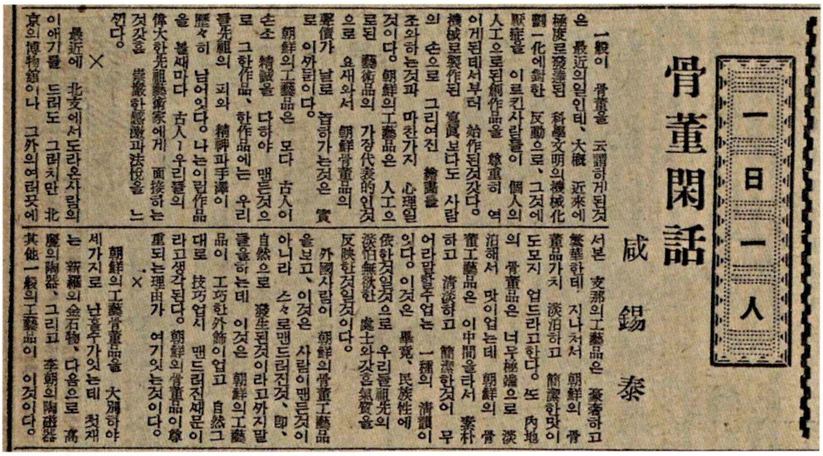

一日一人

骨董閑話

咸錫泰

一般이 骨董을 云謂하게된것은 最近의일인데、大槪 近來에 極度로發達된 科學文明의機械化 劃一化에對한 反動으로、그것에 厭症을 이르킨사람들이 個人의 人工으로된創作品을 尊重히 역이게된데서부터 始作된것갓다。機械로製作된 寶貝보다도 사람의 손으로 그리여진 繪畵를 조와하는것과 마찬가지 心理일것이다。朝鮮의工藝品은 人工으로된 藝術品의 가장代表的인것으로 요새와서 朝鮮骨董品의 聲價가 날로 高하가는것은 實로 이까닭이다。

朝鮮의工藝品은 모다 古人이 손소 精誠을 다하야 맨든것으로 그한作品、한作品에는 우리들先祖의 피와 精神과手澤이 歷々히 남어잇다。나는이런作品을 볼때마다 古人ㅣ우리들의 偉大한先祖藝術家에게 面接하는것갓흔 崇嚴한感激과法悅을 느낀다。

×

最近에 北支에서도라온사람의 이야기를 드러도 그러치만 北京의博物館이나 그外의여러곳에서본 支那의工藝品은 豪奢하고 繁華한데、지나처서 朝鮮의 骨董品가치 淡泊하고 簡素한맛이 도모지 업드라고한다。또 內地의 骨董品은 너무極端으로 淡泊해서 맛이업는데 朝鮮의 骨董工藝品은 이中間을타서 素朴하고 淸淡하고 簡素한것이 무어라말할수업는 一種의 淸韻이 잇다。이것은 畢竟、民族性에 依한것일것으로 우리들祖先의 淡泊無欲한 處士와갓흔氣質을 反映한것일것이다。

外國사람이 朝鮮의骨董工藝品을보고、이것은 사람이맨든것이 아니라 스々로맨드러진것、卽、自然으로 發生된것이라고까지말들을하는데 이것은 朝鮮의工藝品이 工巧한外飾이업고 自然그대로 技巧업시 맨드러진때문이라고생각된다。朝鮮의骨董品이尊重되는理由가 여기잇는것이다。

×

朝鮮의工藝骨董品을 大別하야 세가지로 난흘수가잇는데 첫재는 新羅의金石物、다음으로 高麗의陶器、그리고 李朝의陶磁器 其他一般의工藝品이 이것이다。

것이다.

외국 사람이 조선의 골동품을 보고 이것은 사람이 만든 것이 아니라 스스로 만들어진 것, 즉 자연으로 발생된 것이라고까지 말들을 하는데 이것은 조선의 골동품이 존중되는 이유가 여기에 있는 것이다.

조선의 공예 골동품을 대별하여 세 가지로 나눌 수가 있는데 첫째는 신라의 금석물, 다음으로 고려의 도기, 그리고 이조의 도자기, 기타 일반의 공예품이 이것이다.

그러나 신라나 고려의 그것은 다소 미숙(彌熟)하고 정교한 편이어서 그중에도 이조의 공예품 특히 도기가 소박한 맛이 제일 많아서 가장 인기를 끌고 있다. 요새 도기 같은 것을 모작해서 파는 간상(奸商, 가짜 상인)이 상당히 있는데 색이나 질은 다소 모방할 수 있지만 그 작품에 넘쳐흐르는 소박하고 간사함이 없는 소박무사(素朴無邪) 수법은 도저히 모방할 수 없다. 또 한 가지 조선의 골동 공예품의 특색은 서양이나 내지(內地) 기타의 공예품이 변변치 않은 것에까지 모두 작자(作者)의 서명이 붙어 있는 데 반하여 조선 것에는 아무리 훌륭한 것이랄지라도 작자의 서명이 없다. 이것은 고인(古人)들이 그것을 만들며 자기의 이름을 후세에 전한다거나 판다거나 하는 아무런 세속적 욕심이 없었던 까닭이다. 예술품의 가치는 실로 이곳에 있는 것이다. 자기가 좋아하니까 취미에 따라 그냥 만들어 본 것이지 여기에 아무런 사심(私心)이 없는 것이다. 나는 고인의 이같은 겸허한 처사(處士)와 같은 예술가적 기질을 사랑함으로 조선의 골동 공예품을 더욱 애완(愛玩)하는 것이다.

* 필자는 한성치과의사회 회장, 서화 골동 모집으로 저명

《매일신보》, 1日 1人(1938. 3. 2.)

6
이조의 도자기

유구한 세월에 끊임없이 쌓아온 우리 조선의 힘과 마음은 종으로 횡으로 씨가 되고 날이 되어 짜아낸 것이 일폭걸한 우리의 문화이다. 이 문화의 움직여 온 가운데서 한 가지 존재를 끌어내면 조선 도자기 공예품의 숨어 있던 솜씨를 말하지 않을 수 없다.

불교미술이 전성하였던 시대 즉, 신라의 금석물이나 고려의 자기나 건축조각 등 그 위대한 발달은 이미 세계적으로 주지하는 바이라 새삼스러이 말할 필요도 없거니와 이조(李朝)에 들어와서 최근 백 년 내의 외지의 사이에 도출된 도자기를 통칭하야 이 세계에서 이조 도자기라 하나니 이 작품의 예술적 가치로 말하야도 우리의 크나큰 자랑이라고 아니할 수 없다. 따라서 간단하나마 이 이조 도자기에 대하야 감상적 실성의 1단을 최소 한도로 약간 말하여 보고자 한다.

이 시대의 작품은 흔히 정교 첨미한 편으로 보면 전문 도공의 역작이지 아지소박(우아함이 자극하고 소박함)한 점으로 보면 무명사의 수예인지 그 수법을 기리기 어려울 만큼 고려자기같이 우수(優秀)치 않은 대신에 이조 도자기의 정교함과 아지(지극히 우아함)의 양단적 장기를 서로 쓸어 담아 한데 조화하야 우리 고유의 민족적 개성을 맛있게 표현한 것이야말로 조선 도자기 공예에서 찾아볼 만한 일대 창작이오 독특한 예술이라고 외치고 뽐내이지 않을 수

現內閣支持論
과新黨組織論
政府部內의進退兩論

一日一人
李朝의陶磁器
咸錫泰

集中
作激烈
되는近衛首相의心境

木戶公
園文訪
相問
今春政局에分水嶺

實業總長에
王蔭泰氏
臨時政府起用

없다.

첫째로, 우리 도자기의 특수성으로 말하면 표리(겉과 속)가 없고 외식(바깥 장식)이 없고 가장이 없고 자만이 없이 순진 그대로의 진면목인지라 아무리 외(外)가 보아도 실명적(실제로 이름을 거는) 작품이나 상리심(상을 얻으려는 욕심)으로 제조한 상품이 아니오 개개가 순결무구한 고인(古人 옛사람)의 흘러넘치는 여운의 수택(손으로 만든 작품)임을 느끼고 볼 때에 우리는 스스로 당시의 명대가의 온용(溫容, 온화한 얼굴)을 대하는 것같이 담담 무욕(욕심 없음)한 그 양심에 감격하나니 이것이 곧 이 작품이 천고(오랜 세월)에 매장되었다가 지금에 이르러 새로운 소리를 치고 현대의 속작(俗作) 예술품을 압두(머리를 누름)하고 들어선 힘인 것을 우리는 알어야 할 것이다.

둘째로, 근대 분원(分院, 경기도 광주 분원리 도자가마터)을 중심으로 한 이조 도자기의 세밀한 질과 명랑한 색과 아담한 태도를 자유자재로 추입하여 강유원전(强柔圓全, 강하고 부드러운 원이 완전함)한 선으로 1점 무리가 없고 1획의 허식이 없이 무의(의존함이 없음), 무착(집착이 없음), 무사(無邪, 간사함이 없음)한 수법으로 돋아 우려 내는 예술미는 동서양인을 물론하고 구안자(具眼者, 볼 줄 아는 사람)의 보는 사람으로 하여금 도리어 인공으로 제조한 것이 아니오 차라리 제조의 경계를 초월하여 스스로 생겨나서 자연이 성장한 것이 아닌가 하고 의심하고 싶다고 하는 말을 가끔 듣는다.

셋째로, 이상과 같이 이조 도자기의 작품 수입을 예술적 가치로 보아 개개 추급(따라가 미침)할 수 없고 호 할 수 없는 바 모든 장기를 가진 거작 명품임에 불구하고 타국의 고대 작품같이 작자의 낙관이나 기명(記名, 이름을 적음) 연대, 지명 중 모든 점에 있어서 그 작자의 자취를 후세에 표시치 아니하고 자못 조선인의 수법인 줄을 알 수 있어서도 하등의 명작인 것은 알어낼 수 없으니 이 것은 못내 후세에 제명(이름을 붙임)하는 것을 즐겨하지 않은 연고이다. 연구하고 알리고 하는 사람에게는 애달픈 일이지만 고인의 고상한 그 뜻은 현대인이 깊이 느끼고 본받을 바이다.

끝으로 조선 사람은 시적 정취나 선미(禪味)나 질박한 맛을 작(作, 이루어 냄)하는 민족성을 가지고 있고 또 우리 예술도 여기서 발달되었음에 불구하고 근래 우리 가정이나 생활 환경을 보면 비속한 열등 예술품인 가구, 의적(옷 종류, 이불 등), 식기 등 모든 신래품(새로 들어온 제품)에 도취하고 속화(俗化)하야 가는 유행현상은 참으로 유감이다. 우리의 고유한 공예품, 도자기뿐 아니라 석공, 목공, 죽공, 철공, 지공(종이 공예) 등 모든 세공품이 다 같이 역력히 우리 생활을 미화하고 우리의 강점을 고상케 할 수 있으니 이 점에서 우리는 우리의 소질을 배양하고 우리의 생활을 향상하기를 끝내 권하고 싶다.

《매일신보》, 1日 1人(1938.4.10.)

7
공예미*

看板(간판)은 낡아 찌들고 古色(고색)이 넘치여 지나가는 손의 世情(세정, 사람들의 마음)에 맞기(맞추기) 어려우나 業緣(업연, 직업)에 깊은 몸이 날마다 掃地開門(소지개문, 청소하고 문을 열어)하고 집을 지키고 있어서 오는 사람을 對하는 것이 本來(본래)의 業務(업무)인 니로서는 自然(자연)히 外界(외계)와 接觸(접촉)이 멀고 이러한 囹圄(영어, 감옥)生活이 어느덧 二十有餘年의 긴 동안이니 在家二十年에 維摩不二禪(유마불이선, 유마경에 나오는 선악, 생사가 둘이 아니고 하나이다)을 찾으려는 高師大德(고사대덕)은 못 될망정 君子는 遊道樂而忘憂(유도낙이망우, 도를 찾아 즐기고 애환을 잊는다)의 格으로 때로는 忙余(망여, 한가한 여유)의 한 煩惱(번뇌)를 느낄 적마다 學生時代부터 좋아하던 낡은 書籍(서적)을 펴놓고 或(혹)은 古今事(고금사)를 헤어보며 或은 古今人(고금인, 예사람과 지금 사람)을 저울질하여보면 是非

* 김상엽, 「한국 근대의 고미술품 수장가 : 치과의사 함석태」(서울특별시편찬위원회, 2010)에 수록된 원문 참고하여 정리함

* 함석태 선생은 조선 후기 전통문화의 쇠퇴 원인을 단지 외부의 억압이나 물질적 궁핍으로 돌리지 않는다. 그는 보다 본질적 문제로 '실천(실행)부재'를 지목한다. 조선 후기 불교문화가 퇴락하고 유교가 지배하게 되었지만 그 유교마저도 원래의 살아 있는 실천정신을 잃고 관념적 형식주의에 머물렀다는 것이다. 겉으로는 도덕과 예를 중시하는 듯 보였지만 실제로는 삶 속에서 구현되지 못하는 공허한 껍데기였다는 통찰이다. 그가 주목하는 '실천'은 단순한 행동을 의미하지 않는다. '지행합일(知行合一)' 즉 앎과 삶이 일치하는 상태를 뜻한다. 함석태는 양명학과 주자학을 모두 공부한 지식인이었다. 글의 내용 중 사용 단어도 당시 고문을 공무한 지식인들이 쓰던 것들이었다.

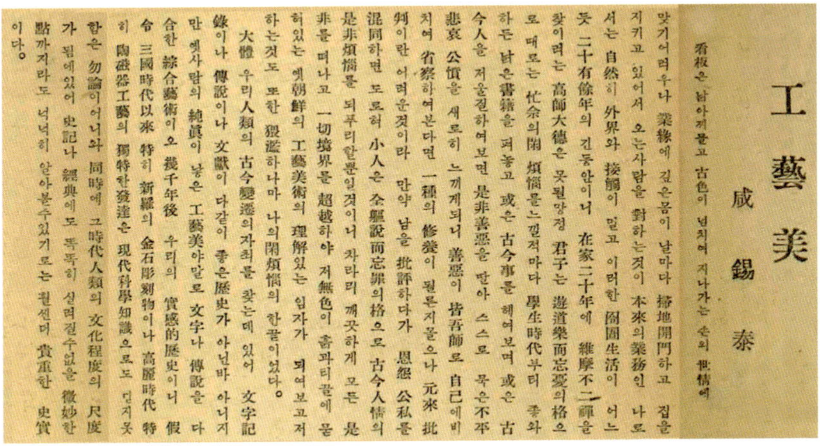

看板은 남아저물고 古色이 넘치여 지나가는 손의 世情에

工藝美

咸錫泰

맞기어려우나 業緣에 깊은몸이 날마다 掃地開門하고 집을 지키고 있어서 오는사람을 對하는것이 本來의業務인 나로서는 自然히 外界와 接觸이 멀고 이러한 閭閻生活이 어느듯 二十有餘年의 긴동안이니 在家二十年에 維摩不二禪을 찾이려는 高師大德은 못될망정 君子는 遊道樂而忘憂의格으로 때로는 忙余의閑 煩惱를느낄적마다 學生時代부터 좋와하든 낡은書籍을 펴놓고 或은 古今事를 헤여보며 或은 古今人을 저울질하여보면 是非善惡을 딸아 스스로 묵은不平 悲哀 公憤을 새로히 느끼게되니 善惡이 皆吾師로 自己에비치여 省察하여본다면 一種의 修養이 될른지몰으나 元來 批判이란 어려운것이라 만약 남을 批評하다가 恩怨 公私를 混同하면 도로혀 小人은 全驅說而忘界의格으로 古今人情의 是非煩惱를 되푸리할뿐일것이니 차라리 깨끗하게 모든 是非를 떠나고 一切境界를 超越하야 저無色이 흙과티끌에 묻혀있는 옛朝鮮의 工藝美術의 理解있는 입자가 되여보고저 하는것도 또한 猥濫하나마 나의閑煩惱의 한끝이였다。

大體 우리人類의 古今變遷의자취를 찾는데 있어 文字記錄이나 傳說이나 文獻이 다같이 좋은歷史가 아닌바 아니지만 옛사람의 純眞이 낳은 工藝美야말로 文字나 傳說을 다合한 綜合藝術이오 幾千年後 우리의 實感的歷史이니 假令 三國時代以來 特히 新羅의 金石彫刻物이나 高麗時代 特히 陶磁器工藝의 獨特한發達은 現代科學知識으로도 밑지못함은 勿論이어니와 同時에 그時代人類의 文化程度의 尺度가 됨에있어 史記나 經典에도 똑똑히 살려질수없을 微妙한點까지라도 넉넉히 알아볼수있기로는 훨씬더 貴重한 史實이다。

善惡(시비선악)을 따라 스스로 묵은 不平 悲哀 公憤(불평, 비애, 공분)을 새로히 느끼게 되니 善惡(선악)이 皆吾師(개오사, 나의 스승)로 自己에 비치어 省察(성찰)하여 본다면 一種의 修養(수양)이 될른지 모르나 원라(원래) 批判(비판)이란 어려운 것이라 남을 批評(비평)하다가 恩怨(은원, 은혜와 원망) 公私(공사)를 混同(혼동)하면 도로혀(오히려) 小人은 全驅說而界(전구설이계, 말이 앞서는 세계)를 超越(초월)하여 저 無色(무색)이 흙과 티끌에 묻혀 있는 옛 朝鮮의 工藝美術의 理解있는 임자가 되어 보고자 하는 것도 또한 猥濫(외람)하나마 나의 閑煩惱(한번뇌, 한가로운 번뇌)의 한 끝이었다.

大體(대체) 우리 人類(인류)의 古今變遷(고금변천)의 자취를 찾는 데 있어 文字記錄(문자기록)이나 傳說(전설)이나 文獻(문헌)이 다 같이 좋은 歷史(역사)가 아닌 바(아닌 것은) 아니지만 옛사람의 純眞(순진)이 낳은 工藝美야말로 文字나 傳說(전설)을 다 합한 綜合藝術(종합예술)이요 幾千年後(기천년후) 우리의 實質的(실질적) 歷史(역사)이니 假令(가령) 三國時代 以來 특히 新羅(신라)의 金石彫刻物이(금석조각물)나 高麗時代(고려시대) 特히 陶磁器工藝(도자기공예)의 獨特(독특)한 發達(발달)은 現代科學知識(현대과학지식)으로도 믿지 못함은 勿論(물론)이어니와

同時에 그 時代人類(시대인류)의 文化程度(문화정도)의 尺度(척도)가 됨에 있어 史記(사기)나 經典(경전)에도 똑똑히 실려질 수 없을 微妙(미묘)한 點(점)까지라도 넉넉히 알아볼 수 있기로는 훨씬 더 貴重(귀중)한 史實(사보, 역사적 보물)이다.

幾千年前(기천년전) 사람의 손으로 빚어낸 솜씨를 幾千年後(기천년후) 今人이 鑑賞(감상)하고 어루만져 보는 것은 옛날과 시방이 손을 마주잡고 祖上(조상)과 子孫(자손)이 웃음을 나누는 듯이 特殊(특수)한 感觸(감촉)과 迫力(박력)이 미치어 나는 것이니 呼吸(호흡)을 서로 바꾸고 震犀(진서, 번개속 코뿔소의 흔들림, 떨림, 전율)를 서로 通하는 實感(실감)을 느끼며 痛哭古人(통곡고인)의 새정을 자아냄도 여기서 지날 것이 없다.

吳宮花草(오궁화초)는 埋幽徑(매유경, 묻혀 없어질 것)이요 晉代衣冠(진대의관)은 成故邱(성고구, 고대유적이 되어)하여 우리 살아있는 歷史가 깊이 깊이 땅속에 묻히고 쑥밭이 되어 哀愁(애수)를 남길 따름이더니 마침내 예로부터 이른 바와 같이 藝術(예술)의 聲價(성가)는 오랠수록 커지고 묻혀서도 없어지지 않는 眞理로인가 朝鮮 한 모퉁이 땅속에 묻혀있던 몇 조각 高麗磁器(고려자기)가 멀리 世界的 文明을 자랑하는 歐美人(구미인)의 藝術眼(예술안)을 놀레게 할 줄이야 어찌 알았으리오. 그리하여 이령(爾令, 지금)에 우리들도 主人의 자리를 찾아 우리의 자랑임을 외쳐보며 溫故知新(온고지신)의 城을 찾으려는 認識(인식)을 갖게 되는 것은 못내 묵고 묵었던 새 기쁨이다.

줄잡아서 李朝初葉(이조초엽)으로부터 中葉(중엽)에 이르기까지만 하여도 朝鮮의 獨特한 맛을 가진 工藝美術(공예미술)이 많았던 것이니 이를테면 예로부터 愛茶(애다)의 癖(벽, 습관)이 많은 茶人들 사이에 거의 生命과 같이 여기는 抹茶器(말다기, 가루로 된 차그릇)의 井戶茶碗(정호다완, 찻잔의 고유명칭)으로 말하면 當時 우리 朝鮮에서는 알지 못할 村人(촌인, 시골뜨기)의 無心히 빚어낸 일종의 民藝品(민예품)이었다. 이것이 한번 具眼者(구안자, 본질을 아는 사람)의 눈에 들어 茶界

의 名物로 뽑힌 뒤로는 茶道(다도)의 王座(왕좌)를 占(점)하여 온지 이미 四百餘年의 긴 歷史를 가졌을 뿐 아니라 爾今(이령, 지금)에 와서도 더욱 茶道의 風의 盛行(성행)함에 따라 粹人(졸인)들의 趣味性(취미성)을 북돋고 所有慾을 자아내어 千金을 散盡(산진, 낭비)하여가며 얻기에 汲汲(급급)하여 마지아니한다.

李朝陶磁器(이조도자기)의 이러한 歷史的 事實이 一般(일반)에 周知(주지)되지 못한 것은 李朝에 와서 佛緣(불연, 불교와의 인연)이 멀어짐에 따라 茶風(다풍)도 遐爾(하이, 멀어졌을 뿐)하였을 뿐 아니라 더구나 抹茶의 道는 원래 禪味(선미)와 素脫(소탈)함이 世情에 寡合(과합, 부족)하여 一般으로 認識(인식)할 바 못된 것이다. 이때는 儒教(유교)의 餘風(여풍, 영향력)으로 詩酒弄月(시주농월)이 盛行하여 李朝陶磁器(이조도자기) 中에 特히 文房四友(문방사우, 종이, 붓, 먹, 벼루) 酒器諸具(주기제구)나 其他木工(기타목공) 竹物(죽물) 鐵工(철공) 石物(석물) 등 어느 것 할 것 없이 各其 特色을 한데 쓸어 잡아 말하면 어디까지나 親切精巧(친절정교)하고 充實雅淡(충실아담)한 中에 一種의 形容하기 어렵고 捕握(포악, 손으로 잡음)할 수 없는 맛이 있으니 이것이야 말로 가르치지도 못하고 배울 수도 없는 以心傳心(이심전심)의 手法이요. 悠久(유구)의 傳統일 뿐이니 이른바 "以無師之智發無作之妙用(이무사지지발작무작지묘용, 스승없이 지혜에서 생겨난 차연스런 효용)"云云의 옛 句로써 그 一斑(일반)을 말할 따름이다.

李朝陶磁器(이조도자기)가 特히 文人 茶客(다객)의 情趣(정취)를 울리는 것도 이것 때문이니 그 精巧(정교)한 便으로 보면 專門 陶工(전문도공)의 力作이고 그 雅致(아취, 우아하고 고상한 멋)의 點으로 보면 無名閑士(무명한사, 이름없는 가난한 선비)의 手藝(수예)인 것 같은 이 두 極致(극치)를 서로 쓸어 잡아 한데 調和(조화)하여 固有(고유)한 個性味(개성미)를 맛있게 表現(표현)한 솜씨를 보면 個個(개개)가 創作(창작)이고 이 時代(시대)의 特象(특상, 특징)임을 못내 자랑하지 아니할 수 없다.

그렇지만 怯蓮盛衰(겁연성쇠, 진흙 속에서 눈물로 피어나는 연꽃 성쇠)가 輪廻無常(윤회무상)함을 어찌 알리요. 어느 듯이 자랑의 精華(정화, 순수한 부분)가 過去(과거) 묵은 자취의 자랑으로 돌아가고 말 줄이야. 文化의 움직임이 일로부터 새 자랑의 律動(율동)을 그리지 못하고 歲月(세월)과 함께 傳統(전통)의 솜씨나 만들어 오던 情神(정신)이 나가 風泡煙雲(풍포연운, 변화무쌍하고 잡히지 않는 자연의 흐름)으로 돌아가고 進化的 生命의 뒷걸음질을 치게 한 것은 이 오로지 朝鮮의 佛教文化(불교문화)가 끝내 衰殘(쇠잔)하고 儒教(유교)가 盛旺(성왕, 흥하여)하여 實踐教育(실천교육)을 賤視(천시)하고 實地實事(실지실사, 실제상황과 사실을 직접 확인함)에 힘쓰지 아니한 까닭이다. 이와같이 實行(실행)이 없는 곳에는 建設(건설) 發展(발전) 生活(생활) 할 것 없이 무엇이나 虛無(허무)한 것이다. 그러나 같은 儒教(유교)로 말하여도 저 明治維新(명치유신)의 精神的(정신적) 動機(동기)라든지 武士道(무사도)의 精神(정신)이 王學(왕학)의 實踐實行主義(실천실행주의)(知行合一)의 힘이라고 識者間(식자간)에서 共認(공인)하는 바로소 본다면(바로 본다면) 朱子學(주자학)을 正統(정통)으로 한 우리 朝鮮儒教(조선유교)는 '知卽行行卽知(지즉행행즉지, 아는 것이 바로 행하는 것이요, 행하는 것이 바로 아는 것이다)'의 原理(원리)에 어그러짐이 이제 와서 千里의 差로서 말할 바가 아니오 또 知(지)와 行(행)의 差別(차별)을 보더라도 '知易行難(지이행난, 아는 것은 쉬워도 행동은 어렵다)'이라 하여 行이 되지 못할 知가 아닌 줄을 모르고 假知(가지, 가짜 지혜)를 崇尙(숭상)하고 實行(실행)을 게을리한 結果(결과) 모든 工藝(공예)나 繪畵(회화)나 有事有物(유사유물) 人事百般(인사백반, 여러 가지 일)의 行爲(행위)가 이로부터 뒷걸음 한 것이어 朱子學(주자학)과 陽明學(양명학)의 兩派(양파) 中에 어느 것이 儒教(유교)의 正解(정해)이고 아닌 것은 淺學(천학, 옅은 학문)의 함부로 妄評(망평, 논평)할 바가 못되므로 이만 붓을 던진다.

『문장』지 1권 8호(1939.9.)

8

방산심수(訪山尋水)

근대 도시인의 정신노동의 피로를 풀기 위하야는 무엇보담도 산수를 찾아 자연에서 슬슬 걸어 다님에 지날 것이 없다. 일요나 공휴일을 이용하야 유실행이(遊實行李, 실제 행동을 겸하여 유람하는 자) 여행짐을 차리고 방산심수(訪山尋水)에 1일의 소창(消暢, 답답한 마음을 달래다)을 엇(얻)기로는 더욱이 산악도시에 사는 우리는 경성 인사의 남달리 갖고 있는 자연의 혜택이다. 그뿐 아니라 조선은 산악국이다. 육상의 백두로부터 해표(海表, 바다의 먼 저쪽)의 한라에 이르기까지 대소무수(大小無數)의 산악을 중심으로 천산만학(千山萬壑, 겹겹이 쌓인 산과 골짜기)을 이루고 벽계청류(壁溪淸流, 푸른 시냇물)를 누벼내어 자연미에 배부른 이른바 삼천리 금수강산이다. 특별히 남지리(南智異), 북악산(北香山), 동개골(東皆骨), 서구월(西九月) 외에 기지(旣知, 이미 알려진)의 명산들은 이루 말할 것도 없거니와 그밖에 미지의 비경승구(祕境勝區, 감춰진 경치 좋은 곳)가 차차(次且, 차츰)로 산악열과 교통편이 늘어감에 따라 날로 알게 되는 것은 우리가 가진 천혜와 지리이다.

그러므로 흔히 하추절(夏秋節)에 근교 경산(경치 좋은 산)의 사찰 경내에 유산객이 끊이지 않고 교통의 편의를 따라 명산대찰의 탐승단체나 학생의 수학여행 등 원근 사찰에 오는 사람마다 복잡을 이루는 성황은 이러한 산수국(산과 물이 많은 나라)에 태어난 우리들의 천혜와 인화의 자연심경에서임을 축복하겠

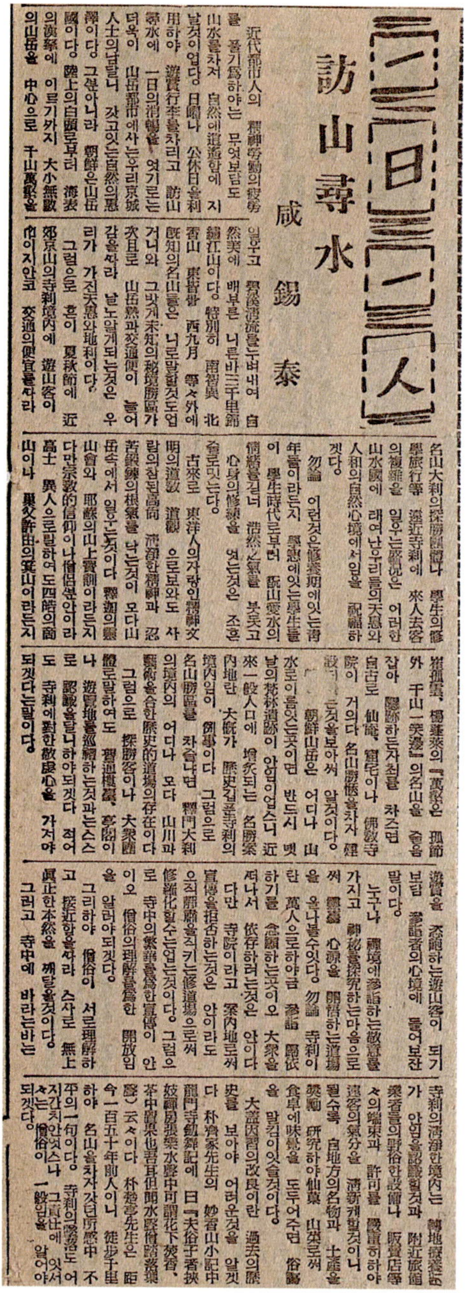

三日三人

訪山尋水

咸錫泰

近代都市人의 精神勞働의 疲勞를 풀기爲하야는 무엇보담도 山水를차저 自然에逍遙함에 지날것이업다。日曜나 公休日을利用하야 遊覽行李를차리고 訪山尋水에 一日의消暢을 엇기로는 더욱이 山岳都市에사는우리京城人士의갓탈니 갓고잇는自然의惠澤이다。그뿐아니라 朝鮮은山岳國이다。陸上의白頭로부터 海表의漢拏에 이르기까지 大小無數의山岳을 中心으로 千山萬壑을 일우고 碧溪淸流를두벅비여 自然美에 배부른 니른바三千里錦繡江山이다。特別히 南智異 北香山 東金剛 西九月 等々外에 旣知의名山들은 니로말할것도업거니와 그밧게未知의秘境勝區가 次且로 山岳熱과交通便이 늘어감을따라 날노알게되는것은 우리가 가진天惠와地利이다。 그럼으로 흔이 夏秋節에 近郊京山의寺刹境內에 遊山客이 頻이지안코 交通의便宜를따라 名山大刹의探勝團體나 學生의修學旅行等 遠近寺刹에 來人去客의複雜을 일우는盛況은 어러한山水國에 태여난우리들의天惠와人和의自然心境에서임을 祝福하겟다。

勿論 어런것은修養期에잇는靑年들이라든지 學窓에잇는學生들이 學生時代로부터 翫山愛水의情緖를길너 浩然之氣를 붓돗고 心身의修練을 엇는것은 조흔줄로밋는다。

古來로 東洋人의자랑인精神文明의道敎 道觀 으로보와도 사람의참된高尙 淸淨한精神과 忍苦鍛鍊의根氣를 닥는것이 모다山岳속에서 일우는것이다 釋迦의靈山會와 耶蘇의山上寶訓이라든지 다만宗敎的信仰이나僧侶뿐안이라 高士 異人으로말하여도四皓의商山이나 巢父許由의箕山이라든지 崔孤雲, 楊蓬萊의『萬壑은 孤節外 千山一笑邊』의名山을 주름잡아 隱跡하든자최를 차즈면 自古로 仙庵, 窟宅이나 佛敎寺院이 거의다 名山勝槪를차자 建設되엇는것을보아써 알것이다。 朝鮮山岳은 어디나 山水로이름잇는곳이면 반드시 녯날의梵林遺跡이 안입이업스니 近來一般人口에 膾炙되는 名勝案內地란 大槪가 歷史깁흔寺刹의境內임이 例事이다 그럼으로 名山勝區를 차즈나면 釋門大刹의境內의 어디나 모다 山川과 藝術을合한歷史的道場의存在이다

그럼으로 探勝客이나 大衆團體로말하여도 普通樓臺, 亭閣이나 遊覽地를巡禮하는것과는스스로 認識을달니하야되겟다 적어도 寺刹에對한敬虔心을 가저야 되겟다는말이다 遊覽을 恣縱하는遊山客이 되기보담 參詣者의心境에 들어보잔 말이다。

누구나 靈境에參詣하는敬虔을 가지고 神秘를探究하는마음으로써 靈蹟 心源을 開悟하는道場을 올나볼수잇다。勿論 寺刹이란 萬人으로하야금 參詣 歸依하기를 念願하는곳이오 大衆을 떠나서 依存하려는것은 안이다 다만 寺院이라고 案內地로써 宣傳을拒否하는것은 안이라도 오직靜肅을직키는修道場으로써 修羅化할수는업는것이다。 그럼으로 寺中의繁華를爲한宣傳이 안이오 僧俗의理解를爲한 開放임을 알려야되겟다。

그리하야 僧俗이 서로理解하고 接近함을따라 스사로 無上眞正한本然을 깨달을것이다。

그러고 寺中에 바라는바는 寺刹의淸淨한境內는 轉地療養에 안입을認識할것과 附近旅館業者들의野俗한設備나 販賣店等々의端束과 許可를 嚴重히하야 遊客의氣分을 淸新케할것이니 될수록 自地方의名物과 土産을 獎勵 硏究하야 仙菓 山菜로써 食卓에味覺을 도두어주면 俗腸을 말킴이잇슬것이다。

大益因習의改良이란 過去의歷史를 보아야 어려운것을 알겟다 朴齊家先生의 妙香山小記中 龍門寺劒舞記에 曰『夫俗子者挾妓羅房張樂水聲中可謂花下焚香, 茶中置果也吾耳但聞水聲僧踏落葉聲』云々이다 朴楚亭先生은 距今一百五十年前人이니 徒步千里하야 名山을차자갓던所感中 不平의一句이다。 寺刹의僧侶도 어지간치안엇스나 그責任에 잇서々는 僧俗이 一般임을 알어야서 되겟다。

다. 물론 이런 것은 수양기에 있는 청년들이라든지 학창에 있는 학생들이 학생으로부터 완산애수(翫山愛水, 산을 좋아하고 물을 사랑하는)의 정서를 길러 호연지기(浩然之氣)를 북돋고 심신의 수련을 얻는 것은 좋은 줄로 믿는다.

예로부터 동양인의 자랑인 정신문명의 도교 도관(道觀)으로 보아도 사람의 참된 고상, 청정한 정신과 인고 단련의 근기(根氣)를 닦는 것이 모두 산악속에서 이루는 것이다. 석가의 영산회(靈山會)와 야소(耶蘇, 예수)의 산상수훈(山上垂訓)이라든지 다만 종교적 신앙이나 승려뿐 아니라 고사(高士) 이인(異人)으로 말하여도 사호(四皓, 네 명의 현인)의 적산(商山)이나 소부허유(巢父許由)의 기산(箕山)이라던지 최고운(崔孤雲), 양련래(楊蓬萊)의 『萬壑은 孤節外千山一笑邊』의 명산을 주름잡아 은적(隱迹)하든 자취를 찾으면 자고로 선암(仙庵, 암자), 굴댁(屈宅, 동굴)이나 불교사원

이 거의 다 명산승협(名山勝㢮, 이름난 산과 빼어난 협곡)을 찾아 건설되어지는 것을 보아서 알 것이다. ○○○* 조선 산악은 어디나 산수로 이름있는 곳이면 반드시 옛날의 범림유적(梵林遺跡, 과거와 역사를 이해하는 옛날의 유적지)이 아님이 없으니 근래 일반 인구에 더 가까워지는 명승안내지란 대개가 역사 깊은 사찰의 경내임이 예사이다. 그러므로 명산승구(名山勝區, 명산 경치 좋은 곳)를 찾으려면 석문대찰(釋文大刹)의 경내의 어디나 모두 산천과 예술을 합한 역사적 도장의 존재이다. 그러므로 탐승객이나 대중단체로 말하여도 삼통누대(㸦通樓臺, 사방으로 통한 누대), 정각(亭閣)이나 유람지를 순례하는 것과는 스스로 인식을 달리해야 되겠다 적어도 사찰에 대한 경려심(敬慮心)을 가져야 되겠다는 말이다. 유람을 恣飽(자포, 제멋대로 거리낌 없이 노는 태도)하는 유산객이 되기보담 참예자(參詣者, 부처에게 다가는)의 심경에 들어보잔 말이다.

누구나 선경에 참예하는 경의를 가지고 신비를 탐구하는 마음으로써 영대(靈臺, 정신) 심원(心源, 마음)을 개오(開悟, 깨달음이 있는 인물)하는 도장을 올라 볼 수 있다. 물론 사찰이란 만인으로 하야금 참에 귀의를 염원하는 곳이오. 대중을 떠나서 의존하려는 것은 아니다. 다만 사원이라고 안내지로써 선전을 거부하는 것은 아니라도 오직 정숙을 지키는 수도장으로써 수라화(修羅化)할 수는 없는 것(뒤범벅이 될 수 없는 것)이다. 그러므로 사중(寺中)의 번화(繁華)를 위한 선전이 아니오. 승속(僧俗)의 이해를 위한 개방임을 알려야 되겠다. 그리하야 승속이 서로 이해하고 접근함을 따라 스스로 무상(無上) 진정한 본연을 깨달을 것이다. 그러고 사중에 바라는 바는 사찰의 청정한 경내는 전지요양소(轉地療養所, 돌아다니는 요양소)가 아님을 인식할 것과 부근 여관업자들의 야속한 설비나 판매점 등의 단속과 허가를 엄중히 하야 원객(遠客)의 기분을 청신(淸新,

* 원문의 글자를 읽을 수 없어 공란으로 처리함

깨끗이)케 할 것이니 될수록 자지방(自地方, 자기 지방)의 명물과 토산을 장려(奬勵) 연구하야 선과(仙菓) 산다(山茶)로써 식탁에 미각을 돋우어주면 속된 마음(俗腸)이 말끔히 잊을 것이다. … (이하 생략) …

《매일신보》, 1日 1人(1939.10.24.)

9
청복반일(淸福半日, 1939.11.10)*

일년 四季(사계)절의 경치에 대한 감흥을 나더러 고제(考第, 생각해 내려하면)하라면 사경(四景)의 경치가 각히(각자) 다 좋지 않은 바 아니로되 그래도 엄한(嚴寒, 혹독한 추위)과 苦熱(고열, 매우 심한 더위)은 冬裘夏葛(동구하갈, 겨울 따뜻한 가죽옷과 여름의 서늘한 베옷)로도 오하려 괴로운 때이니 春秋兩節(춘추양절, 봄 가을 두 계절)을 居中(그중에) 上上(상상, 더없이 좋음, 최고)이라 하겠다.

그중에서도 아무리 보아도 가을은 남성적이다. 춘풍이 麗人(려인, 뛰어난 사람)의 온정이라 한다면, 秋月(추월, 가을 달)은 文士의 襟度(금도, 도량있는 사람, 폭 넓은 사람)라 할까. 봄은 爭艷(쟁염, 아름다움에 빠져)가기 쉬우나 가을은 獨淸(독청, 홀로 맑음)에 빼낸다(뛰어나다) 하겠다. 一塵(일진, 때, 세속)에도 물들지 않는 長江의 찬빛은 澄澈(징철, 속이 들여다 보이는 맑음)을 天光으로 다루고 秋林(추림, 가을 숲) 맑은 맛은 指端(지단, 손 끝)에 微雪(미설, 옅은 눈발)을 드려다(들여다) 보는 것 같다.

벼 누르고(누렇고) 魚蟹(어해, 물고기와 게)는 살찌고 棗柿(조시, 대추와 감) 붉고 달

* 1940년 《문장》 1월호에 게재된 함석태 선생의 수필이다. 제목 '청복반일'의 '청복'은 '맑고 한가로움을 누리는 복'을 말하는 것으로 제목을 풀이하자면 '청복을 누리는 한나절'이다. 글의 앞 부분은 가을의 정취를 찬미하고 중반부는 1939년 10월 말 함석태 선생과 손재형이 성북동이 있는 김용준과 이태준의 집을 방문한 얘기를 다루고 있다. 성북동의 풍경과 이태준의 수연산방, 김용준의 노지산방에 대해 잘 묘사하고 있으며 이들의 교류를 확인할 수 있다.

淸福半日

咸錫泰

一年四季의 景物에 對한 感興을 나며러 考第하라면 四景의 風致가 다 各키 좋지 않은바 아니로되 그래도 嚴寒과 苦熱은 冬裘夏葛로도 오히려 괴로운때이니 春秋兩節을 居中의 上上이라 하겠다。

其中에도 아무리 보와도 가을은 男性的이다。春風이 麗人의 溫情이라 하면 秋月은 文士의 襟度라할가 봄은 爭艶에 호르기 쉬우나 가을은 獨淸에 빼번다하겠다。一塵에도 染치 아니하는 長江의 찬빛은 澄澈을 天光으로 다루고 秋林의 맑은맛은 指端에 微雪을 드려다보는것 같다。

벼 누르고 魚蟹 살지고 棗柿 붉고 달 밝고 日白霜靑에 楓丹菊黃하야 口味와 睡眠과 淸興을 돋을대로 돋으는 一年中에 가장 좋은때이니 이른바 得意秋이다。

그럼에도 不拘하고 自古로 文章、英雄、佳人、才子 들은 悲傷을 恨하였다。宋玉의 悲秋賦로부터 李太白의 悲淸秋나 淸源의 秋傷賦等은 그 뜻을 몰으겠다。넘치는 人生觀을 秋來木葉黃에 붙히여 紅顔이 漸暮하고 白髮이 將至함을 情恨한 觸物의 寓詞가 아닌가 歲去에 人頭白을 奚但秋日만에 限하리오 늙는것을 恨하랴면 一日一時가 새롭고 또 搖落蕭瑟한것을 悲傷하려면 風雪深冬을 어찌할가。

그러므로 潘岳의 秋興賦나 梁元帝의 秋德賦나 袁淑의 秋晴賦도 없은바는 아니다。人生一世를 어찌 草生一秋에 비치워 恨할바리오。더욱 朝鮮은 沃野千里의 天府廣野는 없다하며라도 錦繡江山를 자랑하는 農村國의 秋景으로써 一籌를 아니둘수 없다。

요즘과 같이 日白風淸한 때에 한번 발거름을 郊外에 내놓면 山紫水明만이 秋景일뿐 아니라 菊蕊 향기로운 農村의 여기저기 唐紅苦草 말리는 붉은집웅과 楮木는 야위어도 支을로 살지고 香氣놓은 野菊을 아円 풀과 함께 꽂이 걸머지고가는 樵童들의 風情이나 山寺에 尼僧이 野菊의 몇가지를 함부로 모아잡어 佛壇에 고여놓은 모양은 아무리보아도 가을朝鮮의 一幅畵題이다。

朝鮮의 가을氣候는 四時中에 特別히 요맨것도 우리가 가진 淸福이라 하겠다。都市生活의 疲勞를 풀겸 每日曜日에 竹杖芒鞋로 訪山尋水에 一日의 淸福을 얻기로는 一年中에 第一 絕好한 氣候이다。

바로 지난 十月二十九日은 大空一碧한 日曜日이었다。이날의 好晴을 타서 素荃孫在馨氏와 같이 옛날은 高陽郡城北里上城北屯이오 지금은 京城府城北町에 新精舍를 落成한 何盧李泰俊氏의 幽居를 叩하였다。

何盧는 所幹이 있어서 外出한머이니 午后五時에 찾어달라는 前날의 約束이었으나 景趣에 바쁜 무사담의 일이라 무時間前에 城北洞재를 넘어 개울 끼고 물물길을 찾었다。

稀罕한 旱災에 溪流가 涸渴된것은 無怪한 일이나 없던 高層建物이 點出하는것만은 舊時容이 아니다。물없는 내는 秋景에 加하여、郊外情趣로도 볼수있으나 뻔언벽돌 풀은 뼁끼와 鐵條網을 얽어맊은것은 風致를 돕는 所以가 아니다。그럼므로 建物이 늘어갈수록 自然이란 破壞는되는것을 알겠다。

前날은 上城北屯於口로 부터 淸流를 거슬러 半淸門을 온다三淸洞으로 넘는 길에 兩三茅屋의 村家風情과 아울러 蒼石老苔에 頹廢의 痕跡을 찾던것이 이곳을 가는 風致이었다 면말을 素荃보고 다시금 뇌이며 三人台 옛머에 怡然이 거름을 멈추었다。

台後一咽에 朱實이 方濃한 數株老柿 사이로 半臨不遙이 알마치 구버진곳에 閑寂히 닫혀있는 一閑門이 보이었다。발거름을 다두어 치어다보니 여기가 前부터 愉愉든 壽士室主人 牛山金琫俊氏의 山莊이다。古拙한 門만 보아도 누구든지 지나든 사람은 門札이라도 한번 보고 가며 할것이어늘 더욱 黃栗朱實에 맑은 山陰에 萬葉花紅을 일은 豊霜한맛은 아무리 보아도 紅柿山莊이라고 불러보고 싶었다。

勿論 牛山은 風流畵家임을 모를바 아니로되 보고나니 果然 百聞이 一見을 敵할수 없다。

門을 들어서니 欣然이 맞어주는 主人의 風韻와함께 正面에 걸려 있는 阮堂古額인 壽士室을 對할 때에 스사로 지금 드려온 門이 斷俗門이 아닌가를 疑心하겠다。引導하는데로 壽士室에 손이 되여 正襟叙懷하고 要談一刻後에 先客의 人事紹介를 받고 보니 이분은 東京留學時代부터 令名을 飽聞하던 畵家吉鎭燮氏로 一面이 如舊하다。그리하야 우畵家와 한書家의 書畵談을 배불리 듣다가 午后五時가 稍過하여 主人牛山의 指路로 四人이 가치 何盧鄕로 가는 途中에 最近 搬移하여온 同好裵正國氏의 門前을 지나게 되어 歷訪의 敬意를 表하였더니 主人은 不在中이나 卜宅의 情趣만 보아도 對한듯 싶었다。

담이 낮고 뜰이 넓은한편가에 정잘한 數間茅屋에 고요히 窓이 닫혀 있었다。百餘庭中의 이草堂主人을 만나 보기 어려울것을 首肯하며 一閑門을 나서서 牛山의 가르키는 곧이 遠景이나마 何盧의 精舍라 한다。

지금것 悉飽한 景趣와 雅適한 情緒는 豫期치 않었든 收穫이나 남은 遺憾은 오늘이 文人의 노다지村에 왔다가 賞을 더 못하고 山陰이 멀어가니『夕陽이 無限好나 只是近黃昏』을 恨하지 않을수 없다。더욱 牛山이 가르키는 곧은 내가 數十年前부터 나의 親友이면 城北碧洞主 鶴南과 같이 사랑하야 마지않던 上城北屯初入에 惟一한 奇巖峭絕의 斷崖下에 不坦한 廣場이었다。只今 다시 보아도 이 洞府中의 景致로는 王座라하겠다。

長垣을 앞으로 南西庭을 넓더 터이고 南向大廳을 東으로 꺾은 樓閣의 「ㄱ」字型 輪奐美는 을립없이 雅淡한 李朝砂器 硯滴을 擴大한 感이다。新築한 建物이지만 새材木의 나무 내는 나지 않고 새흙내만 향기롭다。建築의 苦心談을 들으니 古材木을 낱낱이 골라 되맊이하여 지었다한다。景致뿐 아니라 建物로도 首位갈것이다。平素 謙默家인 何盧로도 材料蒐集과 工匠使用의 苦心談을 娓娓不倦 하는것을 보아 알겠다。

西庭에 따로있는 一間草亭안 客室에 案內를 받고 幽賞을 未幾에 高談이 轉淸하는中 술이 나오고 珍需盛饌이나와 醉飽를 마음대로하고 俗腸을 닦혔다。『람푸』燈盡아래서도 洞景이 궁금하여 幽靜속을 내다보니 不易收의 景은 不易收의 幕으로 잠가버리고 바람소리 蟋蟲소리만 들리머니 落葉에 발자초와함께 문득 들어서는이는 三叩하고 불출 알었던 草堂主人裵正國氏가 黑夜에 座客을 찾어 來臨한것이다。

밤은 더욱 조용하나 淸談은 더욱 風發하야 案上群書와 千秋萬歲를 次第로 鑑賞하다가 子正이 正近하여 洞口橋邊에서 三人과 三人은 作別하고 재를 넘어 불밝은 苦海로 向하였다。

(己卯十一月十日)

밝고 日白霜靑(일풍백상청, 밝은 날에 서릿발 맑고) 風丹菊黃(풍단국황, 붉은 단풍, 노란 국화)하여 口味(구미, 입맛)와 수면과 淸興(청흥, 맑은 기운)을 들을대로 들으는 일년 중 가장 좋은 것이니 이른바 得意秋(득의추, 뜻을 얻은 가을)이다.

그럼에도 불구하고 자고로 文章(문장), 英雄(영웅), 佳人(가인, 아름다운 여인) 才

子(재능 있는 자)들은 悲傷(비상, 슬프고 마음이 아픔)을 限(한, 정해진 한도)하였다. 宋玉의 悲秋賦(비추부, 슬픈 가을을 읊음)로부터 李太白의 悲淸秋(비청추, 슬픈 맑은 가을) 濟淵(제연)의 秋傷賦(가을의 아픔을 노래함) 등은 그 뜻을 모르겠다. 넘치는 인생관을 秋來木葉黃(추래목엽황, 가을이 와서 나뭇잎이 누렇게 물든다)에 붙이여(빗대어) 紅顔(홍안, 붉은 얼굴)이 漸暮(점모, 점점 늙어감)하고 白髮(백발)이 將至(장지, 다가옴)함을 情恨(정한, 애정과 한을 정서로 표현)하면 觸物(촉물, 감각을 느끼는 동물)의 寓詞(우사, 웃기는 말)가 아닐까. 歲去(세거, 세월이 지나)에 人頭白(인두백, 머리가 백발이 되는 것)을 笑但秋日(소단추일, 가을 날에 웃어 넘기면서)만에 限(한, 한정)하리오. 늙는 것을 限(한, 한탄)하려면 一日一時(한 날 한 때)가 새롭고 또 搖落肅瑟(요락숙슬, 낙엽지는 소리, 거문고 소리)한것을 悲傷(비상, 슬픈 상처)하려면 風雪深冬(풍설심동, 눈바람치는 깉은 겨울)을 어찌할까.

그러므로 반악(潘握)의 秋興賦(추흥부)나 梁元帝(양원제)의 秋德賦(추덕부)나 表淑(표숙)의 秋睛賦(추정부)도 없는바 아니나 一生一世를 어찌 草生一秋(초생일추, 가을에 생겨나는 풀)에 비치워(비추어) 限할바리오(바이오). 더욱 조선은 沃野千里(옥야천리, 기름진 들의 천리)의 天府廣野(천부광야, 천연적으로 요새를 이룬 기름진 광야)는 없다하더라도 금수강산을 자랑하는 농촌국의 秋景(추경, 가을경치)으로서 一籌(일주, 하나의 계책)를 아니둘수 없다.

요즘과 같이 日白風淸(일백풍청, 밝고 바람부는 맑은)한 때에 한번 발걸음을 교외에 내놓으면 山紫水明(산자수명, 산수의 경치가 썩 아름다움)만이 秋景일뿐 아니라 鷄糞(계분) 향기로운 농촌의 여기저기 唐紅苦草(당홍고초, 자줏빛 고추) 말리는 붉은 지붕(지붕)과 잡초는 야위어도 호올로(홀로) 살지고 향기높은 野菊(야국, 들국화) 야윈 풀과 함께 묶어 걸머지고 가는 樵童(초동, 나무하는 아이) 들의 風情(풍정)이나 山寺에 尼僧(니승, 여승)이 野菊(야국, 들국화)의 몇 가지를 함부로 모아잡어 佛壇(불단)에 고여놓은 모양은 아무리 보아도 가을 조선의 一幅書題(일폭서제, 한폭의 글제목)이다.

조선의 가을 기후는 사시중에 특별히 오랜것도 우리가 가진 淸福(청복)이라 하겠다. 도시생활의 피로를 풀겸 매 일요일에 竹杖芒鞋(죽장망혜)로 訪山尋水(방산심수)에 一日의 消暢(소양)을 얻기로는 일년 중에 제일 절호한 기후이다.

바로 지난 十月二十九日은 大空一碧(대공일벽, 푸른 하늘)한 일요일이었다. 이 날의 好晴을 타서 素荃 孫在馨(소전 손재형)과 같이 옛날은 高陽郡 城北里 山城北屯(고향군 성북리 산성북돈)이오. 지금은 京城府(경성부) 城北町(성북정)에 新精舍(신정사)를 落成(락성)한 尙虛(상허) 李泰俊氏(이태준씨)의 幽居(유거)를 叩(고, 두드리다)하였다.

尙虛(상허)는 所幹(소간)이 있어서 外出(외출)할 터이니 午後(오후) 五時(오시)에 찾아달라는 前(전)날의 約束(약속)이었으나 景趣(경취)에 바쁜 두 사람의 일이라 두 時間 前전에 城北洞(성북동) 재를 넘어 개울을 끼고 물풀 길을 찾았다.

稀罕(희한)한 旱災(한재)에 溪流(계류)가 涸渴(고갈)된 것은 無怪(무괴)한 일이나 없던 高層建物(고층건물)이 點出(점출)하는 것만은 舊時容(구시용)이 아니다. 물 없는 내는 秋景(추경)에 加(가)하여 郊外情趣(교외정취)로 볼 수 있으나 벌건 벽돌 풀은 페인트와 鐵條網(철조망)을 얽어 막은 것은 風致(풍치)를 돋는 所爲(소위)가 아니다. 그러므로 建物(건물)이 늘어 갈수록 自然(자연)이란 破壞(파괴)되는 것을 알겠다.

前(전) 날은 上城北屯於口(상성북둔어구)로부터 淸流(청류)를 거슬러 半淸門(반청문)을 올라 三淸洞(삼청동)으로 넘는 길에 兩三茅屋(량삼모옥)의 村家風情(촌가풍정)과 아울러 蒼石老苔(창석로태)에 履(리)의 痕迹(흔적)을 찾던 것이 이곳을 가는 風致(풍치)이었다던 말은 素荃(소전)보고 다시금 뇌이며 三人台(삼인태) 옛 터에 怡然(이연)이 걸음을 멈추었다.

台後一隅(대후일우, 대의 뒤편 한 귀퉁이에) 朱實(주실, 붉은 열매)가 方濃(방농, 짙은)

한, 數株老柿(수주노시, 여러 주의 오래된 감나무) 사이로 羊腸石遙(양장석요, 꾸불 꾸불 한 돌길)이 알맞게 굽어진 곳에 閑寂(한적)히 닫혀있는 一閣門(일각문)이 보였다. 主人(주인) 牛山(우산) 金瑢俊氏(김용준씨)의 山莊(산장)이다. 古拙(고졸)한 門만 보아도 누구든지 지나던 사람은 門札(문찰)이라도 한번 보고 가려 할 것이어늘 더욱 黃葉朱實(황엽주실)에 맑은 山陰(산음)에 萬朶花紅(만타화홍)을 이룬 風霜(풍상)한 맛은 아무리 보아도 紅柿山莊(홍시산장)이라고 불러보고 싶었다.

勿論(물론) 牛山(우산)은 風流畵家(풍류화가)임을 모른바 아니로되 보고나니 果然(과연) 百聞(백문)이 一見(일견)을 敵(적)할 수 없다.

門을 들어서니 欣然(흔연)이 맞어주는 主人(주인)의 風貌(풍모)와 함께 正面에 걸려있는 阮堂古額(완당고액)인 豊士室(풍사실, 선비 모시는 방)을 對할 때에 스사로 지금 드러온 門이 斷俗門(단속문)이 아닌가를 疑心(의심)하겠다. 引導(인도)하는대로 豊士室(풍사실)에 손이 되여 正襟叙懷(정금서회, 옷깃을 여미고 회포를 풀다)하고 要談一刻後(요담일각후)에 先客(선객)의 人事紹介(인사소개)를 받고 보니 이분은 東京留學時代(동경유학시대)부터 令名(영명)을 飽聞(포문)하던 畵家 吉鎭燮氏(길진섭씨)로 一面(일면)이 如舊(여구)하다. 그리하야 두 畵家와 한 書家의 書畵談(서화담)을 배불리 듣다가 午后五時(오후오시)가 稍過(초과)하여 主人 牛山(우산)의 指路(지로)로 四人(사인)이 가치 尙虛邸(상허저)로 가는 途中(도중)에 最近(최근) 搬移(반이)하여온 同好(동호) 裵正國氏(배정국씨)의 門前(문전)을 지나게 되어 屋訪(옥방)의 敬意(경의)를 表하였더니 主人은 不在中(부재중)이나 卜宅(복택)의 情趣(정취)만 보아도 對한 듯 싶었다.

…(생략)… 더욱 牛山(우산)이 가리키는 곳은 내가 수십 년 전부터 나의 親友(친우)이던 城北葡萄園主(성북포도원주) 鶴南(학남)과 같이 사랑하야 마지 않았던 土城 北洞 初入(산성북돈 초입)에 유일한 奇巖峭絶(기암초절)의 斷崖下(단애하)에 平坦(평탄)한 廣場(광장)이었다. 只今(지금) 다시보아도 이 洞村中(동촌중, 동촌 가

운데)의 景致(경치)로는 王座(왕좌)라 하겠다.

長担(장단, 길게 뻗쳐 있음)을 앞으로 南西庭(남서정, 남서 뜰)을 널리 티이고 南向代聽(남향대청)을 동으로 꺾은 樓閣(누각)의 「ㄱ」자형 , 輪奐美(윤환미, 빙둘러 빛나는 아름다움)는 틀림없이 아담한 이조사기 硯滴(연적)을 확대한 感(감)이다. 신축한 건물이지만 새 材木의 나무내(나무 냄새)는 나지 않고 새 흙내만 향기롭다. 건축의 苦心談(고심담, 어려움)을 들으니 古材木(고재목)을 낮낮이 골라 되깎이하야(되깎아) 지었다 한다. 景致(경치)뿐 아니다. 건물로도 首位(수위) 갈 것이다(수준이 높을 것이다). 평소 謙默家(겸묵가, 겸손하고 말이 적은)인 尙虛(상허)로도 材料鳩集(재료구집, 모아서 한데 모음)과 공정 工匠使用의 苦心談(고심담)을 娓娓不倦(미미불건, 방황하게 늘어놓음)하는 것을 보아 알겠다.

西庭(서정, 서쪽 끝)에 따로있는 一間草亭(일긴초정) 초가집인 객실에 안내를 받고 幽賞(유상, 깊은 이야기)을 未畿(미기, 낌새)에 高談(고담, 고상한 이야기)이 轉淸(전청, 간접적으로 들음)하여 술이 나오고 진수성찬이 나와 醉飽(취포, 취하도록 마시고 배부르게 음식을 먹는 것)를 마음대로 하고 俗腸(속장, 눈앞 이익만 생각하는 천한 마음)을 밝혔다. 램프등잔 아래서도 洞景이 궁금하여 정적속을 내다보니 不易收(불역수, 바꿀 수 없음)의 景(경, 경치)은 不易收의 慕으로 잠궈버리고, 바람소리 候蟲(후충, 계절의 벌레)소리만 들리더니 落葉에 발자국 소리와 함께 문득 들어서는 이는 三叩(삼고, 자정 12시 전후)하고 볼 줄 알았던 초당주인 배정국씨가 黑夜(흑야, 어두운 밤)에 塵客(진객, 귀한 손님)을 찾아 來臨(내임, 방문)한 것이다.

밤은 더욱 조용하나 淸談은 더욱 風發(풍발, 풍겨나온다)하여 案上群書(안상군서, 책상 위의 책)와 千瓷萬畵(천자만화, 여러개의 도자기와 그림)를 次第(차제, 다음)로 감상하오니 자정이 正近(정근, 가까이)하여 洞口橋邊(동구교변, 동구다리 끝)에서 三人과三人은 작별하고, 재를 넘어 불밝은 苦海(고해)로 向하였다.

(『문장』, 1월호, 1940)

III

함석태 관련 글모음

함석태 관련 글 모음

- 1919.7.23 《매일신보》「하계에 대한 위생문제, 구강위생에 대한 주의」 삼각정 치과의원장 함석태 씨 담(談)
- 1921.6.25 《동아일보》 한우석 등 예심종결 - 독립운동하는 조만식이 삼각정 함석태 집에서 유숙하며 활동했다는 내용
- 1924.2.11 《동아일보》「구강위생 긴급한 요건 - 보건 문제는 아동 위생으로부터, 아동 위생은 구강 위생으로부터」
- 1925.3.21 《동아일보》 gossip 휴지통
- 1928.3.16 《동아일보》「취미인 순례기」 - 함석태, 부인 이일녀, 4세 된 딸 함문희 사진 있음
- 1929.6.10 만도(滿都) 인기를 집중한 단오대운동회 예보
  장소: 장충단 공원, 함석태: 명예위원
- 1932.6.30 김항작이 미주 흥사단에 보내는 편지 - "함석태가 안창호 치료 중"
- 1932.7.7 주요한이 미주 흥사단에 보내는 편지 - "산옹(山翁, 안창호)은 함석태가 자진해 보수 없이 유치장으로 출장해 치료 중"
- 1932.7.12 《동아일보》 "함석태 의사가 출장, 유치장서 안창호 입치에 전력"

- 1932.8.1 《동광》 제36호 '안도산(안창호)의 입치'
- 1932.10.14 《매일신보》 계명금요담화회 함석태 씨 '치과위생의 근본의(義)에 대하야'
- 1933.11.6 《동아일보》 보성전문학교(고려대 전신) 창립기념 발기인 408명 중 한 사람인 함석태
- 1933.12.19 의사권한문제 최초의 판결례. '구강매독은 전신질환 치의는 치료권한이 없다. 양학자 감정서를 기초하야 '살발산 주사 유죄판결/국소병증에 전신 치료 당연' - 조선연합치의회장 담(談)/한성치과의사회장 함석태 씨 담(談)
- 1934.4.13 협성실업학교 재단법인 출자자 - 함석태
- 1935.6.1 《삼천리》 제7권 제5호 이광수(李光洙) 허영숙 양씨간 연애서한집 - "희귀한 공예품으로 세계에 자랑할 온갖 도기 등 미술공예품을 가지고 있는 인사가 장택상, 김찬영, 함석태 씨이다"
- 1935.6.3 《매일신보》 라디오방송 안내 - 오후 2시 위생강좌 「아동의 치아위생」 - 한성치과의사회 회장 함석태
- 1938.3.2 《매일신보》 1일1인. 「골동한담」(조선의 골동품을 이완하는 함석태 선생의 정신세계를 엿볼 수 있는 글)
- 1938.4.10 《매일신보》 1일1인 「이조의 도자기」
- 1938.6.4 《동아일보》 「충치데이를 당하야」 - 함석태 강연회
- 1938.8.9~ 《동아일보》 「비경탐승 - 장수산행」 12회 연재 - 함석태, 함문희와 《동아일보》 노수현, 서항석 기자 장수산 보적봉 정상 정복 기념사진 있음
- 1939.7.11 조선총독부관보. 상업급 법인등기. 경성종로금융조합

조동식(동덕여학단 설립자), 함석태, 석병성, 암기무신

- 1939.9.3 《매일신보》「묘향의 청산」(함석태 선생은 이 글에서 실학자인 초정 박제가의 「묘향산기」, 임란 때의 승병으로 활약 등을 언급함. 한문 문장, 시 등을 공부한 인문학적 교양이 있는 분임을 알 수 있음. 함석태 선생의 부친이 함경남도 정평군 향교의 장의였으므로 한문공부 많이 했을 것으로 추정)
- 1939.10.24 《매일신보》 1일1인. 「방산심수(訪山尋水)」- 고운 최치원과 초정 박제가 언급
- 1939.11.8 《매일신보》 1일1인 「일요일의 봉변」(어느 일요일 이른 아침, 화신 앞 정거장에서 전차를 탄 함석태 선생이 친지를 만나러 아현정으로 가려 함. 전차에서 차장들이 그 전 정거장인 파고다공원에서 탔다고 차비를 내라고 우기면서 일어난 해프닝을 적은 글)
- 1939.12.8 《매일신보》 1일1인 「절주우급(節酒尤急)」(술과 식혜, 떡 등을 해 먹지 말고 잡곡을 먹으며 쌀을 아껴야 한다는 내용, 중일전쟁 당시 전쟁 지원 공출 후 먹을 것이 부족한 당시 미곡 사정을 추정할 수 있는 글)
- 1940. 1월 《문장》지 (편집인: 소설가 이태준) 「청복반일(淸福半日)」(욕심 없이 깨끗한 행복의 반일'이라는 뜻으로 1939년 10월 29일 성북동에 있는 소설가 이태준의 집을 방문한 내용을 적은 글)
- 1940.4.7 《매일신보》 1일1인 「고전미(古典美)」(함석태 선생의 고향에서 멀지 않은 평안도 안주의 백상루에 대해 적은 글. 古文, '淸夜吟', '팔도승지 장대와 성루', 고려 충숙왕의 '백상루' 시, 고려말 조선초의 문신 송당 조준의 한시 언급)

  청천강에서 살수대첩이 있었던 것 인지. - 함석태 선생의 부친인 함영택이 1899년 안주군 수해 때에 천백여 냥 기부 기사 - 고도서인 〈일신(日新)〉(1899.9.29.)과 《황성신문》

(1899.11.1.), 《독립신문》(1899.11.28.)에 실려 있음 - "전(前) 진사 함영택은 가세가 그리 부유하지 않으나 의롭게 천여 냥을 내어 출의구인(出義求人)하여 칭송재로(稱誦載路): 칭송이 길에 쌓여 있다."

(함석태 선생의 인문학적 교양을 알 수 있는 글)

- 1941.7.7 조선총독부관보. 경성종로금융조합
  임천동식(林川) 함석태(임천동식은 조동식이다. 임천은 본관임)
- 1943.7.16 조선총독부관보. 경성종로금융조합
  임천동식, 함석태
- 1944.10.5 《매일신보》 신의사회 설립. 도경찰부 회의실 2시
  함석태(현 조선치과의사회 부회장)

1
취미인(趣味人) 순례기

미기(美技)에게 강탈된 작은 병의 수난
가장 정확한 고물만 모았다.
고대 미술 공예품의 전당

서울의 취미인을 둘러볼 때에 삼각정 1번지 함석태(40세) 씨를 빼놀(빼놓을) 수가 없다. 그의 직업은 조선서 퍽 오랜 치과의사 - 지금은 환자는 오든 아니 오든 고물장사나 문이 메도록 들어섰으면 하는 생각뿐일 것이다.

현관을 들어서면서부터 치료실, 응접실, 서재, 랑하(廊下, 복도)까지 가지가지 진귀한 역사를 가진 조선 고대의 미술 공예품으로 가득 찼으니 온공(溫恭, 따뜻하고 공손)한 주인의 따뜻한 손길에 해묵은 조선의 자랑은 새로운 빛을 얻게 되는 것이다.

지금 씨(氏)에게 있는 조선의 미술 공예품만 3백 종 가량! 이것을 모으기 …(자료가 온전치 않아 알 수 없는 부분 생략)… 방으로 돌아다니다가 발견한 것, 뻐로커의 손을 거쳐 모은 것 …(자료가 온전치 않아 알 수 없는 부분 생략)…, 모든 것이 한 가지 한 가지에 고심을 기울인 로맨스(romance, 낭만)에 넘치는 것이다. 십여 년 동안 겨우 삼백 종(種)은 그다지 많은 수라고는 못하겠다는 사람도 있다. 그러나 조선의 고물이라는 속에는 중국계의 위조품도 있고 부정(不正) 상인들의

【金曜日】 第七千三百六十二號

趣味人巡禮記

咸錫泰氏

美妓에게强奪된 적은瓶의受難

가장졍확한고물만모핫다 古代美術工業品의殿堂

서울의趣味人을들녀볼때에三角町一番地咸錫泰(함석태)氏를 쌔놀수업다 그의職業은朝鮮서뎍오랜齒科醫師ㅣ至今은患者는오든 안이오든 古物장사나門이메도록 드러섯스면하는싱각뿐일것이다

◇

玄關을드러스며부터治療室 應接室 書齋 廊下 까지 가지 가지珍貴한歷史를가진朝鮮古代의美術工藝品으로가득찻스니溫雅한主人의 따뜻한손길에해묵은朝鮮의자랑은 새로운빗을엇게되는것이다

◇

至今氏에게잇는朝鮮의美術工藝品만三百種가량——이것을모기方으로도라다니다가發見한것『쎄루카』의손을것쳐모흔것ㅣ모든것이 한가지한가지에苦心을기우린 로맨쓰에넘처잇는것이다

◇

十餘年동안에저오三百種은그다지만흔數라고는못하겟다는사람도잇다 그러나朝鮮의古物이라는속에는中國系의遺品도잇고不正商人들의模造品도만타 그러나 참으로多方面으로가장正確한것만 모왓다면 三百種이라도몸즉한것이라고할것이다

◇

『古物모흐시기始作한動機를』 뭇는記者의말을밧아氏는… 그것은이러습니다… 제가東京집에묵엇습니다 그리하야그老人이古物에만흔趣味를가진關係上朝鮮의녯날『질그릇』을매오조화하야제가古鄕에도라올때마다 古物을어더오라는付託이잇서서 그말을應從하는동안에 自己도 차々맛을드려서이리된것이고 그를따라 朝鮮의貴重한古物이작고 남의손으로넘어가는것이참아哀惜하야서 힘업모회드리가를始作한것입니다 自己가모흔中에는『질그릇』木工、鐵工、竹工무엇이든지다몃가지式은잇습니다 그리고古物을모흘때의우수운이약이한마듸는 제가三年前平壤가서 적은병하나를엇엇습니이라 그속에다가仁丹을너허서품에넛코 愛之重之하얏섯습니다

그리하는中에 어느宴會席에서妓生을맛나 고만無理하게쌔앗기고아랏습니다 그때에는앗갑기는하얏스나남의面目도잇서强奪을당하고 京城으로와서는漸々앗가온싱각이드러서便紙를한다人便에조른다하나 그妓生도조흔줄을아랏든지因해 내놋치를안습니다 그리하는中에지난겨을에그妓生이京城으로 올나왓다는所聞을듯고는 나는둣이차저가서가즌說을다하야 겨오도라왓습니다 자ㅣ이것이바로그것입니다 하며左右에노힌古物中에서적은병한아를드러 貴여운애기나안은듯이깃버한다

◇

『그妓生일홈은…』하니 氏는엽헤안즌夫人과따님을도라보며 빙그레우슬뿐이다

寫眞은咸氏와그夫人 李日女

《매일신보》 1928. 3. 16.

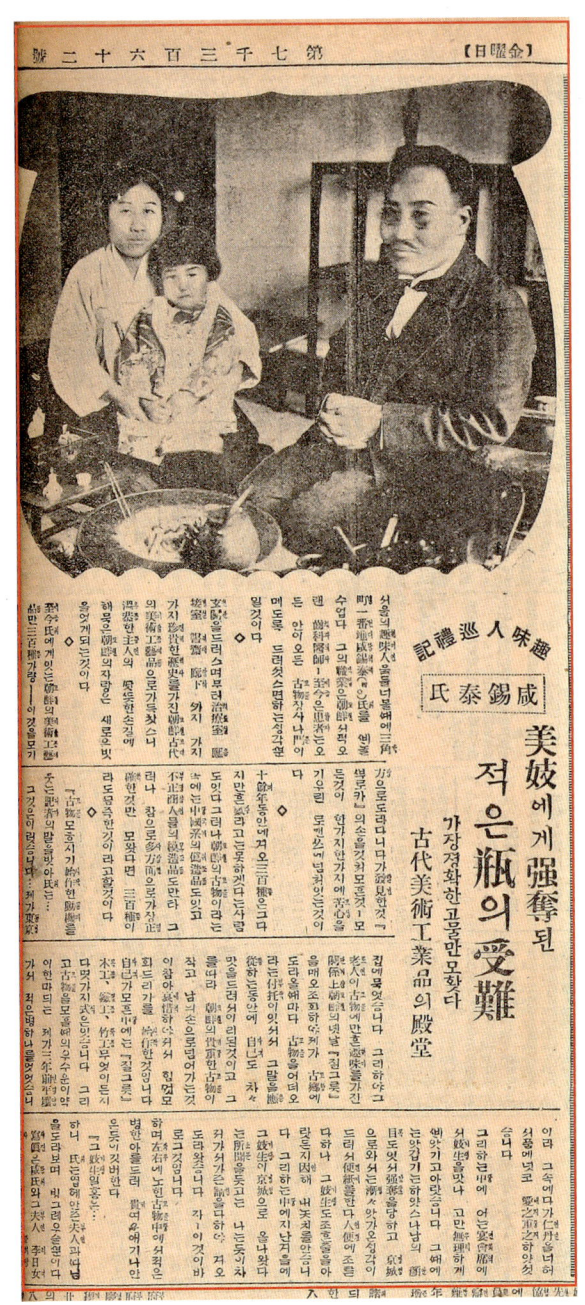

모조품도 많다. 그러나 참으로 다방면으로 가장 정확한 것만 모았다면 삼백 종이라도 끔찍한 것이라고 할 것이다.

고물 모으시기 시작한 동기를 묻는 기자의 말을 받아 씨(氏)는… 그것은 이렇습니다. 제가 동경 …(자료가 온전치 않아 알 수 없는 부분 생략)… 집에 묵었습니다. 그리하야 그 노인이 고물에 많은 취미를 가진 관계상 조선의 옛날 질그릇을 매우 좋아하여 제가 고향에 돌아 올 때마다 고물을 얻어 오라는 부탁이 있어서 그 말을 응종(應從, 따르는) 하는 동안에 자기도 차차 맛을 들여서 이리된 것이고 그를 따라 조선의 귀중한 고물이 자꾸 남의 손으로 넘어가는 것이 차마 애석하야져서 힘껏 모아들이기를 시작한 것입니다. 자기가 모은 중에는 질그릇, 목공, 철공, 죽공 무엇이든지 다 몇 가지씩은 있습니다. 그리고 고물을 모을 때의 우스운 이야기 한 마디는 제가 이 년 전 평양 가서 작은 병 하나를 얻었습니다. …(자료가 온전치 않아 알 수 없는 부분 생략)…이라 그 속에다가 인단(仁丹)을 넣어서 품에 넣고 애지중지하얏섯습니다. 그리하는 중에 어느 연회석에서 기생(妓生)을 만나 고만 무리하게 빼앗기고 말았습니다. 그 때에는 아깝기는 하였으나 남의 안목도 있어 강탈을 당하고 경성으로 와서는 점점 아까운 생각이 들어서 편지를 한다 인편에 조른다 하니 그 기생도 좋은 줄을 알았던지 인(因)해 내놓지를 않습니다. 그리하는 중에 지난 겨울에 그 기생이 경성으로 올라왔다는 소문을 듣고는 나는듯이 찾아가서 갖은 청을 다하야 겨우 돌아왔습니다. 자! 이것이 바로 그것입니다. 하며 좌우에 놓인 고물 중에서 작은 병 하나를 들어 귀여운 애기나 안은 듯이 기뻐한다.

"그 기생 이름은?…" 하니 씨(氏)는 옆에 앉은 부인과 따님을 돌아보며 빙그레 웃을 뿐이다. … (이하 생략) …

《매일신보》(1928. 3. 16.)

2

三일은 충치예방데-무료진찰을 한다*

한성치과의사회에서는 치아의 위생 보급을 위해 금년부터 매년 六월 四일은 충치예방데 - 로 정하고 이날 일반 무료 진료를 하였는바 금년은 四일이 일요일인고로 하루 당겨 三日에 행하기로 했다. 三日에 오는 환자에게 진찰은 물론 간단한 치료와 발치같은 것은 모두 무료로 하며 당일 무료로 진찰한 병원은 다음과 같다. 함석태 삼각정, 崔永植 종로 二丁目 동아의원치과, 조

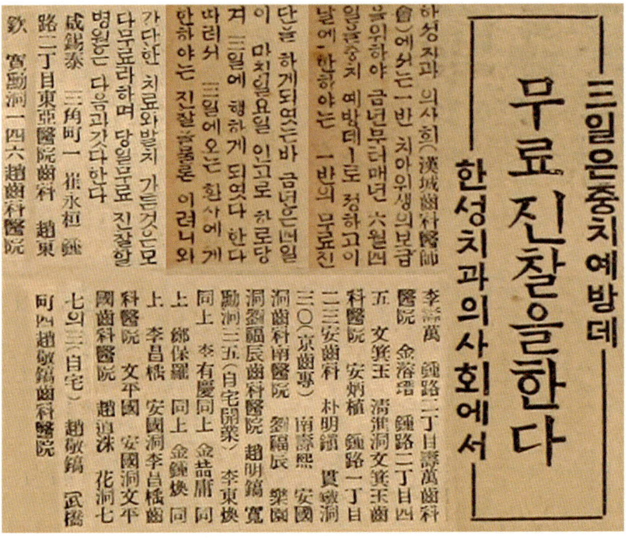

三일은충치예방데
무료 진찰을한다
한성치과의사회에서

하성치과 의사회(漢城齒科醫師會)에서는一반 치아위생의보급을위하야 금년부터매년 六월四일을충치 예방데-로 정하고이날에, 한하야는 一반의 무료진단을 하게되엿든바 금년은四일이 마침일요일 인고로 하로당겨 三일에 행하게 되엿다 한다 따러서 三일에오는 환자에게 한하야는 진찰은물론 이려니와 가단한 치료와발치 가튼것은모다무료라하며 당일무료 진찰할 병원은 다음과갓다한다

咸錫泰 三角町一 崔永桓 鍾路二丁目東亞醫院齒科 趙東欽 實勵洞一四六趙齒科醫院 李壽萬 鍾路二丁目壽萬齒科醫院 金溶瑨 鍾路二丁目四五 文箕玉 淸進洞文箕玉齒科醫院 安炳植 鍾路一丁目二三安齒科 朴明鎭 貫鐵洞三〇(京齒專) 南壽熙 安國洞齒科南醫院 劉福辰 樂園洞劉福辰齒科醫院 趙明鎬 寬勳洞三五(自宅開業) 李東煥 同上 李有慶同上 金喆庸 同上 鄭保羅 同上 金鍾煥 同上 李昌楨 安國洞李昌楨齒科醫院 文平國 安國洞文平國齒科醫院 趙道洙 花洞七七의三(自宅) 趙敬鎬 武橋町四趙敬鎬齒科醫院

《조선중앙일보》
1933. 6. 3.

* 함석태 선생을 비롯해 회원 20여 명이 충치예방데이 무료 진찰 봉사에 참여했다.

동흠(趙東欽) 관훈동 146 趙치과의원, 이수만(李壽萬) 종로 三丁目 壽萬치과의원, 김용진(金溶瑨) 종로 三丁目 四五, 문기옥(文箕玉) 청운동 문기옥치과의원, 안병식(安炳植) 종로 一丁目 二三 남수희(南壽熙) 안국동치과의원, 조명호(趙明鎬) 관철동 三五(자택개업), 유복진(劉福振) 낙원동 劉치과의원, 이동환(李東煥), 이유경(李有慶), 김철용(金喆庸), 정보라(鄭保羅), 이창우(李昌楀) 안국동 이창우치과, 문평국(文平國) 안국동 문평국치과의원, 조도수(趙道洙) 花洞 七七의 三(自宅), 조경호(趙敬鎬) 무교정 四 조경호 치과의원

《조선중앙일보》(1933. 6. 3.)

—

휴지통**

경성치과의사회(京城齒科醫師會)는 회원 이십 여명 중 조선사람으로는 함석태(咸錫泰) 씨 한 사람이 섞여 있는데 사회봉사 사업으로 시내 각 일본소학교 아동에게 구강진찰(口腔診察)을 하여 오던 중 함석태 씨가 종로소학교를 맡게 되었으나 그 학교 교장 편강(片岡)이란 사람은 조선사람 의사는 우리 학교에 ▲필요 없다고 거절을 하였다. ▲아가리(입)로는 소위 일선 융화를 부르짖는 자들이 더욱 교육자라는 것이 모두 이뻔새다(이모양이다) ▲조선사람의 손에 입

** 1925년 3월 21일 《동아일보》 휴지통 기사를 현대어로 고쳐 옮겨본다.
함석태 선생은 일본인 학생들이 다니는 심상소학교 촉탁의로 지명되어 구강검진을 시행해 왔는데 함석태가 일본인 학생들을 검진하는 것을 허용할 수 없다며 거절 당하는 사건이 발생하였다.
기사는 일본인 교장의 이러한 행태를 강력히 비판하며 꼬집었다. 다음날인 《조선일보》 3월 22일자 기사에 따르면 의사의 신성(神聖)을 무시하고 편강(片岡)교장이 아동구강검사 의사를 차별해 촉탁을 거부함에 따라 다른 일본인 치과의사와 촉탁의를 교환하여 서대문 소학교에서 구강검진을 하게 되었다고 기사를 썼다.

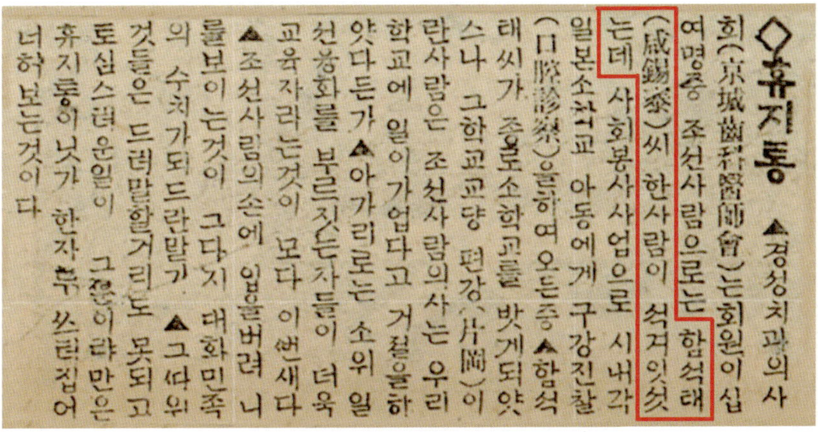
◇휴지통 ▲경성치과의사회(京城齒科醫師會)는회원이십여명중 조선사람으로는 함석태(咸錫泰)씨 한사람이 석겨잇섯는데 사회봉사사업으로 시내각일본소학교 아동에게 구강진찰(口腔診察)을하여오든중▲함석태씨가 중로소학교를 밧게되얏스나 그학교교댱 편강(片岡)이란사람은 조선사람의사는 우리학교에 일이가업다고 거절을하얏다든가▲아가리로는 소위 일선융화를 부르짓는자들이 더욱교육자라는것이 모다 이썬새다▲조선사람의손에 입을버려 니를보이는것이 그다지 대화민족의 수치가되드란말가 ▲그따위것들은 드러말할거리도 못되고토심스러운일이 그뿐이라만은휴지통이니가 한자루 쓰러집어너허보는것이다

《동아일보》 1925. 3. 21.

을 벌려 이를 보이는 것이 그다지 대화민족의 수치가 되더란 말인가 ▲그따위 것들은 드러내 말할거리도 못되고 조심스러운 일이 그뿐이랴만은 휴지통이니까 한 자루 쓸어 집어 던져 버리는 것이다.

3
이조고려의 자기들*

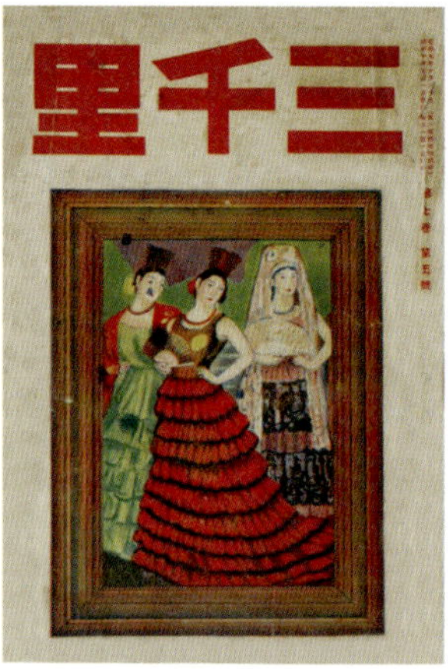

삼천리 제7권 제5호<1935년 06월 01일>
李光洙, 許英肅兩氏間 戀愛書翰集

許英肅氏에게

10월 5일夜 十時半

사랑하는 이어!

오늘 저녁은 가을밤 갓흡니다. 窓을 꼭꼭 닷치고 자리옷을 닙고 안저 英의 寫眞을 보고 잇습니다. 못견되게 그리워집니다. 사람을 생각면 이러케도 생각합닛가. 하로 24時間 무엇을 할때에나 英을 아니 생각할 때는 업습니다. 英도 그리시지오. 나는 어제 저녁에 늣도록 英이 내게 대한 사랑의 犧牲의 가지가지를 곱아 보앗습니다. 4년전의 일부터 今日까지, 英은 내 結核의 唊을 마섯습니다. 내의 結核으로 끈허지는 生命은 英의 生命으로 붓들엇습니다. 英이 아니더면 나는 벌서 무덤속의 몸일 것을 잘 압니다. 나는 꼭 그러케 압니다. 只今 내가 살아가는 것도 英을 希望함이외다. 英에게 안길날을 기다림이외다. 이말에 만일 거즛이 털끗만치라도 잇거든 당장 이 목숨이 끈허지소서! 英은 내게 모든 〈207〉 것을 주섯습니다. 일생의 행복까지 다 주섯습니다. 그걸을 밧는 나는 英에게 苦痛밧게 들인 것이 업습니다. 그것을 생각하면 심히 슬흡니다. 어제밤에 英을 꿈꾸엇습니다. 어듸 사람만흔데서 英을 맛낫습니나. 그래서しんみり 한 니야기도 못하고 만것도 갓고 서로 안아 본 것도 갓흐나 꿈일망정 심히 ものだりない합니다. 나는 おとなしい하게 冊이나 보고 잇슬 것이니 安心해 주십시요. 運動도 잘해서 健康도 增進하오리다. かわい坊ちやん이 되어 英의 품을 기다리리다. 지금 비가 옵니다. 가을 비소리가 사람을 괴롭게 합니다. 안녕히 주무셔요.

英의 것

李朝高麗의 磁器들

李朝時代나 高麗朝, 좀더 올너가서 三國時代의 희귀한 공예품으로서 세계에 자랑할 온갓 陶器 等 美術 工藝品을 가지고 잇는 人士는 아래와 갈더라.

張澤相 氏 李朝白磁梅花形筆筒	金瓚永氏三島象嵌文酒瓶	咸錫泰氏李朝染村竹梅長瓶
李朝染村水滴	繪高麗一輪瓶	李朝鐵砂龍筆筒
李朝鐵砂蘆花文大壺	樂浪文字入鏡	李朝白磁四角瓶
李朝辰砂石竹花文瓶	高麗靑磁香盒	李朝辰砂水滴
高麗象嵌蒲柳水禽瓢形瓶	李朝鐵砂龍筆筒	

* 춘원 이광수가 1935년 《삼천리》 7권 제5호에 우리나라 최초의 여성의원 개원의 허영숙(許英肅)에게 보낸 연애편지 말미에 '이조고려의 자기'들을 소개하는 내용이 들어 있다. 내용 중 함석태 선생의 소장품 내용이 나온다.
우리나라 최초 여성의원 허영숙(許英肅, 1897 - 1975)이 춘원 이광수를 알게 된 것은 1917년이었다. 이광수가 폐병으로 생사의 기로에 서 있을 때 허영숙이 헌신적으로 간호를 함으로써 이광수 생명의 은인이 되었다. 두 사람이 도쿄에 있을 때 서로 주고받은 편지가 수백 통이나 되었다고 한다. 이 편지들은 이광수, 허영숙 씨 간 연애서간집으로 발간되어 잡지 《삼천리》에 연재되었다. 장택상, 김찬영, 함석태 선생의 소장품을 나열하면서 이 자기(磁器)들은 세계에 자랑할 만한 가치가 있다고 하였다.

李朝高麗의 磁器들

李朝시대나 高麗朝, 좀 더 올너가서 三國時代의 희귀한 공예품으로서 세계에 자랑할 온갓(온갖) 陶器 등 美術 工藝品을 가지고 잇는 人士는 아래와 갈더라.

張澤相 氏 李朝白磁梅花形筆筒(이조백자매화형필통)

李朝染付水滴(이조염부수적)

李朝鐵砂蘆花文大壼(이조철사노화문대호)

李朝辰砂石竹花文瓶(이조진사석죽화문병)

金瓚永 氏 三島象嵌文酒瓶(삼도상감문주병)

繪高麗一輪瓶(회고려일륜병)

樂浪文字入鏡(낙랑문자입경)

高麗靑磁香盒(고려청자향합)

李朝鐵砂龍筆筒(이조철사용필통)

咸錫泰 氏 소장품은 다음과 같다.

1. 李朝染付竹梅長瓶(이조염부죽매장병) - 조선시대에 제작된 청화백자

2. 李朝鐵砂龍筆筒(이조철사용필통)-검은색 안료인 산화 철가루로 무늬를 넣은 필통

3. 李朝白磁四角瓶(이조백자사각병) - 모(角)를 낸 순백색의 백자

4. 李朝辰砂水滴(이조진사수적) - 검붉은색 안료인 진사(辰砂)물감으로 제작한 연적(硯滴)

《삼천리》 제7권 5호(1935)

4

성북동 답사:
최초의 치과의사 함석태의 흔적을 찾아서

지난(2014년) 12월 5일 함석태 개원 100주년을 맞아 성북동 답사길에 나섰다. 이 길은 76년전(1939년) 함석태 선생이 상허 이태준家를 방문했던 길이다. 「淸福反日」이라는 수필도 이곳을 다녀온 후 쓴 것이다.

그분의 체취를 생각하며 우리 일행은 한성대입구역에서 만남을 시작했다. 협회사편찬위원회 자문위원 김종열 선생님, 배광식, 이주연 편찬위원, 치의신보 안정미 부장, 협회 직원 권남학과 함께 향토사학가 이승을 선생의 도움으로 답사길을 나섰다.

이승을 선생은 함각(함석태 손자)과 이웃된 인연으로 함석태 선생을 연구하여 우리보다 더 많은 것을 알고 찾아낸 분으로 충분한 자료 준비와 설명으로 우리의 답사길을 수월하게 해주었다.

한 달 전에 날을 잡았으나 공교롭게도 민노총궐기대회가 있는 날이라 마음은 불안했고 며칠 전 깜짝 추위가 있어서 걱정했는데 모든 게 순조로워 행복한 시간을 보냈다. 한성대입구역에서 만나 택시로 성북동 길을 거슬러 올라 삼청동 북악 스카이웨이로 갈라지는 삼거리 지점에서 내렸다. 근원 김용준 집부터 답사했다. 근원 김용준은 화가, 수필가로 이태준과 같은 동경 유학생으로 집도 성북동 근처에 살아 절친한 사이였다. 「두꺼비 연적을 산 이야기」

가 고교 교과서에 실렸고 서울대, 동국대 교수를 지냈다. 6.25 때 월북하여 평양미대 학장을 지냈으며 성혜랑 씨 말에 의하면 김용준이 김일성 사진이 들어 있는 신문을 밖에 버려 처벌받을 것이 두려워 자살했다고 했으나 확실치 않다.

함석태 선생과도 친분이 두터워 76년 전 이태준家 방문 전에 함석태 선생은 이 집을 먼저 방문했다. 개울을 끼고 물을 찾아 김용준 집을 방문한 감회를 이렇게 적었다. "빨간 감이 익은 여러 그루 노시(老柹, 오래된 감나무) 사이로 한적하게 닫혀 있는 一閣門이 보였다"고 했다. 이곳이 우산 김용준(牛山 金鎔俊)의 山莊이라고 표현했다. "황엽주실(黃葉朱實)에 맑은 산음(山陰)에 만염화홍(萬染花紅)을 이룬 풍상(風霜)한 맛은 홍시산장(紅柿山莊)이라 불러보고 싶다"고 썼다.

우리가 당도했을 때 그 집은 높은 지대에 굳게 닫힌 대문이라 접근할 수 없었으나 지금도 감이 빨갛게 익어 운치가 넘쳤다. 이 감나무가 그때의 것인지는 알 수 없으나 아무튼 감 익은 풍경이 서울에서 보기 드문 경치였고 당시 함석태 선생의 감탄을 되새겨 본다. 이 집은 나중 수화 김환기(서양화가)의 집이 되었다.

그 집과 감나무를 배경으로 기념 촬영 후 길 건너편 만해의 심우장(尋牛莊)으로 향했다. 심우장 올라가는 길은 비탈길이라 사람만이 겨우 다니는 산동네길이다. 대문과 지붕이 거의 맞붙은 좁은 집들이 경사진 골목길을 따라 줄지어 있다. 열악한 동네 모습이지만 아담한 한옥들이 옛 정취를 느끼게 한다. 이 길을 따라 정상쯤에 심우장이 있다. 심우장은 「님의 침묵」 시인 만해 한용운의 집이다. 심우(尋牛)는 선종(禪宗)에서 깨달음 경지에 이르는 과정을 잃어버린 소를 찾는 것에 비유해 열 가지 수행단계 중 하나인 자기 본성만이 소를 찾는다는 심우에서 유래했다고 한다. 심우장 이름처럼 인간 본성에 대

손재형의 〈승설암도〉(1945, 개인 소장)

한 소박한 명성을 가진 곳이다. 두 칸짜리 소박한 집이었으나 조선총독부가 보기 싫어 북향으로 집을 지었다고 하는데, 집에 비해 너른 마당과 2층 토방이 있는 것으로 봐 사대부집 형태였다. 성북구 지정나무로 향나무가 있는데 쭛뻣한 모습에 껍질은 벗겨지고 볼품은 없었다. 오히려 대문에 걸쳐 있는 소나무 한 그루가 그때 모습을 생각나게 한다. 한용운은 삼각동 함석태 선생 집 옆 광문회에서 활동했으며 함석태 선생의 부친 함영택과 함께 민립대학 설립 운동에 참여해 함석태 선생과 인연이 있다.

다음 행선지를 위해 다시 비탈길을 내려와 성북동 복개천을 따라 승설암에 다다랐다. 승설암은 인곡 배정국의 집으로 현재는 국화정원 한정식집이 되어있다.

배정국은 종로 백양당출판사 사장이었다. 배정국은 6.25 때 납북되었는데, 백양당은 이태준이 발행한 《문장》지의 발행 출판사이다. 소전 손재형이 상허 이태준의 부탁으로 1945년 4월 5일 청명절(을유년)에 승설암 후원을 그린 것이 〈승설암도〉이다. 손재형은 서예가이며 1939년 이태준家 집들이 모임에 참석 시 함석태 선생을 모시고 동행한 절친한 지인이었다.

그림 윗부분에 글씨가 몇 자 있는데 "을유년(1945) 청명일에 한가한 뜰에 놀러 왔다. 상허(소설가 이태준의 호, 〈문장〉지의 편집인)가 나(소전 손재형)에게 이 그림을 그려 달라고 부탁하여 즉석에서 이 그림을 그리고 기록하는데 이 모임에 모인 사람이 土禪(토선. 함석태의 호), 仁谷(인곡. 승설암 주인 배정국의 호), 모암(누군지 모름), 심원(동양화가. 조중현 전 이대 교수), 수화(화가. 김환기. 현 환기미술관), 소전(손재형)이다."는 내용이다.

이 그림의 내용을 보면 함석태 선생은 1945년 4월까지 서울에 있었던 것으로 확인된다. 그후 총독부 소개령에 의해 아마 1945년 6~7월경에 영변으로 갔으리라 생각된다. 손자 함각의 증언과도 일치한다. 그래서 이 그림이 중요한 의미를 갖는다.

승설암은 성북동 이태준가(현재 수연산방 전통찻집) 근처에 있는데 현재는 국화정원이라는 한정식집으로 개조되어 있었다. 우리가 탐방했을 때 기와집 형태 지붕의 모양이 승설암도에 그려진 모양 그대로 남아 있었다. 지어진 집 모양도 아름답고 목재도 튼튼한 것을 사용해 변하지 않았다.

다음 목적지는 아래쪽으로 걸어 내려가 5분 거리도 채 안 되는 곳에 '수연산방'이 있다. 1939년 함석태 선생이 김용준, 길진섭, 손재형과 함께 집들이로 참석했던 집이다. 그 후 「淸福半日」이라는 수필을 써 《문장》지에 기고했다. 이 집은 소설가 상허 이태준의 옛집으로, 현재 이태준의 외종손녀가 전통찻집으로 운영 중이다. 현재 이태준의 집 방문 당시의 옛 건물이 그대로 보존되어 있다. 분위기도 차분하고 젊은 미인들이 차 마시는 모습은 평화로워

수연산방

보였다. 이태준도 골동품 수집가이며 「고완」이라는 글이 고교 교과서에 실려 있다.

다음 마지막 행선지는 간송미술관으로, 간송 전형필이 세운 사립박물관이다. 문이 닫혀 있어 안에 들어가지 못했다. 함석태 선생은 전형필과 골동 서화 전시회 등도 같이 했으며 친한 사이였다.

당시 성북동은 성문 밖으로 고양군 성북리 상성북둔(高陽郡 成北里 上成北屯)이었으며 북정마을이라고도 했다. 함석태 선생은 당시 성북천이 흐르고 산의 경치가 아름다웠음을 묘사했고 개발이 시작되어 자연이 훼손되어 감을 안타깝게 생각했다. 이날 함석태 선생 일행은 이태준 家 방문 후 저녁 늦게 쌍다리(지금 상호, 쌍다리가게가 있음) 근처에서 손재형, 길진섭, 함석태 선생 셋은 서울

쪽으로 나머지 셋 이태준, 배정국, 김용준은 성북동 쪽으로 헤어졌다고 썼다.

우리 일행은 해도 저물고 겨울바람도 차가워 배광식 선생의 안내로 위로 거슬러 올라와 수월암 근처 '누룽지 백숙' 맛집에서 맛있는 식사를 곁들이고 그 위에 있는 6만 장의 LP판이 소장된 분위기 좋은 카페에서 마시는 커피를 마셨다. 커피 맛은 일미였고 하루의 피로를 씻어 주었다. 성북동에 이런 곳이 있나 감탄하며 답사를 마감했다. 유익한 하루였다.

변영남, 《치의신보》

5
손자 함각(咸珏)을 만나다

2015년 2월 26일 한국 최초의 치과의사 함석태 선생님의 유일한 혈육인 손자 咸珏 씨와 좌담회를 가졌다. 1936년 生으로 80세가 되었으나 체구도 크시고 정정한 편이었다. 만나고 싶었던 분 중의 한 분으로 咸錫泰 선생님에 관한 몇 가지 궁금증을 풀 수 있었다.

다음은 咸珏 씨가 증언한 내용을 중심으로 정리한 것이다.

첫째, 삼각동 1번지 함석태 치과의원 건물에 대한 궁금증이 풀렸다. 증언에 의하면 건물은 2층 목조 건물로 지하실이 있었다. 건물 입구에 진료실이 있었고 그 안쪽에 살림집이 있었다. 1951년 1.4후퇴 이후 부산에서 피난생활을 하다 그 이듬해쯤 형 咸玩 가족과 서울에 와보니, 할아버지가 계시리라 믿었던 할아버지 치과의원 자리에 삼각동 동사무소가 들어서 있었다. 간판까지 붙어 있었다고 회고했다. 할아버지 집이라고 권리를 주장하니 말도 못 꺼내게 하면서 '빨갱이'집인데 무슨 쓸데없는 소리를 하느냐고 거절당했다. 그때 당시 이북으로 월북한 사람은 '빨갱이'라 취급했고 개인이나 국가에서 건물을 몰수하거나 차지했던 일이 비일비재했다.

고심 끝에 형 玩(함석태 맏손자)이 기억을 더듬어 본인이 남산에서 결혼식 때도 뵈었고 치과에서 할아버지와 바둑도 두었던 지인을 생각해 찾아뵙게 되었다. 바로 그분이 당시 국무총리였던 張澤相이었다. 어렵게 몇 번에 걸쳐 청해 면담했다고 한다. 참고로 함석태 선생과 장택상과의 관계를 말하면 1930년대 초반 장택상의 집에서 만난 '장택상 사랑방' 모임은 당대 최고의 고미술품 수장가와 호사가들의 주요 모임이었고 아무나 참여할 수 있는 것이 아니었다. 함석태 선생은 당시 이 모임에 참여하며 장택상과 두터운 친분을 가졌다. 張澤相의 도움으로 그 집을 되찾을 수 있었다. 그 후 뇌를 다쳤던 큰형님 玩이 생활고로 그 집을 팔고 익선동에 새집을 사 이사했다고 회고했다.

둘째, 함석태 선생님의 해방 전후의 행방에 관한 것이다. 함석태 선생은 해방 전 총독부 소개령에 의해 아끼던 고미술 소장품을 차 3대 분량에 싣고 고향 평북 영변으로 피난했다. 乙酉 淸明日(1945년 음력 3월 청명절 식목일)에 소전 손재형이 그린 〈승설암도〉에 참석자 이름이 있는데, 거기에 土禪이라는 이름이 있는 걸로 보아 그때까지 서울에 있었던 것이 분명하다. 함각 회고에 의하면 "그때 나이는 9살이었는데 할아버지가 서울에서 영변에 오셨는데 짐을 갖고 오셨던 기억이 난다"고 했다. 머무를 집은 본인 아버지 咸哲勳(함석태 맏아들) 씨가 미리 마련한 집이라고 했다. 본인이 살던 영변 집과는 약간 떨어진 청천강 건너 기차역이 있는 평남 구장(球場)이라는 곳이었는데, 영변과는 강 하나를 사이로 서울 강남과 강북과 같은 정도의 가까운 거리라고 했다.

당시 함각 씨는 아버지 咸哲勳(함석태 큰아들) 어머니 김숙종, 큰형 咸玩, 둘째형 咸珣 그리고 조카 함명숙과 함께 영변에서 살았었다고 한다. 큰형 玩은 영변농업학교를 졸업했고 둘째 형 珣은 신의주 동중을 다녔다고 한다. 함각 씨는 할아버지가 구장에서 사시면서 짐도 풀지 않으셨다고 기억한다. 큰형 玩의 전언에 의하면 그 후 1년쯤 지나 할아버지는 서울로 월남하기 위해 짐을 싣고 해주로 가셨다고 몇 번에 걸쳐 얘기했다고 한다. 해방 후 공산당이 집권하면서 대지주 숙청이 시작되었는데 함석태 선생님도 여의치 않아 해주를 통해 월남하고자 하신 듯하다. 맏손자 玩에게 황해도 해주에 들러 월남하

부산치대 함석태 선생 흉상

겠으니 뒤따라올 것을 부탁했다. 이후의 행방은 알 수 없다. 해주를 통해 월남 루트를 택한 것은 배에 가족과 고미술품을 함께 싣고 월남하려는 것으로 추정된다. 함석태 선생이 서울에 꼭 계시리라 믿었으나 계시지 않았고, 그 후 행방은 본인들은 알 길이 없다고 했다.

2006년 노무현 정권 시절 '북녘문화재' 전시품 중 국보인 금강산연적과 몇 개의 국보는 모두 함석태 선생의 소장이었던 것으로 밝혀졌다. 미루어 소장품을 뺏긴 것은 확실하다.

셋째, 함석태 선생의 유일한 사진을 찾은 경유이다.

1985년 함각 씨는 지인 제약회사 사장의 주선으로 치과 임상 신종호 선생과 만나게 되었다. 함석태 선생님 사진을 구해 달라는 간곡한 요청 끝에 행방을 찾기 시작했다. 본인은 혈혈단신으로 내려와 아무것도 없었다. 강우규 의사 손녀 강영재를 데려다 기르셨다는 점에 착안하여 찾기 시작했다. 강우규 의사 독립운동 연금수령자를 추적한 결과 채수철이라는 분을 알게 되었다. 그분은 강영재의 아들로 목사 신분이었다. 만나기 2개월 전에 강영재(강우규 손녀)는 돌아가셨고 돌아가시기 전 '함석태 친척이 찾아올 것이다'라는 애기를 남겼다고 한다. 진짜 손자인가를 확인하기 위해 신분증과 사진의 인물은 알아맞히는 테스트한 후 넘겨받게 되었고 현재 소장하고 계신다고 증언했다.

넷째, 함각과 형 함완의 월남 경위를 밝혔다.

해방되고 나서 공산당들이 집권하면서 이북에는 숙청의 바람이 불기 시작했다. 제일 먼저 대지주들의 숙청이었다. 당시 영변에서 대지주였던 함석태 선생 일가는 숙청 대상 1호였고 땅을 뺏기고 이주해야 할 지경에 이르렀다. 함경도 지방에 대토를 주겠다고 해 그쪽에 갔던 함완(함석태 맏손자) 씨는 그곳 마을 사람들에게 죽을 정도로 두들겨 맞고 생명만 부지한 채 영변으로 와 한의원에서 치료 후 겨우 생명만 구할 수 있었다. 그 후유증으로 뇌를 다쳐 평생 고생하며 정신이 오락가락했다고 한다. 월남 후 서울에 와서 서울대병원에서 뇌수술 후 돌아가셨다고 한다.

압박과 감시가 심해 형 함완과 형수, 조카 함명숙과 함께 피난길에 올랐다. 외가인 평남 순천으로 피난했고 여의치 않아 철원에 할아버지 지인(함석태 친구) 집으로 갔으나 그곳에서도 내부 서원의 감시가 심해 그곳 사람들조차 피해 입을까 싶어 오래 있지 못하고 다시 원산으로 가 1950년 12월 원산 철수 시 배를 타고 부산으로 피난 오게 되었다. 파란만장한 피난살이였다.

다섯째, 지금 교보빌딩 옆 광화문 네거리 모퉁이에 비각이 있는데 태극 문양이 있는 철문이 함석태 치과의원 지하에 묻혀 있던 것과 똑같은 모양이라고 증언했다. 자기도 어찌 된 영문인지 몰라 했다. 그 비각은 서울 도로의 기점이다. 그리고 원표이다. 중요 문화재이다. 그 비각은 원명칭이 大韓帝國 大皇帝 寶齡望六旬四十年 稱慶碑閣이다.

이 비는 대한제국의 대황제를 고종황제의 나이가 육순을 바라보는 나이에 왕위에 오른 지 40년이 되는 경사를 위해 세운 비인데 이태준의 표현에 따르면 길을 넓히느라 뜯어 경매할 제 함석태 선생이 낙찰받은 것으로 '진고개 부호'가 거액으로 탐내왔으나 굳게 보관해 온 것이다.

아마 소개령 때 영변으로 가면서 부피가 커서 갖고 가지 못하고 지하실에 묻었던 것을 아마 맏손자 玩이 국가에 기증한 것이 아닌가 생각된다. 이 철문은 에피소드가 많은 유명한 질문이다.

좌담회를 통해 많은 것이 밝혀졌지만 궁금한 것이 아직도 있다. 함석태 선생 일가의 몰락은 우리나라 역사의 한 편을 보는 것 같아 가슴 아프다. 한 편의 드라마 같다.

변영남(대한치과의사협회, 협회사편찬위원장), 《치의신문》

6

함각(咸珏)선생을 떠나보내며(함석태 선생님 손자)

지난 2023년 3월 14일 스산한 기운이 감돌더니 비보가 날아왔다. 함각(咸珏) 선생님이 선종하셨다는 소식이었다. 최초의 치과의사 함석태(咸錫泰) 선생님의 남은 유일한 혈육이었다. 이제 그 끈마저 끊어졌다니 애통할 뿐이다. 무거운 발걸음으로 빈소를 찾았다. 활짝 웃는 영정사진의 모습은 나를 반기며 위로해 주는 듯했다. 만감이 교차했다. 한 달 전 통화했을 때만 해도 건강이 괜찮다고, 봄이 되면 한번 만나자고 약속했는데 이렇게 가시다니 정말 섭섭했다.

빈소 주위를 둘러보니 박태근 대한치과의사협회장, 변웅래 강원지부장, 이해준 대한치과의사학회장, 진보형 치의학박물관장, 권훈 대한치과의사학회부회장 등 조화가 눈에 들어왔다. 서울시치과의사회에서 보낸 조화가 눈에 띄지 않아 섭섭했다. 함석태 선생님이 만든 한성치과의사회를 서울시치과의사회 연원으로 삼지 않았던가. 선생님에 대한 예우가 말이 아니다.

함각 선생은 80세 되던 해에 나와 만나 할아버지인 함석태 선생에 대한 소중한 얘기를 많이 들려주셨다. 하나라도 놓치지 않으려고 좌담회도 가졌고 함석태 흉상 제막식도 함께 했다. 또 개인적으로도 몇 번 만나 함석태 선생님과 가족에 대한 얘기를 많이 들려주셨던 분이다.

함각 선생의 비극과 고통은 함석태 선생 가족의 비극일 뿐 아니라 민족의 비극이었다. 함석태 선생님은 해방 전 1945년 6월경 서울에 총독부 소개령이 내려지자 아끼던 금강산 연적 등 국보급 소장품을 싣고 평남 구장역 근처에 머무르셨다고 한다. 구장은 영변 본가에서 청천강 건너편에 역이 있는 마을이었다 한다. 함석태 선생님은 짐도 풀지 않은 채 그곳에 머무르시다 김일성 공산당이 집권하며 토지 등을 몰수하는 것을 보고 심상치 않게 여겨 짐을 싣고 해주로 가서 남한에 가겠다고 하시며 서울에서 만나자 하고 헤어졌다고 한다.

함각 선생은 해방 후 김일성 공산당이 집권하면서 토지와 재산을 몰수당해 집을 잃고 이곳저곳 다니시다 1950년 12월 추운 겨울 원산 철수 당시 미군 함정에 겨우 몸을 싣고 부산항으로 피난했다 한다. 당시 나이 14세로 큰형 함완(咸玩)과 함께했다 한다.

재산목록인 미싱 머리만 안고 다니다 원산 철수 시 미싱을 버리지 않으면 승선할 수 없다는 미군의 말에 원산 앞바다에 던져버리고 많이 울었다 한다. 당시 유일한 재산목록이었는데 어찌 슬프지 않으리요. 형님은 토지와 집문서만 챙긴 채 월남했다 한다. 집문서가 남한 와서 무슨 소용이 있었겠는가. 피난살이 하다 서울 가면 할아버지를 만난다는 일념으로 어렵게 상경했다. 그렇게 할아버지 함석태 선생을 만날 수 있으라는 희망을 안고 서울에 왔다.

그러나 계시리라는 할아버지는 안 계시고 함석태 치과의원이 있던 집은 삼각동 동사무소가 차지하고 있었다. 월북한 빨갱이 재산이라고 돌려주지 않았다. 생각 끝에 형 함완이 할아버지 사랑방 모임에 함께했던 실세 장택상을 만나 그의 도움으로 그 집을 되돌려 받아 서울 생활이 시작되었다고 한다.

함각 선생은 치과임상 신종호의 부탁으로 함석태 선생님 사진 찾기에 나섰다 한다. 사진 한 장 찾아보자는 일념으로 백방으로 수소문해 겨우 사진 한 장을 얻게 되었다 한다. 할아버지가 강우규 의사의 손녀 강영재를 양녀로 삼아 돌보았다는 얘기를 전해 듣고 강영재 아들을 찾아 어렵게 가족사진 한 장을 얻었다고 한다. 그것이 지금 유일한 함석태 선생의 사진이다.

어느 날 함각 선생은 그 귀중한 사진을 가져와 나에게 주셨다. 몸둘 바를 몰랐다. 내가 보관하고 있던 것을 한중석 치대학장실에 함각 선생과 함께 가서 치의학박물관에 기증해 현재 잘 보관되고 있다. 함각 선생의 노력이 아니었다면 그 사진 한 장도 볼 수 없었을 텐데 그 귀중한 사진을 얻게 된 것에 감사드린다.

장례식장에서 내려오는 길, 봄바람이 내 뺨을 더욱 차갑게 때린다. 치과의사 3만 2천여 명 중 유일하게 나 혼자 문상하고 오는 기분이 너무 씁쓸했다. 유족들에게 미안했다. 함석태 선생님의 공적을 생각하면 이래서는 안 되는데 생각만 복잡해진다.

함각 선생님 편히 가십시오. 죄송합니다.

후손 함정호, 함주현, 함주희, 함윤섭

사위 노훈용

고대안암병원 영안실 102호 벽제 청아공원 안치

변영남(성신치과의원), 《치의신보》

7
함석태 선생 100주년 기념사업 추진

국내 치과의사 1호 함석태(존칭 생략) 선생의 개원 100주년 기념사업에 대한 논의가 대한치과의사협회(회장 최남섭 · 이하 치협)와 서울시치과의사회(회장 권태호 · 이하 서울지부)를 중심으로 전개될 예정이다. 올해는 1914년 2월 한국인 최초 치과의사로 등록한 함석태 선생의 개원 100주년이 되는 해다.

치협 박영섭 부회장, 협회사편찬위원회(위원장 변영남) 및 서울지부 회사편찬

함석태 100주년 기념사업 추진회

위원회(위원장 김평일) 위원들은 지난 15일 치과의사 함석태 선생의 개원지로 기록돼 있는 중구 삼각정 1번지를 직접 방문하는 등 현장답사를 실시했다.

치협 협회사편찬위원회 변영남 위원장은 "치과의사 함석태 및 가족이 한국전쟁 당시 실종된 것으로 추정돼 그에 대한 기록이 부족해 아쉬움이 있었다"며 "고미술 수장가로도 이름이 높았던 함석태의 발자취를 문화재전문위원의 자문으로 어렵게 입수한 만큼 치과계의 뿌리를 찾는 100주년 기념사업이 성공적으로 기획되길 바란다"고 말했다.

치협 박영섭 부회장은 "100주년 기념사업은 우리나라 치과의사의 정체성을 돌아보는 계기가 될 것"이라며 "요즘 어려운 치과계에 이처럼 의미있는 사업이 성공적으로 추진될 수 있도록 각종 지원과 협력을 아끼지 않겠다"고 말했다.

한편, 서울지부 회사편찬위원회는 치협의 요청에 따라 치과의사 함석태 선생 기념사업 등에 대해 오는 27일 논의할 방침이다.

최학주 기자(news@sda.or.kr), 《치과신문》

8
함석태 선생 개원 100주년 기념 흉상 제막식

함석태 선생 개원 100주년 기념 흉상 제막식이 2017년 2월 6일 오후 7시 치과의사회관 1층 로비에서 손자 함각 선생을 비롯한 내빈과 함께 제막식을 가졌다.

대한치과의사협회 총무이사 이성우 사회로 협회사 편찬위원장인 변영남 위원장의 경과 및 고인의 약력 보고가 있었고, 서울치과의사회 권태호 회장의 흉상 제막 취지문 낭독, 대한치과의사협회 최남섭 회장의 제막식사, 서치회사 편찬위원장 김평일의 내빈 축사, 손자인 함각 선생의 가족대표 인사가 있었다.

함석태 선생 개원 100주년 기념사업 관련 회의일지

1) 함석태 선생 개원 100주년 기념 사전 답사

함석태 선생 최초 개원 장소를 피부로 느끼며 답사했다.

2014년 11월 13일(토) 오후 4시 청계천 한빛 광장에서 시작했다.

참석자는 치협 박영섭 부회장, 변영남 협회사 편찬위원장, 김평일 서치회사 편찬위원장, 이병태 고문, 이재윤 공보이사 등이다.

회의 내용: ① 함석태 원장 개원지인 중구 삼각정 1번지 위치 확인

② 표지석 건립용을 포함한 함석태 선생 개원 100주년 기념사업을 서치회사 편찬위 안건으로 다루어 줄 것을 요청. 함석태 선생 개원지는 현 청계천 장통교 앞 대로 중앙(삼각정 1번지)이었다.

2) 손자 함각 선생 초청간담회

2015년 2월 26일(목) 오후 7시 대림정에서 가졌다.

참석자는 서치 김평일 편찬위원장, 변영남, 신재의 고문, 권택견, 박영호, 윤양하, 이주연 위원, 이재윤 공보이사, 조점근, 홍종현 정책이사. 특별참가자로 함각 선생(함석태 손자), 이승을, 문화재청 김상엽 위원 등이 참석했다.

회의 내용으로는 함각 선생의 초청간담회로 진행하였으며 직계손 및 관련 연구자들에게 함석태 선생의 발자취를 확인하고 향후 유기적 관계를 갖도록 함.

3) 서울치과의사회 7차 편찬위원회

2015년 10월 20일 회관 회의실에서 개최.

참석자는 김평일 위원장, 변영남 고문, 권택견, 박용호, 윤양하, 이주연 위원, 이재율 공보이사, 조정근, 홍종현 정책이사.

토의 내용은 서치 정기이사회에서 통과된 함석태 선생 개원 100주년 기념사업추진소위를 구성했다. 위원장은 이재윤 공보이사, 변영남 고문, 이주연 위원, 김진홍 후생이사, 김성남 치무이사 등이다.

4) 서울시치과의사회 함석태 선생 개원 100주년 기념사업추진 소위

2015년 11월 19일 청계천 한빛 광장에서 개최

참석자는 이재윤 위원장, 변영남 고문, 이주연 위원, 김진홍 후생이사, 김

성남 치무이사 등이 참석했다.

토의 내용은 함석태 선생 100주년 기념사업으로 서울시 허가를 득해 개원 지에 표지석을 설치하는 방안, 함석태 선생 개원 기념 조형물을 설치해 문화 공간을 조성하는 방안.

업무 추진이 여의치 않을 경우 치과의사회관 내 흉상 건립 반안 등 3개 안을 논의했다.

5) 서울시치과의사회 함석태 개원 100주년 기념사업추진 소위 2차 회의

2016년 5월 19일 유진 참치집에서 이재윤 위원장, 변영남 고문, 이주연 위원, 김진홍 후생이사, 김성남 치무이사가 참석했다.

토의 내용은 함석태 선생 기념사입과 관련해 서울시 및 관할 구청을 통해 문의한 결과 표지석 및 개원 기념 조형물 조성을 설치하는 것은 현실적으로 어렵다는 답변을 확인하고 치과의사회관 내 흉상을 제작, 제막식을 갖고 전시하는 방안을 논의하고 관련 안건은 정기 이사회에 상정키로 했다.

서울시치과의사회 정기 이사회에서 2016년 6월 7일 함석태 선생 흉상 치과의사회관 내 건립기로 이사회 통과되었다.

함석태 선생 개원 100주년 기념 실무위원회

2015년 9월 13일, 이재윤 위원장, 변영남 고문 참석으로 함석태 선생 개원 100주년 기념 흉상 제작키로하고 예산은 치협과 분담하는 방안을 강구하기로 했다.

2016년 9월 20일, 대한치과의사협회 9월 정기 이사회에서 안건으로 함석태 선생 흉상 제작과 관련해 제작 비용 및 재경비를 서치와 공동분담기로 결정했다.

2016년 9월 29일, 변영남 고문, 흉상 제작 작가(김현수), 치협총무국, 담당국장이 참석하여 함석태 선생 흉상 제작과 관련해 치협 총무국 담당국장과 협의를 진행하고 흉상 제작을 위해 김현수, 전수경 작가와 모임을 가졌다.

9
함석태 선생 흉상 제막식을 마치고

지난(2017년) 2월 6일 협회회관 내에서 토선 함석태(土禪 咸錫泰) 선생 흉상 제막식이 있었다. 그날은 참으로 기쁜 날이었다. 우리의 뿌리를 찾고 그분의 얼을 기리는 터전이 마련되었다. 그분의 흔적이 너무 크고 우리가 추구해야 할 치과의사상을 모두 갖춘 분이다. 생각할수록 애정이 가고 연구할수록 더 깊은 심연으로 빠져든다. 우리가 본받아야 할 스승이시다.

한국 최초의 치과의사 함석태 선생은 당시 치과의사라는 직업 자체가 없던 시절 개척자 정신으로 일본에 유학하여 최초의 치과의사가 되었다.

일본 치과의사들 틈에서 고군분투하며 많은 어려움을 겪었다. 한국인의 구강위생이 엉망인 것을 안타까워하며 특히 일본 어린이들은 치약으로 이를 닦는데 우리 아이들은 소금으로 닦아 충치가 많이 생겼다고 탄식하며 《동아일보》 등에 구강위생 계몽에 관한 많은 글을 남겼다. 그러다 경성치과의학 전문학교에서 한국인 치과의사가 배출되자 한국인만으로 '한성치과의사회'를 조직하여 서로 격려하며 국민 건강을 지켰다. 1925년의 일이다. 현 서울특별시치과의사회 연원이 된 것이다.

일본인들이 도굴하고 수집해 일본으로 가져가는 민족 문화재를 안타깝게 여겨 푼푼히 문화재를 수집했다. 도자기와 민속품을 주로 수집했고 서화 소장품도 상당수 있었다. 일제강점기 수장가의 반열에 들 만큼 많은 문화재를 소장했다. 당시 수집가 중에는 돈을 벌기 위한 수단으로 수집한 사람들도 많았으나 함석태 선생은 순수했다. 소장하던 진홍 백자 금강산연적은 가장 애지중지하던 것이다. 금강산연적은 험준한 봉우리를 첩첩이 만들고 계곡 곳곳에 사람과 동물, 정상에는 다층 누각집을 배치하였고 화려한 채색 안료를 사용하여 장식성을 힘껏 발휘하였다. 굵은 음각선을 새겨 바위산의 질감을 강조한 이 연적은 코발트와 구리 안료를 채색하여 靑紅의 변화를 화려하게 강조하였다.

함석태 선생 흉상

2006년 6월 국립중앙박물관에서 개최된 '북녘의 문화재' 전시회 도록만 봐도 정말 품고 싶고 함석태 선생의 체취를 느껴보고 싶다. 본인이 항상 품에 안고 다녔던 문화재인데 본인은 간데없고 물건만 빼앗긴 듯싶어 너무 마음이 아프다. '小物珍品大王'이라는 평을 가진 만큼 작고도 모양이 독특한 磁器들에 있어서는 일제 강점기 손꼽히는 문화재 수장가였다.

민족의식과 애국운동을 했던 일도 간과해서는 안 된다. 1919년 9월 2일 오후 5시 남대문역(현 서울역)에서 사이토미노루(齋藤實) 총독을 저격해 형장의 이슬로 사라진 姜宇奎 의사의 어린 손녀 姜英才를 함석태 선생이 맡아 키워 이화여전까지 졸업시켰다. 함석태 선생의 유일한 남은 사진 한 장도 姜英才가 보관했던 것을 손자 함각이 취득한 것이다. 이 흉상도 그 사진을 근거로 제작했으니 아이러니하다. 또 유치장까지 출장하여 독립운동가 도산 안창호(島山 安昌浩) 선생의 치과치료를 해주었다. 일제의 눈치를 보면서도 당당하게 해냈던 불굴의 민족정신을 기려야 한다.

사회적으로 사귐의 폭이 넓어 '장택상사랑방' 모임에 참석하여 尹致映 孫在馨 李如星, 화가 都相鳳, 의사 박병래, 배화여고 교장 李萬珪, 문학가 李泰俊등 사회 저명인사와 교류를 가졌다.

이밖에 광화문 네거리 동북부 교보문고 앞에 있는 비각(고종황제 四十年稱慶記念碑閣) 태극 문양 철제문도 함석태 선생의 소장품이다. 일제 강점기에 길을 넓히느라 뜯어 경매할 때 함석태 선생이 경매를 낙찰받은 것으로 '진고개 부호가 거액으로 탐내 왔으나 굳게 보관한 것이다.' 치과의사들은 광화문 네거리를 지날 때마다 무심코 지나치지 말고 유심히 보면서 함석태 선생을 기려야 할 것이다.

왜 우리가 함석태 선생의 흉상을 제작해 모시고 그 뜻을 기려야 하는가를 조금이나마 피력했다. 그날 참석한 유일한 함석태 선생의 혈육인 손자 함각은 눈물을 흘렸고 나도 가슴이 뭉클했다. 그리고 뿌듯했다.

함석태 선생의 기운이 우리협회회관을 감싸고 선생님을 본받아 사회봉사하고 국민으로부터 존경받는 세상의 빛과 소금이 되는 치과의사가 많이 배출되기 기원해 본다.

자체 회관을 갖고 있는 시도지부에서도 흉상을 제작해 뜻을 기리기를 권고합니다.

변영남(함석태 흉상 제작 추진 위원장, 협회사 편찬위원장), 《치의신보》

10
고미술품 수장가 함석태

함석태 선생님은 일제강점기 중요 수장가의 한사람으로 꼽힐 만큼 좋은 고미술품을 많이 소장했던 사람이다. 고미술품에 대한 수장벽이 취미 때문이기도 했지만 일본 사람들이 우리나라 문화재를 수집해 가는 것을 보고 안타까이 여겨 민족 유산에 대한 사랑 때문이었으리라.

함석태 선생님은 서화 골동품 외에도 분재, 꽃꽂이 특히 煎茶(전다)를 좋아해서 이런 류의 취미가 고미술품 수장 활동에 중요 계기가 되었을 가능성도 크다.

1930년 초 고미술품 수장가들과 깊은 교류를 가졌다. 장택상을 중심으로 당대 최고의 수집가들 모임에 참석했던 것은 함 선생님의 고미술품에 대한 열정과 감식안을 보여주는 예라 하겠다.

장택상의 집에서 이루어진 모임은 한국 근대 고미술품 소장과 유통에 있어 중요한 역할을 하였다. 함석태 선생님은 '小物眞品大王'이라는 평을 들을 정도로 많은 고미술품을 소장한 일제 강점기 굴지의 고미술품 소장가 가운데 한 분이다.

일제 강점기 말인 1945년, 청명일(4월 5일)에 서울에 있었다는 〈승설암도〉 기록이 있으니 함석태 선생님은 일제의 소개령에 따라 6~7월경에 자신의 소장품을 세대의 차에 싣고 고향인 평안북도 영변으로 가서 광복을 맞이하였다. 황해도 해주를 거쳐 월남하려다 실패한 함석태 선생님의 이후 소식은 알 수 없다. 아마도 해주에서 배를 이용하여 가족들과 고미술품을 함께 가져오려다 실패한 듯하다.

이들 가운데 사진으로나마 전해지는 것은 『조선고적도보』의 15점 '조선명보전람회도록'과 평양 조선미술박물관 소장 9점인데 중복된 것을 제외하면 도자기 15점, 회화 4점에 불과하다. 근현대 격동 시기를 거치면서 많은 수장가들의 소장품들이 그 소재조차 알 수 없게 된 경우가 많은데 함석태 선생님의 소장품 역시 비극적인 운명을 맞게 된 것이다.

현재 전해오는 그의 소장품 가운데 북한의 국보로 지정된 '백자금강산연적' 등을 위시한 '백자뚫음무늬담배대받침', '진홍백자금강산모양붓빨이', 金弘道의 〈늙은 사자〉, 崔北의 〈金剛全景扇面(금강전경선면)〉, 許鍊의 〈산골살이〉 등의 작품은 평양미술박물관 소장으로 2006년 '북녘의 문화유산 교류전'에 전시됐던 작품들이다. 이로 미루어 함석태 선생님은 해주로 소장품을 싣고 오려다 신상의 해를 입고 다 뺏기지 않았는가 추측해 본다. 소장품 때문에 화를 입으신 듯싶다. 안타까운 일이다.

함석태 선생님은 제1호 치과의사 개원의로서 애국 계몽운동가로서 고미술 수장가로서 잊을 수 없는 훌륭한 업적을 남기신 분이다. 이번 일을 계기로 최초 개원 장소에 표지석을 꼭 만들어 후배들의 귀감이 되도록 하여야겠다.

서울시치과의사회 이사회에서는 이 사업을 서울특별시에 건의해 추진토록 했다. 때마침 함석태 선생님의 손자 함각 선생이 79세로 살아 계신다고 연락이 와 만나 볼 계기가 마련되어 가슴이 설렌다.

* 김상엽 박사(문화재청 감정위원), 「한국근대의 미술품 수장가 : 치과의사 함석태」 논문에서 발췌 정리

Ⅳ

함석태 사람들

함석태 선생의 인맥

함석태 선생의 인맥은 다양하다. 서예, 골동품수집가, 독립운동가, 언론인, 정치인 등 각계각층을 망라한다. 인맥은 크게 부친 함영택과 관련된 인맥과 일제강점기 우리 문화재를 지키고 보호하기 위해 모인 사람들의 모임(1930년대 초 장택상 사랑방 골동 수집가 모임, 이태준家 모임 등)으로 나눌 수 있다.

부친 함영택과 관련된 인맥*

함석태 선생의 부친 함영택은 함남 정평군 정평향교 장의, 서북학회 회원, 서우, 민립대학설립운동에 가담했다. 직조조합장 감사와 국채보상운동을 했으며 《황성신문》(주필 박은식)에 수혜 기부기사가 실리기도 했다. 여러 학교에 기부금을 내는 등 사회 활동이 다양해 인맥이 두터웠고 서울에서 성균관 유생으로 아는 사람이 많고 서울지리에 밝아 서울에 자주 드나들면서 인맥을 쌓았다.

- 강우규(1855 - 1920)는 평남 덕천 출신으로 만주 요하현으로 이주해 블라디보스토크를 왕래했다. 신흥촌 건설과 1917년 동광학교설립, 독립무장단체 의열단과 연결되며 현재 동작동 국립묘지에 모셔져 있다. 노인동맹당(박은식이 결성)에 가입 후 사이토 조선총독 살해시도 후 실패하고 처형되었다. 함석태 선생이 강우규 손녀를 양녀로 기른 것을 볼 때 함영택이 이

* 향토 사학가 출신 이승을 선생님이 조사 · 정리한 것을 재정리했다.

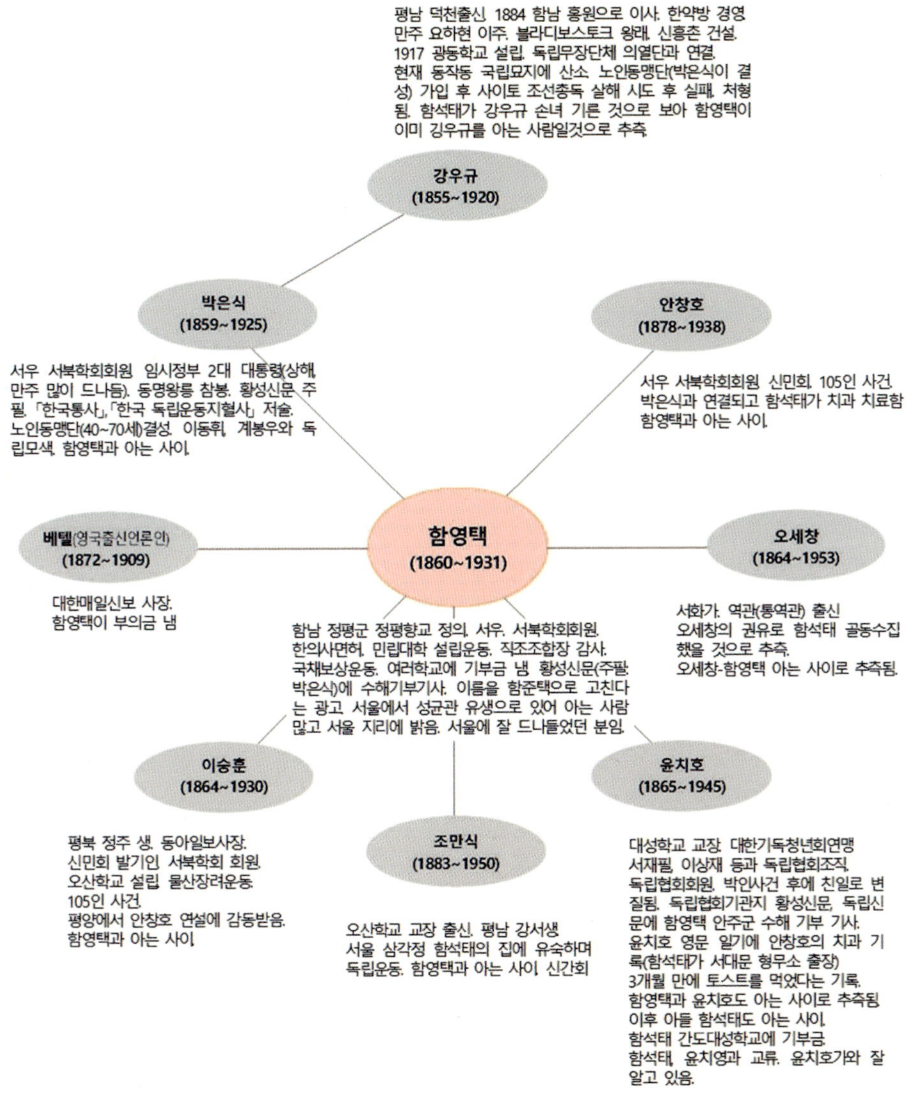
평남 덕천출신. 1884 함남 홍원으로 이사. 한약방 경영
만주 요하현 이주. 블라디보스토크 왕래. 신흥촌 건설.
1917 광동학교 설립. 독립무장단체 의열단과 연결.
현재 동작동 국립묘지에 산소. 노인동맹단(박은식이 결성) 가입 후 사이토 조선총독 살해 시도 후 실패. 처형됨. 함석태가 강우규 손녀 기른 것으로 보아 함영택이 이미 김우규를 아는 사람일것으로 추측.
강우규
(1855~1920)
박은식
(1859~1925)
서우 서북학회회원. 임시정부 2대 대통령(상해, 만주 많이 드나듬). 동명왕릉 참봉. 황성신문 주필. 「한국통사」, 「한국 독립운동지혈사」 저술.
노인동맹단(40~70세)결성. 이동휘, 계봉우와 독립모색. 함영택과 아는 사이.
안창호
(1878~1938)
서우 서북학회회원. 신민회. 105인 사건.
박은식과 연결되고 함석태가 치과 치료함
함영택과 아는 사이.
베델(영국출신언론인)
(1872~1909)
대한매일신보 사장.
함영택이 부의금 냄
함영택
(1860~1931)
오세창
(1864~1953)
서화가. 역관(통역관) 출신
오세창의 권유로 함석태 골동수집 했을 것으로 추측.
오세창-함영택 아는 사이로 추측됨.
함남 정평군 정평향교 정의. 서우. 서북학회회원.
한의사면허. 민립대학 설립운동. 직조조합장 감사.
국채보상운동. 여러학교에 기부금 냄. 황성신문(주필: 박은식)에 수해기부기사. 이름을 함준택으로 고친다는 광고. 서울에서 성균관 유생으로 있어 아는 사람 많고 서울 지리에 밝음. 서울에 잘 드나들었던 분임.
이승훈
(1864~1930)
윤치호
(1865~1945)
평북 정주 생. 동아일보사장.
신민회 발기인. 서북학회 회원.
오산학교 설립. 물산장려운동.
105인 사건.
평양에서 안창호 연설에 감동받음.
함영택과 아는 사이.
조만식
(1883~1950)
오산학교 교장 출신. 평남 강서생
서울 삼각정 함석태의 집에 유숙하며
독립운동. 함영택과 아는 사이. 신간회
대성학교 교장. 대한기독청년회연맹
서재필, 이상재 등과 독립협회조직.
독립협회회원. 박인사건 후에 친일로 변질됨. 독립협회기관지 황성신문, 독립신문에 함영택 안주군 수해 기부 기사.
윤치호 영문 일기에 안창호의 치과 기록(함석태가 서대문 형무소 출장)
3개월 만에 토스트를 먹었다는 기록.
함영택과 윤치호도 아는 사이로 추측됨.
이후 아들 함석태도 아는 사이.
함석태 간도대성학교에 기부금.
함석태, 윤치영과 교류. 윤치호가와 잘 알고 있음.

미 강우규와 아는 사이였을 것으로 추측된다.

- **박은식**(1859 - 1925)은 《독립신문》, 《황성신문》 주필로 임시정부 2대 대통령이다. 서우 및 서북학회 회원이었다. 함영택의 개명 광고, 안주군 수해시 기부 기사가 실린 인연이 있다. 『한국통사』, 『한국독립운동지혈사』를 저술했다.
- **도산 안창호**(1878 - 1938)는 평남 강서 출신의 독립운동가이다. 동명, 정진 대성학교 설립하였다. 함석태 선생 부친 함영택이 회원으로 있던 서우·서울서북학회 창립회원이었으며 신민회, 105인 사건, 박은식과 연결된다. 함석태 선생이 서대문형무소로 방문하여 치과 치료를 해준 인연이 있다.
- **위창 오세창**(1864 - 1953)은 서화 골동품 수집가로 개화파 오경석의 아들이며 3.1 민족대표 33인 중의 1인이다. 『근역서화집』의 저자이며 민립대학설립운동에 참여하였다. 역관(통역관) 출신인 오세창의 권유로 함석태 선생이 골동품을 수집했을 것으로 추측한다.
- **윤치호**(1864 - 1945)는 대성학교 교장이었으며 서재필, 이상재 등과 독립협회를 조직했다. 독립협회 회원이었으며 독립협회기관지 《황성신문》을 제작했다. 《독립신문》에 함영택 안주군 수해기부 기사가 실렸으며 윤치호의 영문일기에는 안창호의 치과 기록에(함석태 선생이 서대문 형무소 출장해 치료) 3개월 만에 토스트를 먹었다는 기록을 남겼다. 함영택과 윤치호는 잘 아는 사이로 추측되며 이후 함석태 선생도 아는 사이(간도 대성학교에 기부금)로 발전했다. 윤치영과도 교류했고 윤치호家와 잘 아는 사이였다.
- **조만식**(1883 - 1950) 《조선일보》 사장, 오산학교 교장, 민립대학설립운동, 물산장려운동, '신간회'. 삼각정 함석태 선생 집에 머물며 독립운동한 사실이 있다. 함석태 선생 부친인 함영택이 참여한 민립대학기성회를 김

성수, 송진우와 조직했다. 서울 삼각정 함석태 선생 집에서 독립운동을 했다.

- **남강 이승훈**(1864 - 1930)은 신민회, 정주오산학교 설립자로 《동아일보》, 《조선일보》 사장을 역임하였다. 민립대학설립운동에 참여하였으며, 3.1 민족대표 33인 중의 1인이다. 105인사건, 물산장려운동을 했던 인물로 함영택과 잘 아는 사이였다.

1930년대 초 장택상 사랑방 모임

장택상, 함석태, 도상봉, 이만규, 이여성, 한상룡, 한상억, 박명래, 윤치영, 손재형으로 구성된 골동품 수집가들의 모임이었다.

- **장택상**(1893 - 1969)은 칠곡 출신으로 초대 외무부 장관과 국무총리를 지냈으며 안창호를 사표로 삼았다. 일제 강점기 주요 수장가였다.
- **도상봉**(1902 - 1977)은 함남 홍원생으로 화가이다. 동경미술학교를 졸업하고 국전 심사위원, 대한미협위원장을 지냈다.
- **수정 박병래**(1903 - 1974)는 성모병원 초대 원장, 가톨릭대학장, 성루가병원 개원했다. 혜화동성당 건축에 큰 공헌을 하였으며 용산 국립중앙박물관 2층에 문화재 362점 기증해 기증실이 있다.
- **소전 손재형**(1902 - 1981)은 진도 출신으로 서예가이며 골동품 수집가이다. 국회의원, 진도중 재단이사장, 국전심사위원을 지냈고 박정희의 서예 스승이다. 추사의 세한도를 일본에서 찾아오는 데 기여했다.
- **윤치영**(1898 - 1996)은 흥업구락부 간사, YWCA 부총무, 초대 내무부장관, 서울시장, 국회의원을 지냈다.
- **이만규**(1889 - 1978)는 국어학자이며 배화여중 교장을 하였고, 여운형의

친구이자 사돈. 1948년 남북협상을 계기로 월북하여 북조선 최고인민회의 대의원, 조국통일사 사장을 지냈다. 애국열사능에 묘소가 있다.

- **청전 이여성**(1901 - ?)은 칠곡 출신으로 여운형의 오른팔. 1948년 남북 협상 시 월북 후 북에 머물렀다. 『조선미술사개요』, 『조선건축미술의 연구』. 월북 후 숙청되었다.
- **한상룡**(1880 - 1977)은 이완용의 외조카로 한성은행 전무, 동양척식주식회사 고문, 중추원 참의 고문, 국민정진총동원 조선연맹이사를 지냈다.
- **한상억**(1898 - 1949)은 일제 강점기 조선 귀족, 서화 수집가이다.

이태준 家 모임

이태준, 함석태, 김용준, 길진섭, 손재형, 배정국으로 구성되었다.

- **상허 이태준**(1904 - 1970)은 철원 출신으로 '단편소설의 아버지'로 불리는 소설가이다. 1939년 창간된 《문장》지의 편집인. 6.25 때 북한측 종군작가, 해방 후 월북했고 1955년 숙청되었다.
- **근원 김용준**(1904 - 1967?)은 화가, 수필가이다. 경북 선산 출신으로 동경미술대학교 졸업했다. 6.25때 월북 후 조선미술가동맹, 조선건축가동맹, 평양미대 학장이었다.
- **길진섭**(1907 - 1980 전후)은 평양 출신으로 동경 미술학교 졸업했다. 3.1 민족대표 길선주 목사의 아들이다. 목일회 회원으로 1948년 8월 해주에서 남조선 인민대표자 대회 열릴 때 밀입국 후 평양미대교수를 지냈다.
- **배정국**은 《문장》지 발행인으로 백양당출판사 사장이다.

〈승설암도〉의 사람들

승설암은 인곡(仁谷) 배정국의 집을 일컫는다. 배정국의 집 '승설암(勝雪庵)'은 한용운의 심우장 건너편에 있으며 근원 김용준의 노시산방(老柿山房), 상허 이태준의 수연산방(壽硯山房)과 이웃하고 있어 서예가와 화가 문인이 교류하는 문화공간이었다. 배정국이 교류한 문화인의 면면을 살펴볼 수 있는 자료로 〈승설암도(勝雪庵圖)〉가 남아 있다.

을유년 청명일(1945.4.4.)에 승설암의 한가로운 뜰에 와서 놀았는데, "상허(이태준) 仁兄이 나에게(손재형) 그림을 요구하기에 이 즉경도를 그려서 한때의 성대한 모임을 기록했다. 이때 같이 모인 사람은 토선(함석태), 인곡(배정국), 모암, 심원, 수화, 상허"라는 기록을 남겼다.

배정국의 승설암에 **이태준, 손재형, 함석태, 조중현, 김환기**가 모임을 가졌다는 것이다. 그러니까 해방되기 4달 전까지는 함석태 선생이 서울에 있다는 것이 입증된다. 그런 의미에서 승설암도는 중요한 자료가 된다. 해방되기 4달 전까지 함석태 선생은 서울에 있었고, 조선 총독부 소개령이 내려져 4월부터 8월 사이에 영변으로 소장품을 갖고 갔다고 볼 수 있다. 그 후 영변으로 간 후 행방은 지금까지 묘연하다.

그외 함석태 선생의 인연들

- **인촌 김성수**(1891 - 1955) 《동아일보》, 경성방직, 민립대학설립운동, 보성전문학교(고려대) 설립. 《동아일보》에 함석태 선생 관련 기사를 많이 썼으며 함석태 선생과 서화전시를 같이 한 적이 있다. 함석태 선생이 보성전문 발기인 409인 중 1인이었다.
- **김약수**(1890 - 1964) 사회주의적 독립운동가로 제헌의원, 국회부의장을 지냈다. 6.25 때 월북하였으나 1959년 숙청되었다. 청전 이여성과 의형제

로 서대문 형무소에 있을 때 함석태 선생이 치과 치료를 해주었다.

- **심산 노수현**(1899 - 1978)은 개성 출신 화가이며 《동아일보》 기자, 만화 〈멍텅구리〉를 연재했으며 국전 심사위원이다. 「비경탐승 - 장수산행」을 썼다.
- **서항석**(1900 - 1985)은 함남 홍원 출신 《동아일보》 기자이다. 연극계의 원로이며 함석태 선생과 「비경탐승」 장수산행에 동행했다.
- **오봉빈**(1893 - ?)은 함석태 선생의 고향 영변 출신으로 서화수집 수장가이다. 영변에서 교육사업하던 천도교 지도자 오현달의 아들로 3.1운동으로 옥고를 치렀다. 오세창 지도로 조선미술관 설립, 6.25 때 납북되었다.
- **간송 전형필**(1906 - 1962) 성북동 간송박물관, 문화재수집연구가, 교육자이다. 함석태 선생과 시화 전시를 같이 했다.
- **춘강 조동식**(1883 - 1950)은 동덕여학단 설립자이며 함석태 선생과 함께 경성종로 금융조합을 운영하였으며 우성협회 발기인이었다.

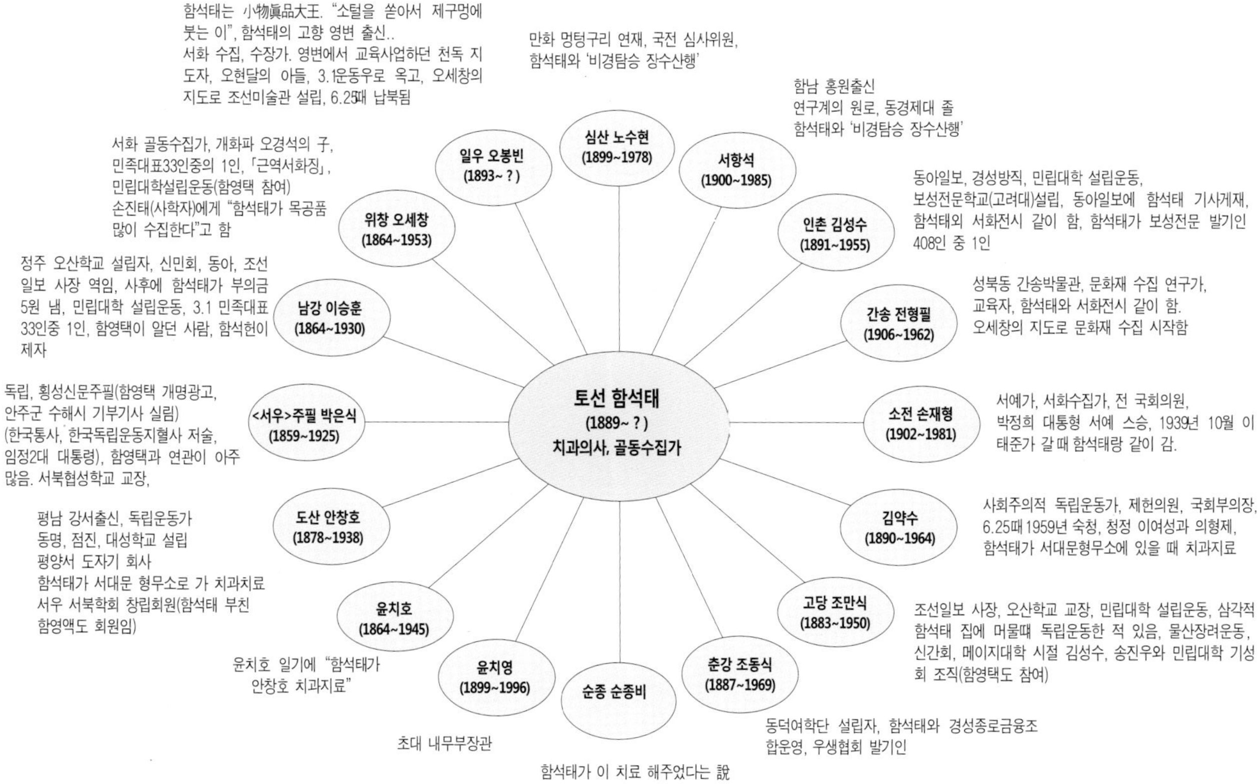
토선 함석태
(1889~ ?)
치과의사, 골동수집가
심산 노수현 (1899~1978)
만화 멍텅구리 연재, 국전 심사위원, 함석태와 '비경탐승 장수산행'
서항석 (1900~1985)
함남 홍원출신
연구계의 원로, 동경제대 졸
함석태와 '비경탐승 장수산행'
인촌 김성수 (1891~1955)
동아일보, 경성방직, 민립대학 설립운동,
보성전문학교(고려대)설립, 동아일보에 함석태 기사게재,
함석태외 서화전시 같이 함, 함석태가 보성전문 발기인
408인 중 1인
간송 전형필 (1906~1962)
성북동 간송박물관, 문화재 수집 연구가,
교육자, 함석태와 서화전시 같이 함.
오세창의 지도로 문화재 수집 시작함
소전 손재형 (1902~1981)
서예가, 서화수집가, 전 국회의원,
박정희 대통령 서예 스승, 1939년 10월 이
태준가 갈 때 함석태랑 같이 감.
김약수 (1890~1964)
사회주의적 독립운동가, 제헌의원, 국회부의장,
6.25때 1959년 숙청, 청정 이여성과 의형제,
함석태가 서대문형무소에 있을 때 치과지료
고당 조만식 (1883~1950)
조선일보 사장, 오산학교 교장, 민립대학 설립운동, 삼각적
함석태 집에 머물때 독립운동한 적 있음, 물산장려운동,
신간회, 메이지대학 시절 김성수, 송진우와 민립대학 기성
회 조직(함영택도 참여)
춘강 조동식 (1887~1969)
동덕여학단 설립자, 함석태와 경성종로금융조
합운영, 우생협회 발기인
순종 순종비
함석태가 이 치료 해주었다는 說
윤치영 (1899~1996)
초대 내무부장관
윤치호 (1864~1945)
윤치호 일기에 "함석태가
안창호 치과지료"
도산 안창호 (1878~1938)
평남 강서출신, 독립운동가
동명, 점진, 대성학교 설립
평양서 도자기 회사
함석태가 서대문 형무소로 가 치과치료
서우 서북학회 창립회원(함석태 부친
함영액도 회원임)
<서우>주필 박은식 (1859~1925)
독립, 황성신문주필(함영택 개명광고,
안주군 수해시 기부기사 실림)
(한국통사, 한국독립운동지혈사 저술,
임정2대 대통령), 함영택과 연관이 아주
많음. 서북협성학교 교장,
남강 이승훈 (1864~1930)
정주 오산학교 설립자, 신민회, 동아, 조선
일보 사장 역임, 사후에 함석태가 부의금
5원 냄, 민립대학 설립운동, 3.1 민족대표
33인중 1인, 함영택이 알던 사람, 함석헌이
제자
위창 오세창 (1864~1953)
서화 골동수집가, 개화파 오경석의 子,
민족대표33인중의 1인, 「근역서화징」,
민립대학설립운동(함영택 참여)
손진태(사학자)에게 "함석태가 목공품
많이 수집한다"고 함
일우 오봉빈 (1893~ ?)
함석태는 小物眞品大王. "소털을 쏟아서 제구멍에
붓는 이", 함석태의 고향 영변 출신..
서화 수집, 수장가. 영변에서 교육사업하던 천독 지
도자, 오현달의 아들, 3.1운동우로 옥고, 오세창의
지도로 조선미술관 설립, 6.25때 납북됨

1
교육과 저항의 이름으로: 강우규

조선 말기와 일제강점기를 살며 민족의 자주독립을 위해 생을 바친 의사(義士) 왈우 강우규(曰憂 姜宇奎, 1855 - 1920). 그는 민중 속에서 실천적 계몽운동과 폭탄 의거로 항일 독립운동의 모범을 세운 인물이다.

평안남도 덕천에서 가난한 농가의 막내로 태어난 강우규는 부모를 일찍 여의고 친형과 누나의 손에서 성장하였다. 한학과 한의학을 익히며 생계를 유지하던 그는 전통적 학문만으로는 근대 사회의 변화를 이끌 수 없다는 생각에 개화사상과 개신교 - 특히 장로교 - 에 입문하였다. 이는 곧 집안 어른들과의 갈등을 야기하게 되고, 결국 그는 함경남도 홍원으로 이주하여 약방을 운영하며 재산을 모은다. 그 자금을 바탕으로 학교와 교회를 세워 지역사회의 계몽운동에 헌신했다.

경술국치 이후, 그는 독립운동에 본격적으로 뛰어든다. 만주와 연해주를 순회하며 박은식, 이동휘 등과 교류하고, 북만주 지린성 요하현에 신흥동을 개척해 민족 공동체의 기틀을 세웠다. 이곳에서 청소년 교육을 위해 광동학교를 설립하고 군자금 마련에도 앞장섰다. 또한 박은식이 조직한 '노인동맹단'에 가입해 고령에도 불구하고 전면에 나섰다.

1919년 3.1운동의 소강 이후, 강우규는 일제가 조선총독부 총독을 교체하며 문화통치로 노선을 전환하려는 것을 주목하고, 3대 총독 사이토 마코토를

처단하기로 결심한다. 러시아에서 구입한 폭탄을 휴대하고 조선에 잠입한 그는, 9월 2일 남대문역에서 사이토의 마차를 향해 폭탄을 투척한다. 폭탄이 뒤차에 떨어지며 일본인 기자 등 3명이 사망하고 총독부 고위 인사 다수가 중경상을 입었다. 그는 사건 후 은신했으나 9월 17일 체포되었고, 1920년 2월 사형을 선고받는다.

옥중에서도 그는 교육의 중요성과 청년 계몽의 뜻을 꺾지 않았다. 사형 전, 아들에게 남긴 유언은 "죽어서 청년들의 가슴에 조그마한 충격이라도 줄 수 있다면 그것은 내가 소원하는 일"이라 했으며, 단두대 앞에서는 "단두대 위에 서니 오히려 봄바람이 이는구나"라는 시 한 수로 마지막을 장식했다. 1920년 11월 29일, 그는 서대문형무소에서 순국하였다.

그의 의거는 단순한 폭력의 표현이 아니라 민중 계몽과 자주독립의 상징적 실천이었다. 일제의 감시를 뚫고 고령에도 기꺼이 거사를 감행한 그의 삶은 조국의 미래를 향한 지극한 염원의 결정체였다. 2011년 구 서울역 광장에 그의 동상이 세워졌고, 그 정신은 오늘날에도 독립운동사의 숭고한 표상으로 남아 있다.

함석태 선생은 1920년 11월 29일 강우규 의사가 사형 당하고 서울에 오게 된 강우규의 손녀 강영재를 양녀로 삼아 이화고등보통학교를 졸업시키며 인연의 끈을 잇게 된다.

2
붓으로 싸운 지도자: 박은식

박은식(朴殷植, 1859 - 1925)은 총칼보다 먼저 펜을 들었던, 우리 근대사의 대표적인 지성의 투사였다. 조선 말기 황해도 황주에서 태어난 그는 몰락한 양반가의 후예로, 유년기부터 성리학과 위정척사를 공부하며 전통 지식인의 길을 걷던 인물이었다. 그러나 그는 40대에 접어들면서 스스로 기존 유학의 경직성과 시대 부적응을 반성하고 민족의 생존을 위해 '새로운 사상과 새로운 교육'을 찾아 나섰다.

1898년, 그는 독립협회에 가담하며 대중 계몽의 흐름에 동참하게 된다. 이듬해에는 《황성신문》의 핵심 필진으로 발탁되어 언론계에 첫발을 내디디는데, 이후 《대한매일신보》를 비롯해 『서우』, 『서북학회월보』 등 여러 매체를 통해 민족의 위기를 경고하고 국민들의 의식을 일깨우는 데 힘썼다. "그의 필체는 사마천의 정수를 담고 있다"고 중국의 저명한 언론인이 찬사를 보낼 정도로 그의 글쓰기는 그의 사상을 전달하는 강력한 도구로 작동했다.

그는 대한제국이 멸망하자 1911년 중국으로 망명을 선택하고 이국 땅에서도 펜을 멈추지 않았다. 그의 저술 『한국통사』, 『대동고대사론』, 『한국독립운동지혈사』는 민족 정신을 기록하고 이어가는 저항의 문서였다. 그에게 독립은 정치적 자유를 되찾는 것을 넘어, 우리 고유의 정신과 역사적 자존감을 회복하는 더 깊은 의미를 가지고 있었다.

이러한 박은식의 문화주의적 독립운동은 훗날 독립운동 외곽에서 활동한 많은 문화인·교육자·수집가·기록자들에게 정신적 토대가 되었다. 바로 그 지점에서 한 세대 아래인 함석태(土禪 咸錫泰) 선생의 이름을 떠올릴 수 있다.

함석태 선생은 박은식처럼 저널리스트도 정치가도 아니었지만, 그는 고미술품 수집을 통해 민족문화의 자취를 지키고자 했던 실천적 인물이었다. 박은식이 붓으로 펜으로 민족의 정신을 기록하고자 했다면, 함석태 선생은 사라져가는 물건 하나하나 속에서 역사의 결을 되살리고자 했다. 두 사람의 방법은 달랐지만 목적은 같았다. 박은식이 강조한 '민족의 통일된 정신'은 함석태 선생이 수집하고 보존하려던 조선의 미와 격조 안에 담겨 있었다.

박은식이 세상을 떠나기 직전 남긴 유언은 다음과 같았다. "첫째, 독립을 하려면 전족적으로 통일되어야 하며, 둘째, 독립운동을 위하여는 모든 수단 방략이라도 쓰고, 셋째, 동지 간의 애증·친소의 구별이 없어야 한다."

이 말은 단지 정치적 단결을 넘어서, 문화·사상·실천의 모든 장에서 독립운동의 통일성을 추구해야 한다는 정신 선언이었다. 이 유언은 이후 함석태 선생과 같은 인물들이 '투쟁' 대신 '보존'과 '기록'으로 저마다의 독립운동을 이어가는 데 정신적 기반이 되었다.

박은식은 1925년 임시정부 2대 대통령으로 선출되었지만 병약함으로 인해 사임하고 그해 11월 1일 상하이에서 눈을 감았다. 그는 임시정부 최초의 국장으로 장례를 치렀고, 후세는 그를 '민족정신의 기록자'로 기억했다.

그가 쓰고자 했던 마지막 책 『광복사』는 끝내 집필되지 못했지만, 그의 붓은 이후 수많은 후배들의 손끝으로 이어졌다. 붓이 아닌 카메라, 기록지, 수장대, 기념관, 혹은 고요한 책상 위 수장 목록을 통해 민족의 이야기는 계속 쓰여졌다.

박은식과 함석태 선생 부친 함영택은 친교가 많았는데, 《황성신문》에 안주군 수해 시 기부금 기사가 실렸고, 서북학교 교장시절에도 인연이 이어졌다. 함석태 선생도 협성실업학교에 출자금을 내기도 했다. 민족의 정신을 자기 자리에서 묵묵히 이어나간 이름 없는 손들이 이렇게 늘 그의 곁에 있었다.

3
조용한 진료실에서 피어난 연대: 안창호

1932년 여름, 일제 경찰은 윤봉길 의사의 의거 이후 독립운동가들에 대한 대대적인 검거에 나섰다. 상하이에서 활동 중이던 도산 안창호(島山 安昌浩, 1878 - 1938) 역시 이때 체포되어 조선으로 송환되었다. 그의 체포는 단순한 검거 이상의 의미를 지녔다. 일제에게 안창호는 단체를 만들고 사람을 모으며 사상을 심어온 조선 민족운동의 설계자였다. 때문에 체포 이후 이어진 심문과 감시는 더욱 치밀하고 혹독했다.

일본 당국은 육체적 고통과 심리적 압박으로 독립 운동가들의 의지를 꺾으려 했지만 그의 정신은 쉽게 굴복하지 않았다. 오히려 육체가 쇠약해질수록 그의 의지는 더욱 강해졌고, 신체적 고통조차 그의 신념을 흔들 수 없었다.

서대문형무소에서 종로경찰서 유치장으로 이감된 그는 점차 건강이 악화되었다. 끝없는 심문과 비위생적 환경, 고문의 흔적이 그의 몸을 약해지게 했다. 평소 심장질환과 위장 문제, 만성적인 호흡기 질환을 앓던 그에게 감옥 생활은 너무 가혹했다. 특히 해외에서 제작한 그의 틀니가 손상되어 고형식을 섭취할 수 없었고, 유동식만으로 힘겹게 목숨을 이어가고 있었다.

이때 한 치과 전문가가 그의 소식을 듣고 발벗고 나섰다. 삼각정 지역에서 개업 중이던 치과의사인 함석태 선생이었다. 그의 행동은 단순한 의료 행위를 넘어선 것이었다. 병든 독립 지사를 향한 인간적 동정심과 조국애가 담긴

醫師가出張
留置場서治療
함석태의사가입치에전력
安昌浩의最近消息

안창호는 상해에서만든 틀니가파손하야 이래 류동식물만섭취해오든중 십문도 얼추쏫난六월말부터 삼각청 치과의 함석태(咸錫泰)씨의 치료를 밧기를시작하야 이ㅅ몸에서 써 한조각을 떼어내는 수술을하고 그자리도 거의아불엇슴으로 틀을만들기 시작하얏다한다

함석태의사는 매일 혹은간일하야 경찰부류치장에출장하야 입치를하는중인데 남은것이아래압니六개뿐임으로 그것을 케하고는 전부틀니라한다 그동안류동식물만취하야 건강을 보전키어려움으로 경찰당국에서는 특히치료를허한것이라고한다

《동아일보》 1932. 7. 12.

身體는少康

도산 안창호는 상해에서 체포된이래로 치아가업서 근三개월간이나 류동식만 취하야왓슬뿐더러 최근에 약 一주일간 장염으로 신고하얏고 또한질긔운이 잇서 몸은 만히 쇠약하얏스나 일래로는 설사도 막히고 학질도 응급치료로 무사하게되고 입치도 함석태(咸錫泰) 의사의 손에 작일 아츰에 씨이기는 하얏슴으로 아프로 다른 병만 아니 생기면 크게 념려할 정도는 아니라고 한다 어제 점심께는 一개월만에 처음으로단단한 토스트를 먹엇다고 한다

도산은 면회한 친지를 향하야 경찰부에 잇는 동안에는 친절한 대우를바다 아모 고통이 업섯다고 한다

《동아일보》 1932. 7. 16.

조용한 저항이었다. 일본 당국의 감시가 날카로운 유치장까지 자원해서 찾아간 그의 진료는 침묵의 애국이었다.

1932년 7월 12일자 《동아일보》는 "의사가 출장, 유치장서 치료 - 함석태 의사가 입치에 전력"이라는 소식을 전했다. 기사는 그가 틀니가 파손되어 유동식에 의존하던 상황과 경찰이 '건강 유지 차원'에서 이례적으로 치료를 허

락했다는 내용을 담고 있었다. 당시의 엄격한 감시체제를 고려하면 이는 매우 특별한 사례였다.

함석태 선생은 유치장이라는 비좁고 긴장된 공간 속에서 수차례 진료를 이어갔다. 남은 아래 앞니 여섯 개를 모두 발치하고, 전면 틀니를 만들기 위해 잇몸에서 뼈 한 조각을 제거하는 수술까지 시행했다. 그는 매일 혹은 며칠 간격으로 경찰의 감시를 받으며 유치장을 오갔고, 이 과정에서 새로운 틀니를 하나하나 조정해가며 완성해 나갔다.

단 한 사람의 고통을 덜기 위해 반복된 이 진료는 단지 입 안의 치료가 아니었다. 그것은 조선 지식인 한 사람이 민족의 지도자에게 조용히 전한 존경과 연대의 표현이었다. 안창호에게 그 치료는 생존의 조건이자, 인간으로서 최소한의 존엄을 지키기 위한 수단이기도 했다. 유동식만으로 버티며 점차 체력과 의지를 잃어가던 그에게 틀니 하나는 '먹을 수 있음'이라는 물리적 회복뿐 아니라, '다시 말하고자 하는 힘'을 되찾는 일이기도 했다.

당시 안창호의 상태는 급격히 악화되어 있었다. 병이 번져 간과 폐, 위장에 이르기까지 온몸이 손상되었고 복막염과 피부염까지 동반되며 온몸이 성한 곳 없이 무너져갔다. 유족과 제자들은 시중을 들며 그의 옆을 지켰고, 윤치호, 이광수, 김성수 등은 고급 한약을 보내며 마음을 전했지만 회복의 기미는 보이지 않았다. 그는 병상에서 "이렇게 된 몸으로는 살 수 없다"고 말했고, 말라붙은 입술로 간신히 "부인과 아이들은 평안한가"를 묻기도 했다.

그럼에도 그는 마지막까지도 민족을 걱정했다. 쇠약한 몸을 안은 채 "나는 일곱 가지 병을 앓고 있고, 이가 다 빠지고, 아무것도 먹을 수 없다"고 말하며, "그러나 민족은 힘을 길러야 한다"는 말을 남겼다. 그는 병약해진 자신을 민족 전체의 현실로 느끼고 있었고, 자신의 소멸을 통해 민족이 깨어나야 한다고 믿고 있었다.

1938년 3월 10일 새벽 0시 5분, 도산 안창호는 경성제국대학 병원에서 눈을 감았다. 향년 61세. 생애 마지막까지 그를 지킨 이들은 가족과 제자들, 그리고 뜻을 함께한 동지들이었다. 그의 장례는 흥사단과 수양동우회 주도로 이루어졌고, 윤치호, 이광수, 여운형, 장택상 등이 참석했다. 일제는 혹시 있을지 모를 민심의 움직임을 우려해 장지인 망우리묘역을 통제했고 유족이 상복을 입는 것조차 허락하지 않았다.

안창호는 생전 "제자 유상규의 묘소 옆에 묻어 달라"고 했고 그 뜻은 이루어졌다. 이후 1973년, 그의 묘는 강남 도산공원으로 이장되었고, 멀리 미국 로스앤젤레스에 묻혀 있던 부인 이혜련 여사의 유해도 옮겨져 합장되었다.

그의 삶은 민족개조론, 실력양성론, 교육입국론 등 여러 이름으로 요약되지만, 그 정신의 핵심은 '사람을 키워 나라를 지킨다'는 데 있었다. 무력보나는 인격과 실천을, 구호보다는 교육과 조직을 중시한 그는 조용히 준비하고 깊이 움직이는 지도자였다.

그런 안창호의 삶의 마지막 장면 한가운데에는 유치장을 오가며 그의 입안을 들여다보고, 무너진 몸 속에서 다시 한 번 말을 꺼낼 수 있게 도와준 함석태 선생이 있었다. 역사의 대서사 속에 등장하지 않는 인물이지만, 그가 보여준 조용한 손길은 시대를 바꾼 또 하나의 실천이었다. 그것은 무력도 선언도 아닌, 고요하고 꾸준한 손길의 애국이자 인간에 대한 예의였다.

역사는 대개 소리를 내는 이들을 기억하지만, 때로는 말 없이 연대했던 사람들의 손끝에서 진짜 역사의 윤곽이 그려진다. 안창호의 틀니를 만들던 그 시간들 속에는 조선의 미래를 지키려는 두 사람의 마음이 겹쳐져 있었다.

4

수집의 정신으로 잇다: 오세창

위창 오세창(渭滄 吳世昌, 1864 - 1953)은 조선 말기와 대한제국, 그리고 일제강점기와 해방기의 격랑 속에서 정신과 예술, 실천을 함께 품은 인물이었다. 그는 개화기의 민족 언론인이자, 3.1운동 민족대표 33인 가운데 한 명이며, 전각과 서화, 인보 연구의 대가로도 기억된다.

오세창은 평생 '새김벌레(彫蟲)'라는 스스로의 호처럼, 글씨와 도장을 새기는 일을 천직으로 여겼다. 그는 부친 오경석(吳慶錫)에게서 전각의 기초를 배운 후, 진·한대 고문에서부터 조선 전통 각풍에 이르기까지 넓은 미적 스펙트럼을 소화했다. 그가 남긴 『근개서화집』과 『근역인수』는 단순한 자료집을 넘어 조선 후기부터 근대 서화사를 정리한 기념비적 저작이다.

그러나 그의 진짜 위대함은 예술의 맥을 끊기지 않게 하는 사람들 곁에 조용히 서 있었다는 점에 있다. 1929년, 후배 오봉빈이 '조선미술관'을 세울 때 결정적인 조언과 권유를 아끼지 않았는데, 당시 젊은 지식인이자 미술품 애호가로 알려지던 함석태 선생 역시 그의 문화적 인맥 속에 있었던 인물이었다.

오세창은 민립대학 설립운동에 참여한 함영택(咸永澤, 함석태 선생의 부친)과 뜻을 함께했고, 이는 두 집안이 일찍부터 교육과 민족문화에 대한 공동의 의식을 공유했음을 보여준다. 이후 오세창은 함석태 선생의 수장 활동에 대해서도 각별한 관심을 보이며, 사학자 손진태에게 "함석태라는 인물이 목공품을 많이 수집한다"고 소개한 일화도 남아 있다. 이는 단지 수집 품목에 대한 언급이 아니라, 그 수집이 의미하는 미적 깊이와 정신적 태도를 간접적으로 추천한 행위였다.

함석태 선생은 치과의사라는 직업의 울타리 안에서 고미술 수집과 정리, 보존, 감정까지를 아우른 실천적 문화인이었다. 그는 자신을 드러내기보다 물건을 말하게 하는 사람이었고, 작은 유물 속에서 역사를 보고 품격을 읽어내던 사람이었다. 특히 도자기에 대한 애정으로 '토선(土禪)'이라는 호를 쓰게 된 것도 오세창이 말한 "조선 정신의 단단함을 빚어내는 손길"과 통하는 철학이었다.

이 두 사람은 전면에 나서기보다는 문화를 지키는 뒷면의 사람들이었다. 조선의 전통을 단순히 보존하는 데 그치지 않고, 그것을 다음 세대에게 계승할 수 있도록 사료화하고 체계화하며 공유할 수 있는 형태로 전환하려 했다는 점에서 그들은 실천적 미술사가이기도 했다.

오세창은 해방 후 《서울신문》 초대 사장을 역임하며 민족대표의 상징으로 추앙받았고 여러 정당의 고문으로도 추대되었다. 6.25전쟁 중 대구에서 별세했는데 사회장으로 치러진 그의 장례는 한 시대의 문화정신이 어떻게 기억되고 있는지를 상징했다.

그의 곁에는 오봉빈 같은 문화 동지들이 있었고, 한 발 옆에는 조용한 수장가 함석태 선생 같은 인물도 있었다. 역사의 전면보다는 한발 비켜 선 이들이지만, 그들이 남긴 기록과 소장, 조언과 인맥은 오늘날 한국 예술사, 수장사, 문화운동사에서 결코 빼놓을 수 없는 정신적 토대를 이룬다. 무너져가는 시대 속에서도 예술의 맥을 잇고자 했던 실천. 위창과 토선, 새김벌레와 흙의 선비는 그렇게 예술을 지키며 서로를 알아봤다.

오세창은 민속학자 손진태에게 목공품 수집에 조예가 있는 함석태를 소개했다. 그러나 손진태가 삼각정에 거주하는 함석태를 만나기 위해 찾아갔으나 불행히 만나지 못했다고 한다.(《삼천리》 제2권 7호, 1935.)

文藝 - 민예수록(民藝隨錄)*

내가 우리의 도자기며 일반 민간공예품에 취미를 가지게 된 것은 겨우 7, 8년 전부터이엇다. 동경에 잇을 때 小山君이라는 친구와 자주 상종하게 되엿는대 그는 남달니(남달리) 조선의 陶磁(도자)를 자랑하엿다. 京都 大德寺 孤蓬庵(경도 대덕사 고봉암)에 잇는 그들의 소위 大井戶茶碗(대정호다완) 또는 喜兵衛茶碗(희병위다완)이라는 조선 사발 한 개가 2, 30만원으로 평가된다는 말을 듯고 어찌 놀내지 안이하엿으랴. 小山君은 陶磁전문가이오 현재 「陶磁」라는 잡지의 主幹이다. 나는 그의 말을 信聽(신빙)하지 안이치 못하엿다. 그 사발이 불과 3백여년 전의 것이라고 하엿다. 나는 그 뒤 小山君의 덕으로 약간 조선 陶磁에 관심을 가지게 되여 틈만 잇으면 東京帝室博物館 陶磁전람회, 歸鮮(귀

* 손진태, 《三千里》 제7권 7호(1935. 8. 1.)

선, 조선에 오면)하면 昌慶苑 박물관 총독부박물관 등을 분주히 도라단이엇다(돌아다녔다). 그 덕택으로 지금은 多少의 안목을 가지게 되엿다. 이러케 조곰 눈을 뜨고 보니 한탄되는 것은 우리네들은 웨 우리의 손으로 된 우리의 미술이나 공예품을 사랑할 줄 모르는가 하는 마음이다.

書畫 카튼(같은) 것은 예로부터 애호가가 잇엇지만(있었지만) 陶磁에 이르러서는 과거에는 없엇다고 하여도 과언이 안이오 지금에 잇이서도(있어서도) 그 애호가는 10指로서 족히 혜일 것 가튼(같은) 형편이다.

더구나 민간공예품에 이르러서는 전연 무관심할 뿐만 안이라(아니라) 도리혀 이것을 천대하고 잇는 것이 지금의 현상이다.

三角町 咸錫泰씨가 民藝品 중에도 특히 목공품을 수집하신다는 말을 葦滄(위창) 선생으로부터 늦고 한 번 차서가싯으나 불행히 맛나지 못하엿다.

웨 우리는 陶磁나 기타 민간공예품을 사랑하여야 될가. 여러 가지 이유가 잇다. 우리의 祖先들이 남겨주신 유물이니까. 우리의 지낸 말의 문화며 사회를 연구하는 대 잇어 필요한 참고품인 까닭에. 美術인 까닭에. 일전 경성미술구락부에서 경매가 잇다기에 가서 보니 鳳凰丸紋象嵌 高麗花瓶(봉황환문상감고려화병)(저네들은 花瓶이라 하나 실상인즉 약념단지로나 꿀단지 가튼 것으로 사용되엿을 것이다) 한 개가 2천 3백원에 팔니엇다.

5
남기고 지키는 사람들: 전형필

간송 전형필(澗松 全鎣弼, 1906 - 1962)은 조선을 잃은 시대에 조선의 얼굴을 지키고자 했던 사람이다. 겉으로 보면 그는 풍족한 유산을 물려받은 자산가였고, 때로는 '10만 석'이라 불릴 정도로 당대의 부를 상징하는 인물이었다. 그러나 그가 남긴 진짜 유산은 돈이나 땅이 아닌 문화였고, 결국 그가 지켜낸 것은 결국 '정신'이었다. 이는 조선의 심지를 되살리기 위한 눈물겨운 실천이었다.

전형필의 예술에 대한 인연은 일본 유학 시절 만난 위창 오세창과의 만남에서 시작된다. 위창은 한국의 서화와 고문헌, 서적들을 체계적으로 분류하고 기록화한 선구자였다. 그의 저서 『근역서화징』과 『근역화휘』는 후에 전형필이 문화재 수집의 방향을 설정하는 데 핵심 지침이 된다.

그러나 전형필은 단순히 스승의 발자취를 좇는 추종자에 그치지 않았고, 단절 위기에 처한 문화의 맥을 직접 잇고자 하는 위대한 행동가로 남았다. 정선의 작품 〈인곡유거〉를 시작으로, 고려시대 청자와 조선의 백자, 불교 미술품, 고서화, 목판 자료, 조각 작품, 심지어 유배지에서 작성된 선비들의 서신에 이르기까지 수집했는데, 그에게 이 모든 것은 단순한 골동품이 아닌 민족의 혼이었다.

그의 이러한 활동은 동시대 또 다른 수집가와 자연스럽게 연결되는데, 바

1938년 보화각 개관일에 보화각 입구에서 간송 일행(출처)

로 서울 종로구 삼각정 인근에서 치과를 운영하는 함석태 선생이었다. 함석태 선생은 환자 진료를 보면서 매일같이 경매장과 골동품 상점을 방문하며 한국의 귀중한 유물들을 발굴하고 보존했다. 그의 진정한 정체성은 그가 모은 목공예품, 백자, 서화, 고문서, 전통 가구, 고서 컬렉션에서 드러난다.

함석태 선생 병원 한쪽에는 작은 전시 공간이 마련되어 있었는데, 정기적으로 소규모 예술 전시회를 개최하여 당대의 예술가들과 수집가들을 초대했다. 이 모임에는 화가 손재형, 전각가 오세창, 문인 이병직, 그리고 간송 전형필도 함께했다.

전형필과 함석태 선생은 다방면에서 교차했다. 무엇보다도 그들은 시화전과 고미술 전시회라는 장(場)을 통해 서로의 활동을 알고 존중했다. 《동아일보》 등에는 함석태 선생이 주관하거나 참여한 시화전 관련 기사가 여럿 남아 있으며, 전형필이 소장한 서화가 때때로 이 전시회에 협찬되거나 함께 소개되기도 했다. 이러한 사실은 이들이 단순한 수장가가 아닌 당대 예술과 문화 보존의 실질적 기획자였음을 보여준다.

이들의 방식은 달랐지만 목적은 같았다. 전형필은 대외적으로 활동하며 박물관을 설립하고 광범위한 민족문화 정비사업에 나섰다. 그가 세운 보화각(현 간송미술관)은 조선이 아직 독립을 이루기 전인 1938년, 민간이 문화 자산을 지키기 위해 세운 첫 사립 박물관이었다. 그는 《훈민정음》 해례본을 집 10채 값에 사들였고, 6.25 전쟁 당시 이를 품고 피난길에 올랐다. 심지어는 북한군의 문화재 압수 위협을 피하기 위해 계단에서 일부러 몸을 굴려 다리를 부러뜨렸다는 일화도 전해진다. 반면, 함석태 선생은 겉으로 드러나는 대규모 수장 활동이나 기념 사업은 하지 않았다. 그러나 그의 방식은 생활 가까이에서 기억을 지키는 쪽에 가까웠다.

전형필은 문화재의 '안전한 귀환'에 관심이 많았고, 함석태 선생은 '무명의 실물'에 주목했다. 그래서 전형필은 국보 《훈민정음》을 지켜냈고, 함석태 선생은 목재 경첩, 고가구 다리 조각, 사라질 뻔한 민화의 파편 하나까지도 애써 손질해 보관했다. 전형필은 박물관과 국보 수호자의 이미지로, 함석태 선생은 언론 기사 속 '조용한 수장가'로 남아 있다. 그러나 문화사를 깊이 들여다보면, 이 두 사람은 '잊지 않고 지키는 것'의 의미를 서로 다른 방향에서 구현한 동시대의 협력자였다. 함석태 선생의 이름이 보성전문학교 설립 발기인 명단에 조용히 올라간 사실이 이를 증언한다.

해방 이후 문화재 보존위원으로 위촉되어 전국 유산 정비에 참여하는 등, 1962년 병마에 쓰러져 타계할 때까지 전형필은 민족의 혼을 지키는 일을 멈추지 않았다.

다정한 겹침 없이, 조용한 교차로 남아 있는 그들의 삶. 그러나 그 교차의 자취는 지금도 미술관의 유물 속에, 누군가의 책장 위 한 장의 사진 속에, 그리고 문화의 맥락을 잇는 수많은 사람들의 기억 속에 살아 있다.

—

두 시대, 문화의 다리를 잇다 - 오세창과 간송 전형필

우리 근대 미술사에서 가장 아름다운 인연 중 하나는 아마 위창 오세창(葦滄 吳世昌)과 간송 전형필(澗松 全鎣弼)의 만남일 것이다. 23세의 청년 간송이 65세의 노학자 위창을 처음 찾아간 날, 조용한 응접실에는 단순한 소개 이상의 울림이 있었을 것이다. 단절 위기의 문화, 속절없이 유실되던 문명, 사라져 가던 붓끝과 돌, 옹기와 종이에 담긴 민족의 기억을 두고 한 사람은 지키려는 스승이었고 한 사람은 이어가려는 제자였다.

조선 말과 일제강점기를 관통하며 근대 한문학과 서화, 전각의 1인자 위창. 그는 단지 글씨를 잘 쓰는 서화가가 아니라 문화의 계보를 수호하고 정리하는 사상가였다. 개화파의 일원으로 독립협회를 이끌었고, 나아가 3.1운동 민족대표 33인 중 한 명으로 참여하며 서화가, 언론인, 독립운동가, 사상가라는 네 개의 얼굴을 하나로 아우른 이였다.

일제가 조선의 문화를 조직적으로 약탈하고 왜곡하던 시기, 위창은 우리 고유 문화유산의 정리와 명맥 보존을 '실천하는 저항'의 방식으로 택했다. 그 결과물이 바로 『근역서화징(槿域書畫徵)』과 『근역화휘(槿域畵彙)』다. '근역(槿域)'이란 무궁화의 땅, 곧 '조선'을 가리킨다. 그는 이 두 책에 걸쳐 삼국시대부터 조선까지의 화가, 서예가, 문인들을 총망라한 자료집을 집대성했다. 이 작업은 전통 미술사학의 기반이 전무하던 당대에 있어 사실상 조선문화의 백과사전이자 실존 예술가들의 계보록이었다.

바로 이 시점에서 간송 전형필이 등장한다. 아버지로부터 받은 유산과 일본 유학, 변호사의 길을 준비하던 그는 위창의 문하에 들어서면서 삶의 방향이 바뀐다. 간송은 『근역화휘』와 『근역서화징』을 처음부터 끝까지 읽고 또 읽었다. 어느 날은 수집한 고서화를 들고 위창을 찾아가 감정을 부탁했고, 어떤 날은 문인들의 필적이 담긴 골동서류를 한 뭉치씩 들고 나타나 질문을 퍼부었다.

위창에게 젊은 간송은 단지 물질적 여유가 있는 후원자가 아니었다. 그는 돈으로는 절대 살 수 없는 진심 어린 태도, 맑은 안목, 조선 미술에 대한 책임감을 지닌 제자였다. 그리고 위창은 노년의 끝자락에서 그런 간송을 만나 자신의 평생 작업이 결코 헛되지 않았음을 확인했다.

"문화의 힘이야말로 나라를 지키는 최후의 성벽"이라는 위창의 말을 간송은 평생의 좌우명처럼 가슴에 품고 살았다. 추사 김정희의 〈세한도〉를 되찾고, 《훈민정음》 해례본을 집 열 채 값에 사들였으며, 간송미술관을 세워 후학을 키운 일련의 선택은 모두 그 하나의 가르침으로부터 비롯된 것이었다.

위창은 1953년 세상을 떠났고 간송은 1962년 짧은 생을 마쳤다. 그러나 두 사람이 남긴 유산은 오늘날에도 여전히 살아 있다. 위창이 가꾼 뿌리 위에 간송은 실을 맺었다. 그 사이에 흐른 것은 단지 스승과 제자의 인연이 아니라, 민족 정신의 끈, 문화 생명력의 계보였다.

6
근대의 길목에서 이어진 손길: 윤치호

윤치호(尹治昊, 1865 - 1945)는 조선 말과 대한제국, 일제강점기를 관통하며 근대 조선을 사유한 대표적 지식인이다. 개혁가, 계몽운동가, 교육자, 외교관, 언론인, 종교인이란 복수의 정체성을 지닌 그는 갑신정변의 격랑을 몸소 겪고 독립협회의 선봉에서 민권의 가치를 외쳤으며, 한국 최초의 영어통역관으로서 동서 교류의 문을 연 선각자였다.

그는 서재필과 함께 《독립신문》을 발간하고 만민공동회의 지도자로 활동하며 계몽과 참여를 독려했다. 그러나 이후 점차 '근대화된 식민지'를 받아들이는 점진주의 노선으로 선회했다. 독립운동가들과 일정한 거리감을 유지한 채, 그는 교육과 제도 안에서 조선의 미래를 구상하고자 했다. 윤치호에게 독립이란 단순한 정치 해방이 아니라 국민의 자질과 역량에 기반한 문명화의 결과여야 했다.

그럼에도 그는 그저 협력자나 방관자에 머물지는 않았다. 그는 일제에 의해 수감된 안창호의 병보석을 위해 1938년 적극적으로 탄원서를 제출했고, 병든 안창호가 서대문형무소를 거쳐 경성제국대학 병원에 입원했을 때, 윤치호는 조용히 그의 치료를 알선하고 보살피는 이들을 연결했다.

그 연결의 끝에는 치과의사 함석태(土禪 咸錫泰) 선생이 있었다. 윤치호의 일기에는 "함석태가 안창호의 치아 치료를 맡게 하였다"는 기록이 남아 있다.

이는 단지 의료적 처치를 부탁한 것이 아니라, 극도의 쇠약 속에서도 입조차 제대로 열 수 없던 민족지도자에게 생존의 조건을 회복시켜주는 조용한 도움이었다. 윤치호가 함석태 선생을 주선했다는 것은 시대적 사명을 맡길 만한 인물에 대한 깊은 신뢰의 표현이었다. 당시 함석태 선생은 이러한 믿음을 받을 만한 인격체로 추측할 수 있다.

이 시기의 안창호는 틀니가 깨져 유동식만 겨우 삼키는 처지였고, 고문 후유증과 간경화, 폐렴 등의 합병증으로 생명이 위태로웠다. 윤치호는 이때, 함석태 선생과 같은 의술과 애국심을 겸비한 실무자에게 치료를 맡김으로써, 스스로는 전면에 나서지 않았지만 진심 어린 지원을 선택했다.

일부 독립운동 진영에서는 그를 부정적으로 바라보기도 했지만, 그가 교육계에서 눈에 띄는 족적을 남긴 것까지 부정할 수는 없다. 윤치호는 한영서원부터 송도고보, 연희전문학교, 세브란스의학전문학교, 이화전문학교에 이르기까지 여러 교육기관의 이사직을 맡아 차세대 인재 육성에 힘썼다. 또한 노동의 가치와 산업 교육의 필요성을 선구적으로 강조하며 YMCA 활동과 조선체육회 수장으로서 젊은 세대의 의식 개혁과 사회적 책무 이행에 앞장섰다.

그에 대한 생애 마지막 시기의 평가는 더욱 복잡하다. 해방을 몇 달 앞둔 1945년, 그는 일본이 설치한 귀족원 의원으로 임명되었고, 같은 해 12월 6일에 눈을 감았다. 그러나 그가 남긴 자필 기록물들은 그가 끝까지 민족의 발전 가능성과 문화적 자립의 중요성을 깊이 고민했음을 증명하고 있다.

조선의 문명화를 말했던 자와 조선의 유산을 고이 보존한 자, 그리고 그 시대의 지도자였던 자를 말없이 보살핀 자. 이 셋의 이름이 겹치는 1938년, 무너져가던 조선의 시간 속에서 한 사람은 치료를 받고, 한 사람은 손을 내밀고, 또 다른 한 사람은 기록을 남겼다.

7

조선의 지조와 침묵의 품격: 조만식

고당 조만식(古堂 曺晩植, 1883 - 1950)은 근대 조선의 지조와 실천을 온몸으로 증명한 인물이다. 평안남도 강서에서 태어난 그는 유년기에는 술과 담배를 즐기던 청년이었으나, 장대현교회 사경회에서 신앙적 전환을 겪은 뒤 금욕적 삶을 살기로 결심한다. 이후 숭실중학교에 입학하고 배위량, 박자중 같은 미국 선교사 교사들로부터 학문과 신앙, 그리고 사회적 책임의식을 배운다. 그는 신학문을 통해 계몽의 필요성을 체득하고 기독교 정신을 통해 '공동선'이라는 개념을 내면화하고, 그런 정신은 결국 그를 민족계몽의 길로 이끌었다.

1908년 숭실중학교 졸업 후 일본에 유학한 조만식은 동경에서 활동하며 유학생 사회를 통합하고 교파를 넘는 연합 예배 공동체를 조직했다. 당시 그는 이념과 지역, 종파를 뛰어넘는 연대의 리더였다. 간디의 사상을 접하며 비폭력주의에 깊은 감명을 받은 그는 조선 민중이 자주성과 도덕성을 동시에 갖춘 민족이 되기를 바랐다. 귀국 후 평양의 오산학교에 교사로 부임한 그는 105인 사건으로 설립자 이승훈이 수감된 후 학교가 폐쇄 위기에 놓이자 무보수로 교사, 교장직을 맡아 8년간 교육에 헌신했다. 이승훈과 안창호의 정신을 계승하고자 했던 그는 '교육이 민족을 구한다'는 신념 하나로 고난을 견디며 학교를 지켜냈다.

그의 민족교육은 단지 지식의 전달이 아니라 자기성찰과 공동체 의식을 바탕으로 한 민족적 자각을 이끌어내는 일이었다. 조만식의 제자들 가운데는 훗날 한국 사상사에 깊은 영향을 끼친 류영모, 함석헌과 같은 인물들이 있다. 특히 함석헌은 조만식에게서 "한 사람을 제대로 키우는 일이 민족의 뼈대를 세우는 일"이라는 말을 직접 들으며 성장했고, 그의 평생 저술과 실천 속에 스승의 흔적을 깊이 새겨 넣었다.

그는 오산학교 교사들을 이끌고 3.1운동에 적극 가담했고 이로 인해 수감되기도 했다. 이후 물산장려운동을 펼쳐 전국에 민족경제 자립의 불을 지피고 신간회의 창립 멤버로 좌우합작 운동에 앞장섰다. 또한 YMCA 평양지회 총무로서 기독교 윤리와 민족정신을 접목한 사회운동을 이끌었다. 그는 언제나 "우리는 먼저 조선 사람임을 알아야 한다"고 말하며, 민족의 정체성과 자기 성찰의 중요성을 강조했다.

해방 이후에도 그는 지도자의 길을 걸었다. 평양에서 조선건국준비위원회를 조직하고 조선민주당을 창당했으며, 일제에 협력하지 않은 유일한 민족 지도자라는 평판 속에 북한 주민들의 절대적 지지를 받았다. 그러나 신탁통치 반대 운동 이후 김일성과의 연립정권 구성이 무산되자 소련 군정에 의해 고려호텔에 연행된 후 다시는 세상에 모습을 드러내지 못했다. 그의 실종과 죽음은 남북한 모두에서 깊은 충격을 남겼고, "나는 이북 1천만 동포와 함께 할 것"이라는 마지막 말은 오늘날까지도 강한 울림을 남기고 있다.

그의 이러한 삶은 함석태(咸錫泰) 선생과 긴밀하게 직접 교차하지는 않았지만, 묵묵히 그 정신을 계승해 나가는 또 다른 실천으로 이어졌으리라 생각된다. 함석태 선생의 부친 함영택은 이승훈, 조만식과 함께 민립대학 설립운동에 참여한 인물로, 집안 자체가 민족계몽운동의 흐름 속에 있었다. 조만식이 삼각정 함석태 선생 집에 머물며 독립운동을 했다고 진해진다.

역사는 때로 말 많은 이들을 기억하지만, 진정 중요한 가치는 말 없는 실천 속에 담겨 있다. 조만식과 함석태 선생, 이 두 사람은 조선이라는 동일한 시간을 살아가며 저마다의 방식으로 민족의 정신을 보존해낸 사람들이었다. 하나는 민족을 향한 외침이었고, 다른 하나는 그 외침이 사라지지 않도록 지켜주는 침묵이었다. 그리고 그 둘은 모두 조선의 품격이었다.

8
꺾이지 않는 조선의 정신: 이승훈

남강 이승훈(南岡 李昇薰, 1864 - 1953)은 조선 말기에 태어나 근대 조선의 독립과 민족 교육의 길에 생애를 바친 인물이다. 평안북도 정주에서 가난한 집안의 아들로 태어난 그는 어린 시절 부모를 여의고 유기상으로 일하며 삶을 버텨냈다. 그러나 그에게 가난은 한계가 아니었다. 놋그릇 장사, 공장 운영, 출판업 등을 통해 그는 자수성가의 길을 걸었고 이후 실업가로서 자리매김하였다.

그의 인생은 한 만남을 통해 큰 전환점을 가지게 된다. 1905년 을사조약 체결로 정세가 뒤숭숭하던 시기, 그는 우연히 안창호의 연설을 듣고 감명을 받게 된다. 그는 그 강연을 통해 "민족의 미래는 교육에서 비롯된다"는 확신을 갖게 되고, 이 확신은 곧 행동으로 이어졌다. 그는 평양에 강명의숙을 설립하고, 정주에 오산학교(五山學校)를 설립하여 교육의 터전을 마련한다. 남강이 설립한 두 학교는 단순한 배움터를 넘어 그의 이상과 철학이 실현되는 살아있는 장이었다.

이후 오산학교는 대성학교와 함께 평안도를 대표하는 민족 교육의 산실로 자리잡는다. 기독교 가치관을 토대로 학생들이 지식과 자주 정신을 키우도록 응원하며 미래 세대를 양성했다.

그는 독립을 향한 투쟁에도 주저 없이 참여했다. 1911년 일어난 105인 사건과 1919년의 3.1 독립선언에서 그는 민족을 대표하는 인물로 나서, 두 번의 고통스러운 옥살이를 겪었다. 그러나 그가 감옥에 있는 시간 동안에도 오산학교의 불빛은 꺼지지 않았다. 그의 제자들과 동료들이 학교를 지켰고 교육의 등불은 계속해서 타올랐다. 그에게 교육은 단순한 직업이 아닌 믿음의 실천이자 저항의 방식이었다.

오산학교는 수많은 인물을 길러냈다. 조만식, 류영모, 함석헌 등은 이곳의 교육을 통해 사회로 나아갔다. 이승훈은 조만식에게 학교를 맡기고자 했으나 조선총독부의 방해로 그 뜻은 이루지 못했다. 그럼에도 그는 학교를 끝까지 지키며 교육, 신앙, 독립이라는 세 기둥을 삶의 중심으로 삼았다.

그는 생전에 "죽으면 경성제국대학에 시신을 기증하겠다"는 유언을 남겼지만, 끝내 그의 바람은 실현되지 못했다. 그의 장례는 조용했지만 깊은 슬픔과 존경이 담긴 애도 속에 치러졌다.

장례식날, 조문자 명단에 이름을 올린 이 가운데는 치과의사이자 고미술 수장가로 알려진 함석태(咸錫泰) 선생의 이름도 있었다. 조의금 5원을 보낸 그의 행위는 오래된 인연과 존경의 표현이었다. 사실 이승훈과 함석태 선생은 단순한 조문자와 피조문자의 관계를 넘는다. 함석태 선생의 부친인 함영택(咸永澤)은 일찍이 이승훈과 함께 민립대학 설립운동에 참여했던 인물이다. 아버지의 신념은 아들에게로 이어졌고, 함석태 선생은 고미술 수장과 문화 보존을 통해 조선의 정신을 지키는 또 하나의 길을 걸었다.

이승훈이 교육을 통해 사람을 길렀다면, 함석태 선생은 예술과 유물을 통해 민족의 손결을 이어갔다. 두 사람은 서로 다른 길을 걸었지만, 그 길이 향한 곳은 같았다. 민족의 자주성과 조선의 문화, 그리고 꺾이지 않는 정신. 그것이 그들이 남긴 유산이었다.

9
격랑 속에서 품은 예술의 안목: 장택상

창랑 장택상(滄浪 張澤相, 1893 - 1969)은 대한민국 현대사에서 독립운동, 외교, 내무, 그리고 예술적 교양에 이르기까지 다양한 삶의 궤적을 남긴 인물이다. 본관은 인동, 자는 치우(致雨), 호는 창랑이며, 조선 후기 학자 장현광의 후손으로 태어났다. 그는 일제강점기부터 해방 정국, 그리고 이승만 정권과 박정희 정권에 이르기까지 중심 무대에서 정치적 입지를 다진 동시에, 조선 고미술의 수집과 감식에도 남다른 안목을 가진 수장가로도 활동하였다.

장택상은 유년기부터 국제 정세에 민감한 소년이었다. 1908년 일본 유학을 시작으로 러시아 블라디보스토크, 독일 페테르부르크, 영국 런던 등지를 거치는 긴 유학생활을 경험하였다. 이 과정에서 그는 이상설, 안창호, 김규식 등의 인물들과 접하며 독립운동의 중요성과 국제 외교의 필요성과 실용성을 깨달았다. 특히 파리강화회의를 계기로 외교 독립론자로 전환하며 임시정부 구미위원부 활동에 참여하기도 했다.

광복 이후 장택상은 서울시 경찰국장과 수도경찰청장을 지내며, 해방 정국의 혼란 속에서 좌익 세력에 맞서 질서를 수호하는 역할을 수행했다. 이후 초대 내무부장관, 제3대 국무총리를 역임하며 국가의 행정 체계를 정립하고 국제 외교의 장에서도 대표단으로 활동했다. 그러나 정치인으로서의 면모 못지않게 그가 지닌 문화적 감식안과 수장가로서의 행보는 주목할 만하다.

장택상은 1930년대부터 고미술품에 깊은 애정을 쏟으며 수집 활동을 이어갔다. '조선고적도보'에 수록된 그의 도자기 컬렉션만 해도 8점에 달하며 당시 그의 자기는 1천여 점에 이를 정도로 방대했다. 그는 수표동 자택을 중심으로 당대 최고의 수장가들과 함께 교류하였으며, 그 모임에는 함석태, 윤치영, 한상억, 도상봉, 손재형, 이여성 등 문화계의 대표 인물들이 함께하였다. 그의 집은 마치 살롱처럼 운영되며 고서화와 도자기에 대한 안목을 나누는 예술 교류의 장이었다.

이러한 문화 활동은 단순한 취미를 넘어선 것이었다. 그는 문화재의 보존을 민족 자존의 한 방식으로 인식하였으며 일제의 문화 침탈 속에서 한국인의 미의식을 지키려는 자발적 실천으로 이어졌다. 함석태 선생과의 인연은 이러한 문화적 연대의 상징이라 할 수 있다. 장택상은 함석태 선생을 단순한 수집가가 아닌 민족문화의 감식자이자 실천가로 높이 평가했고, 그의 아들의 결혼식 주례를 맡기도 하며 돈독한 교류를 이어갔다.

정치인으로서는 강경한 반공주의자이자 이승만 정권의 핵심 인사였지만, 장택상은 여운형, 조봉암 등과 인간적인 친분을 유지하며 조봉암 구명운동에도 앞장섰다. 이러한 그의 면모는 좌우를 초월한 인간적 신뢰와 포용력을 드러낸다. 또한 그는 해방 직후 일본의 패망을 예견하며 송진우, 김성수 등과 국민대회준비위원회를 구성해 새로운 국가 건설을 준비하는 데 일조하였다. 반면 한일회담과 같은 굴욕 외교에는 강하게 반대하며 야당 지도자로서 투쟁에 나서기도 했다.

장택상의 삶은 독립운동가, 외교관, 행정가, 수장가라는 네 개의 이름으로 불릴 수 있다. 그러나 그 모든 역할을 관통하는 하나의 축은 '조선인의 품격'이었다. 그는 국가를 위해 싸웠고 문화를 지키기 위해 수집했으며 권력의 중심에서도 예술적 안목을 잃지 않았다. 그의 집에 모인 고미술품은 단순한 골동이 아니라 시대의 기억이자 자존의 형상이었다. 그리고 그 곁에는 언제나 문화와 민족을 함께 논하던 벗들이 있었다. 함석태 선생은 그중에서도 가장 신뢰 깊은 동행자 중 하나였다.

창랑 장택상은 조선 말기에서 근대 한국으로 이어지는 혼란과 격변의 시기에, 정치와 예술, 현실과 이상을 가로지르며 한 사람의 인물이 감당할 수 있는 최대치를 살아낸 인물이었다.

10
조선의 숨결을 품은 백자의 길: 박병래

수정 박병래(水晶 朴秉來, 1903 - 1974)는 의사로서의 소명과 민족문화 수호자로서의 신념을 동시에 살아낸 인물이었다. 충청남도 논산 출신으로 가톨릭 선교사 목(睦) 신부의 권유로 상경한 그는 아버지 박준호와 함께 양정고등보통학교에서 수학하며 신학문을 익혔고, 이어 경성의학전문학교를 졸업해 내과의로서 첫 발을 내디뎠다.

그의 의료 인생은 단순한 진료 행위를 넘어선 것이었다. 1935년, 일본인이 운영하던 무라카미병원을 가톨릭계가 인수해 성모병원으로 전환하면서 초대 원장으로 부임했다. 이 병원은 훗날 가톨릭대학 의학부 부속병원의 전신이 되었고 박병래는 그 뿌리를 다진 인물로 기억된다. 그는 봉급을 낮춰 책정할 정도로 신앙에 기반한 검약과 봉사의 삶을 실천하였으며, 대한결핵협회장, 대한내과학회장 등을 역임하며 의료계에 헌신하였다. 6.25 전쟁 중에는 공군 군의관으로 참전해 공군군의감에까지 올랐다.

박병래가 평생 품은 '백자'에 대한 사랑은 대단했다. 1929년부터 시작된 그의 수장은 조선 백자를 통해 민족의 혼을 되새기고자 하는 치열한 탐구의 길이었다. 그는 "백자를 통해 민족혼이 무엇인지를 몸으로 익혔다"고 말하며, 그것이 곧 그의 인생을 망치지 않게 지켜준 길이었다고 회고했다. 그의 수장품들은 국립박물관에 기증되었고 이는 한 개인의 애정이 어떻게 국가 문

咸錫泰씨는 골동을 보는 눈이 탁월했다。 내가 그 수많은 물건을 샀지만 그중에 속은 것은 다섯 손가락에 꼽을 정도여서 철사人形 하나와 빼자사발、 그리고 진사硯滴 하나가 기억에 남을 뿐이다。 가짜를 사고나서 나중에 이를 알게 되면 역시 기분이 좋지 않은 것은 더 말할 나위가 없다。

하엿든 가짜가운데 辰砂연적은 이미 작고한 張모씨가 「買出」행상을 할때 그에게서 산 것이었다。

처음에는 다소 미심쩍은 생각이 들기도 했지만 어쨌든 감쪽같이 속은 셈이다。 그래서 머리맡에 놓고 자기도 하고 매일 만져보기도 하다가 사람들이 오면 자랑을 해도 모두가 좋다고 감탄을 했다。 그런데 어느날 咸錫泰씨가 우연히 들렸다가 그 연적을 보더니 대뜸 『선생、 그것 넣어두시죠』하다。 그때 咸씨의 말을 듣고 자세히 뜯어보니 과연 가짜가 분명했다。

해방되기 직전 日帝는 소개령을 내리고 모두들 지방으로 피신하라고 했다。 咸錫泰씨도 그가 그렇게 좋아하는 골동을 모두 추려가지고 妙香山으로 간다고 가더니 종래 무소식이었다。 풍문에는 해방후 黃海道에 살았다는 얘기도 있었지만 그 골동의 행방은 알 수가 없다。

함석태의 탁월한 감식안에 관한 이야기가 기록되어 있다. (『도자여적』, 《중앙일보사》, 1974)

화유산의 일환이 되는지를 보여주는 사례이다.

박병래는 1930년대 장택상의 집에서 이루어진 고미술 수집가들의 살롱 모임을 통해 치과의사이자 수장가 함석태 선생과 인연을 맺었다. 그는 함석태 선생을 "온아하고 다감한 성품의 소유자"로 기억하며 그의 골동품에 대한 집착과 정성은 "정혼(精魂)을 기울였다 해도 과언이 아니다"라고 평가했다. 특히 함석태 선생이 작은 골동품에 집착하며 바늘통, 담배 물부리 등을 모았던 일화를 회고하며 그의 수집이 경제적 계산을 넘은 순수한 심미적 애정에서 비롯되었음을 강조했다.

그는 함석태 선생이 골동에 들인 애정을 "신들린 사람처럼 골동을 부비며 애완하는 모습"으로 표현했고, 그 정신은 사기 그릇의 유약 위로 흐르는 빛처럼 유려한 것이었다고 묘사했다. 또한 박병래의 아버지가 함석태 선생에게 "골동을 하면 망한다는데 어떻소"라고 묻자 "서화를 하면 망하지만 골동은 그렇지 않다"는 대답이 돌아왔다는 일화는 함석태 선생의 수집 철학을 드러내는 장면이기도 하다.

백자의 감식안에서도 박병래는 전문가였지만 함석태 선생의 안목은 그조차 감탄할 만큼 탁월했다고 한다. 실제로 박병래가 위조품을 간파하는 데에 있어 함석태 선생의 조언이 결정적인 역할을 한 적도 있었던 만큼 두 사람은 단순한 수장가 이상의 교류를 이어갔다.

의술과 백자, 신앙과 수집 사이에서 흔들림 없이 자신의 길을 걸어간 박병래. 그는 '조선의 아름다움은 그릇 안에 깃든 정신에 있다'는 믿음을 바탕으로 백자 하나하나에 시대의 품격과 민족의 자취를 새겨 넣은 인물이었다. 그 길 위에 함께 걸은 이로서 함석태 선생은 그의 곁에서 또 하나의 조용한 문화 동반자였다.

—

금강산 연적*

함씨(咸氏)가 中學洞의 十字閣 대문짝을 샀던 일도 잘 알려진 일이다.

咸錫泰씨는 골동품을 보는 눈이 탁월했다. 내가 수많은 물건을 샀지만 그중에 속은 것은 다섯 손가락에 꼽을 정도여서 철사人形 하나와 백자사발, 그리고 진사연적(硯滴) 하나가 기억에 남을 뿐이다. 가짜를 사고 나서 나중에 이를 알게되면 역시 기분이 좋지 않은 것은 더 말할 나위가 없다.

하여튼 가짜 가운데 진사(辰砂)연적은 이미 작고한 張 모씨가 「買出」 행상을 할 때 그에게서 산 것이다. 처음에는 다소 미심쩍은 생각이 들기도 했지만 어쨌든 감쪽같이 속은 것이다. 그래서 머리맡에 놓고 자기도 하고 매일 만져보기도 하다가 사람들이 오면 자랑을 해도 모두가 좋다고 감탄을 했다. 그런

* 박병래의 저서 『도자여적』에 실린 글 중인 하나인 「금강산 연적」에는 함석태 선생이 골동에 대해 얼마나 애착을 가졌는지에 대한 내용이 있다. 또한 십자각 대문짝을 샀던 일에 대한 일화도 실려 있다.

咸씨가 中學洞의 十字閣 대문짝을 샀던 일도 잘 알려진 일이다。

咸錫泰씨는 골동을 보는 눈이 탁월했다。내가 그 수많은 물건을 샀지만 그중에 속은 것은 다섯 손가락에 꼽을 정도여서 철사人形 하나와 백자사발、그리고 진사硯滴 하나가 기억에 남을 뿐이다。가짜를 사고나서 나중에 이를 알게 되면 역시 기분이 좋지 않은 것은 더 말할 나위가 없다。

하여튼 가짜가운데 辰砂연적은 이미 작고한 張모씨가 「買出」행상을 할때 그에게서 산 것이었다。

처음에는 다소 미심쩍은 생각이 들기도 했지만 어쨌든 감쪽같이 속은 셈이다。그래서 머리맡에 놓고 자기도 하고 매일 만져보기도 하다가 사람들이 오면 자랑을 해도 모두가 좋다고 감탄을 했다。그런데 어느날 咸錫泰씨가 우연히 들렀다가 그 연적을 보더니 대뜸『선생、그것 넣어두시죠』한다。그때 咸씨의 말을 듣고 자세히 뜯어보니 과연 가짜가 분명했다。

해방되기 직전 日帝는 소개령을 내리고 모두들 지방으로 피신하라고 했다。咸錫泰씨도 그가 그렇게 좋아하는 골동을 모두 추려가지고 妙香山으로 간다고 가더니 종래 무소식이었다。풍문에는 해방후 黃海道에 살았다는 얘기도 있었지만 그 골동의 행방은 알 수가 없다。

『도자여적』, 《중앙일보사》, 1974.

데 어느 날 함석태씨가 우연히 들렀다가 그 연적을 보더니 대뜸 “선생 그것 넣어 두시죠” 한다. 그때 咸氏의 말을 듣고 자세히 뜯어보니 과연 가짜가 분명했다.

해방이 되기 직전 일제(日帝)는 소개령을 내리고 모두들 지방으로 피신하라고 했다. 함석태 선생이 그가 그렇게 좋아하는 골동품을 모두 추려가지고 묘향산(妙香山)으로 간다고 가더니 종래 무소식이었다. 풍문에는 해방 후 黃海道에 살았다는 애기도 있었지만 그 골동의 행방은 알 수가 없다.

11
문학의 뜰에서 피어난 우정: 이태준

상허 이태준(尙虛 李泰俊, 1905 - ?)은 한국 근대문학을 대표하는 단편소설가이자 평론가이다. 강원도 철원에서 태어난 그는 일찍이 부모를 잃고 떠돌이처럼 여러 마을을 전전했다. 휘문고보에 입학한 후 일본으로 유학을 떠나 도쿄 조치대학에서 수학하였다. 그곳에서 문예시에 투고하며 작가로 첫발을 내디딘 그는 귀국 후 「오몽녀」를 시작으로 섬세하고 서정적인 문체의 단편들을 연이어 발표하며 한국 문단에 확고히 자리매김했다. 문장파의 중심이자 '조선의 모파상'이라 불릴 만큼 묘사력과 문장력이 뛰어났던 그는 1930년대 중반 성북동으로 거처를 옮겨 자신의 문학적 세계를 깊이 있게 가꾸기 시작했다.

그가 머물던 수연산방은 조선의 전통을 품은 한옥으로, 사랑채에 누마루를 두고 대청과 건넌방을 중심으로 구성된 당대 예술가들과 문인들이 자유롭게 드나드는 문화적 사랑방이었다. 이곳에서 그는 「달밤」, 「손거부」, 「돌다리」, 「황진이」, 「왕자호동」 같은 주요 작품들을 집필했다. 이태준은 이곳의 정원을 가꾸며 문장과 사유를 일궜고 손재형, 김용준, 김환기, 배정국, 함석태 선생 같은 이들과의 예술적 교류를 통해 성북동 문예 네트워크의 구심점이 되었다.

함석태 선생과의 교류는 특히 각별했다. 치과의사이자 고미술 수집가였던

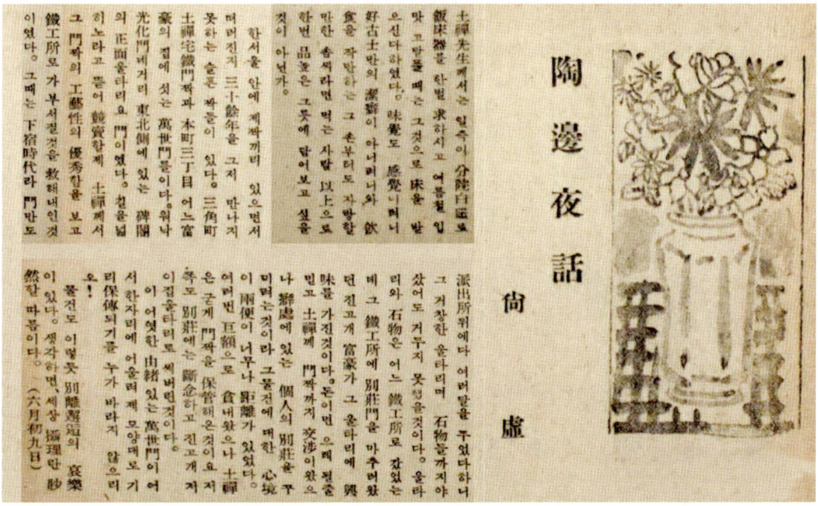

陶邊夜話

尙虛

土禪先生께서는 일주이 分院白磁로
飯床器를 한벌 求하시고 여름철 입
맛 고달플 때는 그것으로 床을 받
으신다하였다。味覺도 感覺이려니
好古士만의 潔癖이 아니려니와 飮
食을 작만하는 그 손부터도 자랑할
만한 솜씨라면 먹는 사람 以上으로
한번 品位은 그릇에 담어보고 싶을
것이 아닌가。

한서울 안에 제짝끼리 있으면서
떠러진지 三十餘年을 그저 만나지
못하는 슬픈 짝들이 있다。三角町
土禪宅鐵門짝과 本町三丁目 어느富
豪의 집에 섯는 萬世門들이다。워나
光化門네거리 東北側에 있는 碑閣
의 正面울타리요 門이였다。철을넘
히노라고 뜯어 競賣할제 土禪께서
그 門짝의 工藝性의 優秀함을 보고
鐵工所로 가 부서질것을 救해내인것
이였다。그때는 下宿時代라 門만도
派出所뒤에다 여러달을 두었다하니
그 거창한 울타리며 石物들까지야
샀어도 거두지 못했을것이다。울타
리와 石物은 어느 鐵工所로 갔었는
데 그 鐵工所에 別莊門을 마추러왔
던 진고개 富豪가 그 울타리에 興
味를 가진것이다。돈이면 으레 점증
빈고 土禪께 門짝까지 交涉이왔으
나 靜處에 있는 個人의 別莊을 꾸
미려는것이라 그물건에 대한 心境
이 兩便이 너무나 距離가 있었다。
여러번 巨額으로 貪내왔으나 土禪
은 굳게 門짝을 保管해온것이요 저
쪽도 別莊에는 斷念하고 진고개 저
이집울타리로 세버린것이다。

이 어엿한 由緖있는 萬世門이 어
서 한자리에 어울려 제 모양대로 기
리保傳되기를 누가 바라지 않으리
오!

물건도 이렇듯 別離邂逅의 哀樂
이 있다。생각하면、세상 攝理란 紗
然할 따름이다。(六月初九日)

「도변야화」에 함석태 댁 철문짝에 관한 이야기가 있다.
《춘추》 8월호, 1942.

함석태 선생은 예술에 대한 열정이 누구보다 진지한 인물이었다. 두 사람은 도자와 서화, 문학과 골동을 매개로 서로의 미학적 안목을 존중했고, 가끔씩 시화전이나 소규모 문예 모임을 함께 하며 우정을 쌓았다. 이태준의 글에서 나타나는 한국적 정서의 정련미에는 당대 수장가이자 감식가였던 함석 선생태의 영향도 일부 스며 있었을 것이다. 함석태 선생의 「청복반일」은 이태준의 집을 다녀온 뒤 《문장》지에 발표한 글이다.

이태준은 해방 이후 조선문학가동맹 부위원장으로 활동하다가 이듬해 돌연 월북했고, 그의 생애는 이후 숙청과 실각, 그리고 말년의 병고 속에서 마무리되었다. 그는 불행한 시대 속에서 예술의 길을 걸었던 대표적 지식인이자 문장을 통해 시대를 견뎌낸 작가였다. 그의 수연산방은 단지 한 작가의 작업실이 아닌 조용한 마당과 다듬어진 돌들 사이에서 한국 근대 예술이 교유하고 성장하던 공간이었다. 함석태 선생과의 교류는 그 공간의 문화적 깊이를 더해주는 중요한 장면이자 예술을 매개로 시대를 살아낸 사람들 사이의 진실한 연결을 보여주는 증거이다.

지금도 성북동 언덕에 남아 있는 수연산방은 이제 전통 찻집으로 이름을 이어가고 있지만, 그 안에 머물던 문장과 숨결, 그리고 사람들은 이태준의 문학과 함께 한국 문화사의 한 페이지로 남아 있다.

성북동, 조용한 골목 어귀에서 피어난 문화의 향기

일제강점기의 서울, 그중에서도 성북동은 당시 전통과 근대를 아우르려는 문화예술인들의 숨결이 서린 동네였다. 서울 성곽을 따라 북쪽으로 뻗은 조용한 골목, 성북천을 따라 구불구불 이어진 마을엔 화가, 서예가, 소설가, 출판인, 수집가들이 하나둘 모여들었다. 그리고 그 문화 공동체의 뒤안길을 조용히 지키던 한 인물이 있었으니, 치과의사이자 고미술 수집가였던 함석태 선생이었다.

함석태 선생은 조선 도자의 순박한 백색을, 추사체의 굳건한 필획을 사랑한 문화적 교양인이었다. 그가 진정으로 빛났던 것은 이른바 '호고일당(好古一黨)'이라 불렸던 성북동 예술인들과의 관계에서였다. 이태준, 김용준, 김환기, 배정국, 손재형… 함석태 선생은 이들과 단지 인연이 있는 데 그치지 않고 삶과 예술의 결을 함께 나눈 친구였다.

그의 이름은 1945년 봄, 해방 직전의 어느 날, 인곡 배정국의 승설암 정원에서 열린 작은 모임을 기념한 〈승설암도〉 속에 등장한다. 그림의 화제에는 '토선(土禪)'이라는 이름이 보이는데, 바로 함석태 선생의 호다. 그림을 그린 이는 당대의 서예가 소전 손재형이었고, 함께 자리한 인물로는 상허 이태준, 수화 김환기, 심원 조중현, 모암이라는 문인까지. 이 작은 모임은 단순한 친목의 자리가 아니라 해방의 문턱에서 서로의 예술과 정신을 위로하던 한 시대의 초상처럼 느껴진다.

성북동은 이들에게 단순한 거처가 아니었다. 이태준의 수연산방, 김용준의 노시산방, 배정국의 승설암은 예술가들의 숨은 작업실이자 사랑방이었다. 함석태 선생은 이 공간들에서 고미술을 매개로 한 깊은 대화를 나누었다. 그는 김용준이 모은 백자 항아리에 감탄했고, 김환기에게서는 선으로 공간을 울리는 회화적 직관을 보았다. 하지만 그가 누구보다도 아꼈던 것은 사람 자체였던 듯하다. 조용히 치과진료를 하며, 그 어떤 보상도 바라지 않고 사람들의 곁을 지켰던 그의 삶은 성북동의 다른 이들이 예술로 표현한 '고요한 정신' 그 자체였다.

해방 이후, 시대는 빠르게 변했고 전쟁은 이들의 운명을 갈라놓았다. 이태준과 김용준은 월북하였고, 배정국은 납북되어 생사를 알 수 없게 되었다. 남은 사람들도 삶의 무게 속에서 각자의 예술과 신념을 지켜야 했다. 그러나 함석태 선생의 자취는 끝내 그 자리에 남았다. 그는 사라져간 사람들과 함께 했던 시간을 고이 간직한 채, 마치 백자처럼 담담히, 그러나 깊은 울림으로 이 마을의 한 귀퉁이를 지켜냈다.

성북동 문인마을은 이제 도시의 일상이 되었다. 하지만 무심코 지나치는 골목 어귀, 낡은 한옥의 마루 끝에는 여전히 그들의 이야기와 함석태 선생의 미소가 어른거린다. 문화란 기억이기도 하다. 함석태 선생의 손끝에서, 그리고 그가 사랑한 사람들의 삶에서 우리는 그 조용한 울림을 다시금 듣게 된다.

12
성북동에서 이어진 인연: 김용준

근원 김용준(近園 金瑢俊, 1904 - 1967)은 한국 근현대미술사에서 빼놓을 수 없는 미술평론가이자 사학자, 화가이다. 문학과 역사, 철학을 아우른 그의 지식은 한국 전통미술에 대한 애정과 비평으로 이어졌고 그를 통해 우리 미술사에 대한 인식은 한층 깊어졌다. 『근원수필』과 『조선미술개요』는 그 대표적인 결실로 당시의 미술가들뿐 아니라 일반 대중에게도 미술을 쉽게 이해할 수 있도록 다리 역할을 했다.

그는 일찍부터 성북동과 인연을 맺었다. 1930년대 후반부터 성북동의 노시산방(老柿山房)에서 거주하며 이태준, 정지용, 김환기, 손재형 등과 교류하며 지역 문예 공동체의 한 축을 이뤘다. 그가 사랑한 성북동이라는 공간은 단순한 주거지를 넘어 당대 예술가들의 사유와 실천이 오간 문화의 장이었다.

함석태 선생과의 인연도 이 시기 성북동에서 비롯되었다. 치과의사이자 수장가, 감식안으로 알려졌던 함석태 선생은 조선백자와 고서화 등 전통 예술품 수집에 열정적이었으며, 김용준은 이러한 그의 수장철학에 깊이 공감했다. 두 사람은 서화와 골동에 대한 취향을 공유하며 작품 감상은 물론, 미술의 본질에 대해 논의하는 사이로 발전했다. 때로는 김용준이 감식에 의견을 보태주었고 때로는 함석태 선생이 그의 미술사적 통찰에 자극을 받았다. 이들은 서로의 세계를 넘나들며 미술사와 수장의 경계를 자연스럽게 허물었다.

김용준은 당시로서는 드물게 미술사적 접근을 대중적 언어로 풀어낸 지식인이었으며, 일제강점기에서 해방기까지 한국 전통미술의 역사적 의미를 되살리는 데 헌신했다. 특히 『조선미술개요』는 회화, 공예, 건축 등 여러 영역을 아우르며 한국 미술의 정체성을 민족적 시선에서 성찰한 저술로 평가받는다. 그는 우리 미술의 특징을 단순히 '과거의 흔적'이 아닌 살아 있는 정신으로 보았으며, 그것을 지켜나가야 할 문화적 의무로 여겼다.

이러한 시선은 함석태 선생의 문화재 수장 활동과도 맞닿아 있다. 김용준은 단지 화가나 학자로서가 아니라, 함석태 선생 같은 수장가의 실천을 통해 문화의 생명력이 지속된다고 믿었다. 함석태 선생이 근대화의 격랑 속에서도 고미술을 수호했던 그 중심에 있었다면, 김용준은 그것을 해석하고 의미화한 학문적 동반자였다.

이후 한국전쟁 발발 직후 김용준이 월북하게 되어 두 사람의 인연은 단절되었지만, 성북동에서의 교류는 그 짧은 시간 속에서도 깊은 흔적을 남겼다. 함석태 선생의 수장품 중 일부는 김용준의 자문을 거쳐 구입되었고, 김용준의 글과 평론에는 그가 감상한 실물 작품에 대한 생생한 통찰이 담겨 있다.

두 사람의 관계는 단순한 인연을 넘어, 전통을 해석하고 계승하는 지적 실천과 물질문화의 보존이라는 두 궤도의 만남이었다. 김용준이 글로서 남긴 시선과 함석태 선생이 손으로 모은 물건들은 각기 다른 방식으로 한국미술사의 한 축을 형성했다. 이 둘의 만남은 문화란 결코 홀로 존재하지 않으며, 그것을 지키고 이야기하는 사람들의 공동체적 노력 위에 존재한다는 사실을 다시금 일깨워준다.

13
붓으로 경계를 넘다: 길진섭

길진섭(吉鎭燮, 1907 - 1975)은 3.1운동 민족대표 33인 중 한 명이자 조선 개신교 초기 지도자인 길선주 목사의 아들로 평양에서 태어났다. 믿음과 민족의식을 함께 품은 가정에서 성장한 그는 일찍이 예술에 뜻을 품었고 그 열정은 자연스레 미술이라는 길로 이어졌다.

그는 평양 숭실중학교 재학 중이던 1920년대 초부터 그림을 그리기 시작했다. 당시로선 이른 나이에 「풍경」(1921), 「자화상」(1924) 등 초기작을 서화협회 전람회에 내놓으며 미술계에 존재감을 드러냈다. 이후 서울에서 본격적인 미술수업을 받으며 자신의 화풍을 다듬고, 도쿄 미술학교에 진학해 서양화를 전공하면서 보다 넓은 시야를 갖게 된다.

1932년 일본 유학을 마치고 귀국한 그는 이종우·장발·김용준 등과 함께 '목일회(牧日會)'를 조직하며 당시로서는 드문 서양화 운동을 선도했다. 이 단체는 전람회를 통해 근대미술의 언어를 실험하고 새로운 조형미를 탐색하는 활동을 이어갔다. 문예지 『문장』의 디자인을 맡기도 했던 그는 회화뿐 아니라 시각예술 전반에 걸쳐 감각적인 감수성을 드러냈다.

그의 그림 속 대상은 간결하면서도 직관적인 선이 살아 있었다. 이는 단순한 기교가 아닌, 삶의 감정과 시대의 정서를 화폭에 투영한 그의 방식이었다. 미술평론가 윤희순은 이런 길진섭의 그림을 두고 "현대적 감성의 표현력이 돋보인다"고 평가했다.

해방 이후, 그는 서울대학교 미술대학의 교수에 임용되어 미술 교육자로서 본격적인 길을 걷기 시작한다. 또한 조선미술동맹에서 활약하며 좌파 미술운동의 한 축을 담당했다. 1948년에는 남조선 인민대표자회의에 참여하기 위해 해주에 갔으며 이후 북한에 머물며 화가로서의 삶을 이어갔다.

북한에서 그는 미술대학 교수, 조선미술가동맹 부위원장 등을 맡으며 체제 예술의 방향에 부응하는 창작을 이어갔다. 자연의 리듬과 삶의 서정을 담은 〈종달새가 운다〉, 〈금강산 신계사 가는 길에〉, 〈바닷가 풍경〉 등의 작품은 체제적 제약 속에서도 개인적인 감수성을 놓지 않으려는 흔적이 엿보인다.

그는 붓을 들며 동시에 펜도 놓지 않았다. 『조선미술』 등의 매체에 예술 논문을 발표하며 '농촌의 변화된 삶을 어떻게 미술로 해석할 것인가'와 같은 문제에 대해 고민했다. 정치적 요구에 부응하면서도 예술의 언어로 시대를 성찰하고자 했던 그의 이중적 고민이 여기 담겨 있다.

길진섭의 삶은 남과 북, 체제와 예술, 이념과 감성 사이에서 흔들리며 그려낸 하나의 궤적이었다. 시대는 그를 때로는 예술가로 때로는 체제의 얼굴로 불렀지만, 그의 손끝에서 태어난 풍경들은 여전히 인간적인 정취와 그리움을 담고 있다. 정치를 넘어, 그는 결국 '무엇을 어떻게 그릴 것인가'를 끝내 놓지 않았던 한 시대의 기록자였다.

14
그림자 속의 책방: 배정국

해방 전 성북동 언저리, 아직 길 이름도 정비되지 않았던 그 무렵, 사람들은 '승설암(勝雪庵)'이라 불리는 집을 알고 있었다. 소나무 몇 그루와 오동나무 두 그루가 마당에 우뚝 선 그 집은 그저 조용한 주택이 아니었다. 그곳엔 글을 쓰는 사람, 그림을 그리는 사람, 글씨를 쓰고 도자기를 닦고 오래된 책을 넘기던 사람들이 모였다. 누가 먼저였는지는 알 수 없다. 그러나 그들 가운데 집주인 배정국은 묵묵한 중심처럼 그 자리를 지켰다.

배정국은 원래 상인 출신이었다. 인천에서 이름난 양복점을 운영하며 조선의 상업인으로서는 드물게 문화운동에 깊이 관여했던 인물이다. 청년운동, 문예운동, 체육보급운동 등, 그의 손길은 넓고도 깊었다. 1936년 서울로 무대를 옮긴 그는 종로에 '백양당'이라는 양복점을 다시 열고 해방이 되자 본격적으로 출판사로 변모시킨다. 백양당은 곧 조선문학가 동맹의 기관지와 단행본들을 쏟아냈다. 이여성의 『조선복식고』, 임화의 『찬가』, 설정식의 『종』, 김기림의 『시론』까지 그가 간행한 책들은 문학사와 사상사의 한 줄기를 이룬다.

그리고 배정국의 집 승설암은 당대 예술가들의 안식처로 기억되고 있다. 나지막한 담 너머로는 조선의 마지막 정신이 마른 가지처럼 스미고 있고, 그곳에서 손재형, 김환기, 이태준, 조중현, 그리고 도자기를 사랑한 치과의사 함석태 선생까지 - 그들은 이 집의 툇마루에서 찻잔을 들고 시를 읊었고 붓을 들어 그림을 남겼다.

1945년 4월 5일 청명날, 여섯 사람은 그 집에 모였다. 그날의 주인은 손재형의 붓이었다. 그는 즉석에서 〈승설암도(勝雪庵圖)〉를 그려냈고, 그림 속에는 오동나무가 마치 세한도의 노송처럼 서 있었다. 〈승설암도〉는 단지 한 장의 문인화가 아니었다. 그것은 시대의 그림자 속에서 버텨낸 한 문명의 기념비였고 그 장면을 함께한 이들 모두가 기억의 증인들이었다. 함석태 선생이 이 그림 속에 있다는 사실은 그가 1945년 봄까지 서울에 있었다는 확실한 기록이 된다. 이후 총독부의 소개령에 따라 영변으로 이동했을 것이란 추정 또한 이 그림 한 장에서 출발한다.

배정국은 단지 서적의 출판인으로만 기억되기에는 너무 다정한 수장가였고 너무 정교한 서예가였다. 그는 책의 장정에 능화판을 사용하고 고서화의 제호를 직접 쓸 만큼 손재주가 남달랐다. 심우장 앞 큰길가에 있던 그의 집은 심우장의 주인 한용운, 성북동의 김용준, 그리고 이태준과의 교류를 품은 문화적 교차로였다. 또 조선백자를 사랑했던 수장가로서 그는 토선 함석태 선생과 수없이 많은 교류를 나누었으며, 둘은 조용하지만 깊은 예술적 공감대를 나눈 우정의 사람들로 기억된다.

그러나 이 모든 것은 오래가지 않았다. 백양당의 출판 활동은 1948년을 기점으로 급격히 위축된다. 이태준, 임화, 이여성 등 조선문학가 동맹의 문인들이 월북하고, 정부 수립 이후 공안기관은 백양당을 좌익의 출판기관으로 지목한다. 1949년 배정국은 국민보도연맹에 가입하고, 이후 6.25 전쟁이 발발하자 북으로 끌려가게 되었다. 생사를 알 수 없게 된 그날 이후, 그의 서가에 꽂혀 있던 책들은 흩어졌고 수집한 백자와 그림들은 유품도 되지 못한 채 사라졌다.

이따금 국화정이라는 음식점으로 바뀐 승설암 앞을 지나는 이들이 있다. 그들이 그 집의 전 주인이 누구였는지, 그 집의 마당에 어떤 사람들이 모였는지 안다면, 그날 남겨진 그림 한 장의 무게를 새삼 느낄지도 모른다.

배정국은 조용한 교차로의 사람이었다. 그는 이름을 드러내는 대신, 많은 이름들이 드나들 수 있도록 한 자리를 내주었다. 그의 이름이 기억되지 않아도 좋다. 그러나 그가 만들었던 그 자리, 그 시간, 그리고 함께했던 사람들의 숨결은, 지금도 기억의 가장 안온한 여백으로 남아 있다.

15
먹과 손끝으로 지킨 품격: 손재형

조선의 선비정신이 먹빛 속에 깃들어 있던 시절, 붓 하나로 시대의 품격을 지켜낸 이가 있었다. 그는 바로 소전 손재형(素荃 孫在馨, 1902 - 1981)이었다. 단지 서예가로서의 업적에 그치지 않고 서화, 전각, 고문자 연구, 미술행정과 교육, 문화재 수호에 이르기까지, 그가 남긴 발자취는 격랑의 근현대사 속에서도 꿋꿋이 빛을 발한다. .

손재형은 젊은 시절부터 예서와 전서를 석정 안종원에게, 초서와 황산곡체를 성당 김돈희에게, 전각과 감정을 위창 오세창에게 사사했다. 이후 북경으로 유학을 떠나 나진옥에게 갑골문을 배우며 문자학의 기반을 닦는다. 그의 서예는 단순한 기술이 아니라 사유와 학문, 전통과 창신의 결과였다. 그는 '서도'라는 용어 대신 '서예'를 보급하며 필획의 기능을 예술로 끌어올리는 데 앞장섰다.

그의 삶에서 빼놓을 수 없는 일화는 국보 제180호 〈세한도〉를 되찾은 것이다. 1945년, 전쟁의 위협이 감도는 도쿄에서 그는 병상에 누워 있던 일본인 학자 후지쓰카를 날마다 찾아 문안했다. 목적은 하나, 조선의 정신이 담긴 추사 김정희의 유묵을 돌려받는 일이었다. 그의 정성에 감복한 후지쓰카는 소전에게 작품을 무상으로 넘기라는 유언을 남겼고, 그렇게 〈세한도〉는 고국의 품으로 돌아왔다. 이 한 폭의 그림은 그의 삶과 예술이 지향한 정신의 압축이었다.

손재형과 함석태 선생과의 인연은 상서회에서 시작되었다. 두 사람은 함께 연지동, 삼청동, 성북동 일대를 누비며 고서화와 수묵화의 진미를 나누었는데, 골동상들 사이에서 소전이 나타나면 보물이 나오고 함석태 선생이 지나가면 은밀한 서화가 펼쳐졌다는 일화는 그들의 안목을 말해준다.

그들의 교유는 단지 미술품을 나누는 데서 끝나지 않았다. 서울 성북동 승설암에서 열린 모임에서 소전은 오동나무와 벽파진을 즉흥적으로 그려내고, 함석태 선생은 이를 감상하며 당시 사회의 예술적 의미를 논했다. 함석태 선생은 예술가가 정치에 물드는 것을 경계했고, 소전이 국회의원에 출마하려 하자 "서예가의 손끝은 그 맑음이 생명이다"라며 말렸다고 전해진다.

하지만 소전은 문화행정에도 발을 들였다. 1945년 조선서화연구회를 조직하고 초대 회장을 맡았으며 서울대와 홍익대에 출강하며 후진을 길렀다. 예술원 회원과 문화위원을 역임하고, 진도중학교를 설립하며 지역 교육에도 헌신했다. 정치에 나선 이후에는 수집했던 문화재 일부를 정치자금으로 내놓아야 했지만, 그의 문화유산에 대한 애정과 소명의식만큼은 변하지 않았다.

소전 손재형은 단지 글씨를 잘 쓰는 사람, 고문자에 능한 연구자, 조직력 있는 문화계 인사에 머물지 않았다. 그는 글씨로 시대를 새겼고 문화재로 민족의 혼을 지켰으며, 예술가로서의 본분과 사명을 한 치도 벗어나지 않았다.

한 사람은 붓으로 조선을 그렸고, 다른 한 사람은 손끝으로 조선의 생활과 예술을 품었다. 그들의 인연은 단지 우정이 아니라, 한 시대를 지탱한 정신의 공명이다.

16

점(點)으로 피워낸 그리움의 풍경: 김환기

수화 김환기(樹話 金煥基, 1913 - 1974)는 자연의 언어를 해석할 줄 아는 예술가였다. 그는 남도의 작은 섬의 정취를 마음에 담아 평생을 보냈다. 그의 예술 여정은 오래된 기억을 색채와 선, 그리고 점(點)이라는 시각 언어로 풀어내는 평생의 작업이었다.

도쿄 니혼대학에서 미술을 공부한 그는 1936년 일본에서 첫 개인전을 열었고, 해방 이후 서울대학교 미술대학 교수로, 그리고 신사실파의 일원으로 한국 근대미술의 흐름을 이끌었다. 이후 파리, 뉴욕을 거치며 세계 무대에서 한국 현대미술을 새기게 된다. 김환기는 단순히 서양미술의 이식자가 아니라, 그것을 한국적으로 소화하고 다시 새롭게 변용한 창조적 존재였다.

그의 그림은 설명하지 않는 대신 침묵하고 응시했다. 한 점 한 점 찍어낸 푸른 점들은 그의 고향 바다였고, 그의 젊은 날이었고, 그리움이었으며, 부재(不在)였다. 그는 "나는 하늘과 바다와 달을 그리고 싶었다"고 말했다. 그러나 그것은 단지 자연의 풍경이 아니라, 인간의 내면, 그 안의 비어 있는 공간에 대해 말하고자 한 것이었다.

김환기에게 '추상'은 외국 화단에서 들여온 기교가 아니라, 언어 너머의 감정과 기억을 표현하는 하나의 도구였다. 파리에서는 여전히 한국적인 색감을 놓지 않았고 뉴욕에서는 완전한 점의 우주로 들어갔다. 그의 그림은 차가운 도시의 빌딩 사이에서 펼쳐지는 별무리 같았고, 먼 고향의 파도 소리를 떠올리게 했다. 그의 대표작 중 하나인 〈어디서 무엇이 되어 다시 만나리〉는 죽은 연인을 향한 간절한 시와 같고 떠나간 시대에 보내는 마지막 인사 같았다.

그는 삶의 이면, 감각의 층위, 시간의 흔적을 한 점의 색으로 녹여냈다. 파란 점이 열리고, 붉은 점이 반응하고, 검은 점이 그것을 감싼다. 그 속에 언어는 없고 감정만 있다. 그의 화폭 앞에 서면 누구나 조금쯤 침묵하게 된다.

서울 종로의 미술인들과의 교류는 그의 예술을 더욱 풍요롭게 만들었다. 배정국의 승설암에 자주 드나들며 소전 손재형, 토선 함석태, 상허 이태준 등과 함께 시와 그림과 예술을 이야기했다. 그 공간에서 그는 해방 이후 새로운 민족 예술의 가능성을 꿈꾸었다. 승설암도(勝雪庵圖) 속, 벽돌담 뒤의 오동나무처럼 김환기도 그 자리에 있었다.

그는 시를 쓰지 않았을 뿐 시인과 다름 없었다. 그의 그림은 늘 시적 정서를 품고 있었다. 그는 "어디서 무엇이 되어 다시 만나리"라는 문장을 그림으로 썼고, 그것은 언젠가 우리가 마주해야 할 풍경처럼 남아 있다.

1974년, 김환기는 뉴욕에서 조용히 눈을 감았다. 하지만 그가 남긴 점들은 아직도 살아 있다. 화폭 위의 작은 점 하나, 그 안에는 그리움이 있고 고요한 바람이 있다. 한국 미술사의 어느 한 시절, 그 점들은 여전히 우리에게 묻는다. 당신은 어디에서 무엇이 되어 살아가고 있느냐고.

17

시대의 여백을 그린 화가: 조중현

심원 조중현(心園 趙重顯, 1917 - 1982). 이름만으로는 조용한 정원의 사람 같지만 그의 그림에는 짐승이 울고 물고기가 헤엄치며 꽃이 피고 졌다. 충청남도에서 태어난 그는 일제강점기라는 어두운 시대 아래서도 끝내 먹과 채색으로 생명의 숨결을 포착하려 했던 동양화가였다.

그는 근대 동양화단의 주요 인물인 김은호(金殷鎬) 아래에서 예술 수업을 받았는데, 김은호는 정교하고 화려한 인물화로 알려진 유명한 화가이며 많은 후학들을 양성한 인물이었다. 조중현은 1938년 일본 미술교육기관을 마친 직후 '선전(鮮展)'에서 특별상을 수상하며 미술계에 두각을 나타내게 된다.

그는 후소회(後素會)를 통해 일본 미술계와의 교류를 유지했으며, 해방 이후에는 국전과 백양회 활동, 그리고 이화여자대학교 교수로서 자신만의 예술 세계를 구축해 나갔다. 특히 새와 동물, 꽃과 물고기를 세밀한 필선과 수묵으로 표현하는 데 뛰어난 재능을 보였다.

그의 작품은 표면적으로 감정의 폭발을 드러내지는 않지만, 내면에서는 끊임없는 탐구와 정진이 이어졌다. 붓의 움직임에는 생명체와 같은 미묘한 떨림이 담겨 있었는데, 물고기 비늘을 따라 섬세하게 이어지는 채색의 선, 매화 꽃잎을 표현하는 먹의 농담 변화는 그만의 독특한 서정성을 담아냈다.

그는 성북동의 '승설암'에도 자주 들렀다. 그 집엔 배정국이 있었고, 손재형, 김환기, 이태준, 함석태 선생이 있었다. 차가운 담장 안팎을 오가던 그 시절의 기억은 그의 화폭에서 꽃이 되고 짐승이 되었는지 모른다. 어떤 날은 한겨울에 피어난 매화를 그렸고 어떤 날은 물가의 백로를 그렸을 것이다. 어쩌면 그것은 자신이 그 자리에 있다는 것을 증명하는 조용한 저항이었고, 사라지지 않으려는 기억의 형상화였는지도 모른다.

조중현은 함석태 선생과도 교류가 깊었다. 토선이 소장한 도자기와 고서화는 그에게 그림 속 세계의 원형이었고, 조중현의 그림은 토선의 수장품에 생기를 불어넣는 해설이 되었다. 그들은 함께 한 시대의 컬렉터이자 예술가들이었고 그 시절을 정갈하게 지켜낸 장인들이었다.

조중현은 후일 이화여자대학교에서 학생들을 가르치며 조용히, 그러나 단단히 자신의 흔적을 남겼다. 국전 심사위원을 역임하면서는 후학들에게 동양화의 본질이 무엇인가를 고민하게 했다. 그는 많은 말을 하지 않았다. 대신 새 한 마리를 그리고 물고기 한 마리를 그려서 말 대신 남겼다.

그의 작품은 소외된 존재를 향한 특별한 시선이 담겨 있는 것이 특징이다. 그가 표현한 동물의 깊은 눈동자 속에는 말로 표현할 수 없는 울음이 깃들어 있다. 그가 붓으로 피워낸 꽃은 시들지 않았지만 그 안에는 이미 변화의 바람을 품고 있었다. 조중현은 이처럼 표면 너머의 진실을 바라보고, 침묵 속의 메시지를 듣고, 캔버스를 통해 이야기했던 예술가였다.

그의 육체는 1982년 이 세상을 떠났지만, 그는 자신이 창조한 세계 속에서 영원히 숨 쉬고 있다. 그의 예술 세계 속 새들은 여전히 하늘을 날고, 물고기들은 지금도 물결 속을 헤엄치고 있다. 이렇게 조중현은 고요하게 번지는 먹빛의 그림자 속에서 계속해서 이야기를 들려주고 있다.

18
손끝으로 지킨 기억: 김성수

인촌 김성수(仁村 金性洙, 1891 - 1955)는 전북 고창에서 태어나 와세다대학에서 정경학을 수학한 뒤, 언론과 교육, 산업 전반에 걸쳐 조선의 근대화를 실천한 대표적 지식인이었다. 그는 1920년 《동아일보》를 창간하고, 1932년에는 보성전문학교를 인수해 교장으로 취임하는 등, 식민지 조선에서 스스로의 손으로 민족 교육의 기반을 세우고자 했다. 물산장려운동과 민립대학 설립운동 등에도 앞장서며, 민중의 생활과 정신을 바꾸는 일이 곧 독립의 기반임을 강조했다. 또한 해방 이후 이승만 정부 하에서 부통령에 오르기도 했으나, 그의 친일 행적을 둘러싼 비판은 여전히 역사적 논란의 지점으로 남아 있다.

김성수의 업적의 한 지점인 보성전문학교 설립 당시 발기인 명단 한쪽에서 치과의사이자 골동 수장가로 알려진 함석태 선생의 행적을 찾을 수 있다. 408명의 발기인 중 한 명으로 참여한 그는 대외적으로는 알려지지 않았지만 의료와 예술, 교육이라는 삶의 각기 다른 층위를 통해 시대적 책임을 감내한 인물이었다. 그가 보성전문학교 설립에 이름을 올리고, 문화계 인사들과 교류하며 활동했던 사실은 당시 사회의 지적·예술적 연대가 특정 이념이나 직책에 의해 제한되지 않았음을 보여준다.

김성수가 창간한 《동아일보》에는 함석태 선생의 이름이 수차례 등장한다.

시화전이나 고미술 전시회와 관련한 기사에서 그의 이름은 조용히 등장했으며, 당대 예술인 및 수장가들과의 교류 역시 지면을 통해 간접적으로 기록되었다. 이처럼 한 사람은 시대를 움직이는 공론장의 중심에, 다른 한 사람은 생활의 자리에서 조용히 존재하며, 각자의 방식으로 조선의 정신을 지탱하고자 했다.

특히 《동아일보》는 단순한 신문이 아니라, 조선인의 교육과 문화적 감수성을 일깨우는 중요한 통로였다. 김성수는 그 언론을 통해 민족적 담론을 확산시켰고, 함석태 선생은 그 매체를 통해 자신의 수집과 전시 활동을 사회와 연결시켰다. 서로의 역할은 달랐지만 언론과 문화라는 지점을 매개로 하여 동시대를 살아간 두 사람의 궤적은 나란히 교차했다.

그들의 교류가 지속적이었는지는 명확히 남아 있지 않지만 남겨진 기록은 분명히 말해 준다. 조선이 기억되기 위해 필요했던 것은 거창한 구호가 아니라, 남기는 손, 살피는 눈, 기록하는 마음이었다. 김성수와 함석태 선생은 바로 그런 마음의 사람들로 시대를 각자의 자리에서 책임졌다. 이들의 만남은 단편적일지 모르나, 그 교차는 분명 한 시대를 지탱한 민족문화의 축을 이뤘다.

19
조선의 골통까지 아팠던 날들: 김약수

혁명의 세대였고, 독립의 시대였으며, 그만큼 많은 사람이 붙들려가던 시간이 있었다. 그 중 한 사람이 김약수(金若水, 1890 - 1964)였다. 경상도 기장에서 태어난 그는 1920년대 초중반 조선공산당 창립을 주도한 인물 중 하나였다. 1925년 창당 대회에서 사회를 맡았고 인사부 책임을 맡았던 그는 이념의 격렬한 흐름 속에서 조직 내 갈등에 휘말렸고, 당에서 축출당하자마자 일제 경찰에 체포되어 수년간 옥고를 치렀다.

그가 겪은 투옥은 단지 정치적 구속만이 아니었다. 1927년 그는 서대문형무소에 수감 중 치통으로 고통받았다. 이후 단순한 병증을 넘어 식사도 불가능하고 말조차 할 수 없는 지경에 이르렀고 고름이 흐르는 잇몸과 부은 뺨은 그의 정신마저 휘청이게 했다. 당시 형무소 안에는 치과 전문의가 없어 당국은 특별히 외부 의사의 치료를 허가했다. 그리고 그 특별한 순간에 조용히 병상의 옆에 선 이가 바로 삼각정에서 치과를 운영하던 함석태 선생이었다.

1927년 6월 24일자 《매일신보》는 이를 이렇게 기록한다. "조선공산당 사원의 거두 김약수는 3년 전부터 치통으로 고생하다가, 삼각정 함석태가 형무소에 직접 가서 치료하기로 해 출장 치료로 치통은 완치되었고 입치까지 하고 건강한 모습을 되찾았다."

형무소에 의사가 직접 들어가 치료를 하는 일은 드물었다. 그것이 정치범

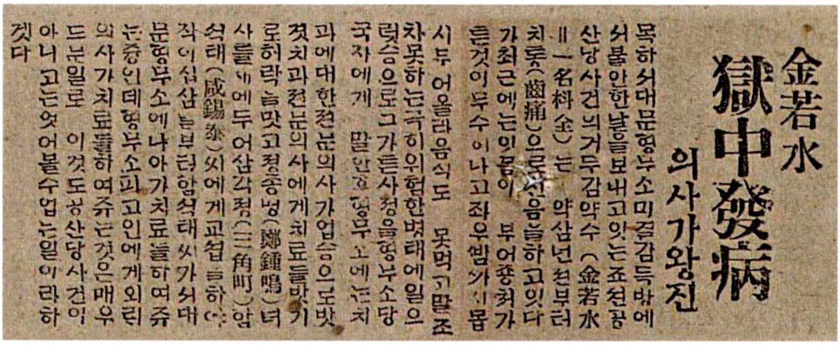

金若水 獄中發病 의사가왕진

목하서대문형무소미결감득방에서불안한날을보내고잇는조선공산당사건의거두김약수(金若水=一名科全)는 약삼년전부터치통(齒痛)으로신음을하고잇다가최근에는잇몸이 부어종처가큰것이무수이나고좌우뺨까지몹시두어올라음식도 못먹고말조차못하는극히위험한병태에잇스럼으로그가튼사정을형무소당국자에게 말한바형무소에는치과에대한전문의사가업슴으로밧겟치과전문의사에게치료를밧기로허락을맛고정종명(鄭鍾鳴)녀사를내세우어삼각정(三角町)함석태(咸錫泰)씨에게교섭을하야작이십삼일부터함석태씨가서대문형무소에나아가치료를하여주는중인데형무소피고인에게외래의사가치료를하여주는것은매우드문일로 이것도공산당사건이아니고는엇어볼수업는일이라하겟다

치통으로 고생한 김약수가 함석태에게 출장 치료를 받고 완치되었음을 알 수 있는 기사
《매일신보》, 1927. 6. 24.

일 경우는 더욱 그랬다. 그러나 함석태 선생은 그 경계의 벽을 넘어섰다. 그는 이념을 떠나, 인간의 고동 앞에 먼저 손을 내밀 수 있는 사람이었다. 이 치료는 단지 기술의 문제가 아니었다. 잇몸 속에 난 고름을 짜고, 금이 간 치아를 갈고, 입치까지 만들어 씌우는 이 복잡한 과정은 단순한 의료 행위가 아니라 시대의 고통에 대한 조용한 의무였다. 정치의 언어가 사람을 갈라놓을 때, 의술의 손끝은 사람을 다시 '살게' 만들었다. 이념의 말들을 외친 사람들 사이에서 말없이 고름을 짜주던 그 손, 여러 사람을 '살게 했던' 실천을 행한 함석태 선생이 진정 조선을 지킨 이가 아니었을까.

그로부터 수십 년 뒤, 김약수는 해방 후 혼란한 정국에서 한때 한민당에 참여하였으나 노선을 달리하며 김규식과 함께 좌우합작운동에 투신하였다. 제헌국회에 조선공화당 후보로 당선되고 국회부의장을 지내기도 했다. 그러나 6.25 전쟁 발발 이후 그는 북으로 향했고 결국 김일성과의 권력 갈등 속에 '반당·반혁명분자'로 숙청되어 북녘의 산골로 추방된 뒤 쓸쓸히 생을 마감했다. 그의 삶은 이념의 동선 속에서 극적으로 뒤틀렸고 역사의 논쟁 안에서 평가가 갈린다.

20

붓과 산길의 동행: 노수현

심산 노수현(心汕 盧壽鉉; 1864 - 1953)은 조선 말기의 전통화단에서 현대 한국화의 서막에 이르기까지 그 긴 흐름을 잇는 다리 역할을 한 동양화가였다. 황해도 곡산에서 태어난 그는 민족대표 48인 중 한 사람으로 꼽히는 노헌용의 손자로, 어린 시절부터 예술적 기질과 민족적 의식을 품고 자라났다. 서울로 올라와 안중식과 조석진 문하에서 수학하며 산수화의 본격적인 수련을 시작했고, 이후 이상범, 변관식, 이용우 등과 함께 '동연사(同硏社)'를 결성하여 조선 화단의 근대화를 모색했다.

심산의 초기 작품들은 관념산수의 전통을 따랐지만, 점차 눈앞의 실제 경관을 바탕으로 한 실경산수로 옮겨가며, 그만의 독창적인 시선을 화폭에 담았다. 그는 단순히 풍경을 모사하는 데 그치지 않고 마음으로 느낀 산천의 기운과 정신을 그려내려 했다. 바위의 힘줄, 산의 흐름, 수목의 생동감은 그에게 있어 시대의 격조와 내면의 사유를 동시에 표현하는 도구였다. 이 같은 예술관은 해방 이후에도 지속되었고, 서울대학교 미술대학 교수로 재직하며 국전 심사위원과 고문을 맡아 후진 양성에 큰 역할을 했다.

1938년 여름의 끝자락, 8월 9일부터 31일까지 노수현은 서항석, 함석태 선생 그리고 함석태 선생의 딸 문희와 함께 '황해금강'이라 불리는 장수산을 찾아 자연 탐방 여행을 했다. 한 명의 화가와 치과의사, 그리고 예술인으로 이루어진 세 명의 여행자의 여행은 단순한 산행이라기 보다는 장수산의 숨겨진 경치를 탐구하거나 감상하는 목적이 있었다. 세 명의 여행자에게 산은 단순한 여행지가 아닌, 마음의 깊은 곳을 들여다보는 창문과도 같았다. 벗들과 함께 바라본 장수산의 절경은 깊은 감동이 되어 캔버스 위에 생명력을 불어넣었다. 화가의 붓 아래에서 장수산의 바위와 능선은 새 생명을 얻었고, 그것은 더 이상 지리적 형상이 아닌 심산의 내면을 투영한 심상이 되었다.

이 산행은 지나가는 추억으로 끝나지 않았다. 노수현과 서항석은《동아일보》기자였고 함석태 선생은 치과의사였다. 이들의 특별한 여정을 서항석(徐恒錫)은 글로, 심산은 붓으로 각자의 시선을 담아《동아일보》에「비경탐승(祕境探勝) - 장수산행」이란 이름으로 세상에 내놓았다. 치과의사 함석태 선생과 그의 어린 딸 문희가 나누는 웃음소리, 산길에서 마주한 뜻밖의 풍경들의 모든 순간이 예술로 승화되어 담겼다.

노수현의 화풍은 1940년대로 접어들며 현실에서 벗어나 이상화된 산수를 지향하는 방향으로 변화하게 된다. 그의 작품은 조형적인 효과에 치중하여 밝고 강한 색점이 풍부하게 나타나는 기법상의 변화를 보이는데, 작품 곳곳에 찍힌 독특한 황갈색 점들은 그만의 예술적 서명과도 같았다. 생애 후반기에 그만의 색채는 더욱 선명해지고 구속에서 벗어난 자유로운 표현력이 돋보이게 된다.

심산이 세운 심산화숙(畫塾)은 재능 있는 제자들의 요람이 되어 한국 미술의 새로운 지평을 열었다. 그의 실험적인 정신은 대학 강단을 통해 계승되었고 오늘날까지 한국 미술의 중요한 뿌리로 자리 잡고 있다.

1953년 제주에서 갑작스러운 심장마비로 생을 마친 그는 처음부터 끝까지 붓을 들고 산수와 사람, 그리고 시대의 정신을 한 폭 한 폭에 담아낸 예인이었다. 장수산을 오르던 그날의 동행자처럼, 그의 삶의 화폭에는 언제나 함

「비경탐승-장수산행」
《동아일보》,
1938. 8. 20.

께 걷는 이들의 이름이 새겨져 있었다. 함석태 선생 또한 그러한 인연 중 한 사람이었다. 산과 벗과 붓이 함께한 길 위에서, 심산은 예술가로서뿐 아니라 사람으로서도 길을 남겼다. 그리고 그 길은 아직도 장수산 어딘가를 조용히 흐르고 있다.

—

비경탐승, 장수산행_절정의 원근경개(絶頂의 遠近景槪)(7)*

文 徐恒錫(서항석), 畵 盧壽鉉(노수현)

고봉(高峯) 높은 봉우리에 오를수록 조망이 벌리 터짐은 어디서나 다 그런 것이지만 여기 이 산은 전역(全域)이 평지에 솟아 근처에서 혼자 높으므로 절정에 서면 안개(眼界)가 더욱 끝이 없어 시력의 모자람은 한(恨)하겠다.

李老人(길잡이 동행노인)은 신이나서 사방의 원구경개를 설명하기에 바쁘다. 東으로 멀리 하얗게 뵈는 것은 망인(望人)재 가까이는 주철봉(走綴峯)이오, 더 가까이는 와우(臥牛)재, 남으로는 안녕수조(安寧水組)의 저수지가 바다와 같고, 그 저편에는 수양산(首陽山)이 어슴프레하다.

서로 재신수조(載信水組)의 저수지를 사이에 두고 밖에 보일락말락 하는 것이 구월산(九月山).

유명한 재녕(載寧)나무리 논벌이 북으로 끝없이 터지고 저편은 정방산(正方

* 치과의사 함석태 선생은 평안북도 영변 사람으로 장수산과 멀지 않은 곳이 고향이었다. 당시 《동아일보》와 《조선일보》에 국토순례기를 기획해 글을 연재했다. 그 중 7번째 연재된 글에 보적봉 정상에서 서항석, 노수현과 찍은 함석태 선생과 딸 문희양이 있는 사진과 기사를 소개한다.

山)이다.

李老人은 황해도 일원의 명승을 일일이 가르치다가 다시 저기가 연평(延平) 바다, 저기가 진남포(鎭南浦), 겸이포(兼二浦)라고 줏어세지만 내 눈에는 보이는 것이 운무뿐이다.

멀리를 보기에 현기(眩氣)난 눈을 잠깐 발아래로 굴리니 묘음사(妙音寺)가 부르면 대답할 듯이 바로 코앞에 있다. 그러나 터전은 손바닥만 하고 집들은 사마귀같이 붙었다. 그 어이 저리(저렇게) 적을꼬. 높이 오르니 큰 것이 없구나.

山外 여기저기 도시와 촌락도 모두 개미집처럼밖에 보이지 않는다. 저 안에서 나고 자라고 병들고 죽는 동안 친(親)하고 사랑하고 미워하고 싸우고 하는 것이 인생이니 생각하면 모두 우스운 일이 아니냐.

봉두(峯頭)의 시원한 바람에 땀을 물리며 잠시 생각에 잠겼다가 기념사진을 백이고(찍고) 다시 李老人의 설명을 들었다. 보적봉(寶積峯)은 속명(俗名)을 한의峯이라 하는데 옛적에 李한이라는 장군이 있어 이 峯 아래서 치마(馳馬, 말을 기름)하였기 때문에 그의 이름을 따서 이 峯을 부르게 된 것이며 그 馳馬(치마) 하던 곳은 저 아래에 지금도 있다 한다.

우리는 일어나 그 馳馬臺(치마대)로 내려왔다. 꽤 넓고 편평한 곳이지만 이곳이 과연 馳馬한 곳인지는 의심스럽다.

다음으로 가는 곳은 도화洞이요. 이 도화洞에 대하여서는 세 가지 說이 있다. 재령군세일람(載寧郡勢一覽)에는 무슨 뜻인지 道化洞이라고 썼는데 一說에는 임란(壬亂)에 이리로 피난하여 화(禍)를 면한 사람이 많다 하여 盜禍洞(도화동)이라 쓴다 하고 李老人은 예전에 桃花(도화)라는 名妓(명기)가 이 洞中에 은거하여 여생을 보냈다하여 桃花洞(도화동)이라고 쓴다고 한다.

洞中에 뛰어난 경치가 많으나 길이 험하여 가본 사람이 드물다는 것이다. 이것이 더욱 우리의 탐험욕을 자아낸다. 도중에 난봉대를 보아야 할 것이나

곁길에 자주 들고는 日力(하루해)이 다하기 전에 묘음사(妙音寺)로 돌아갈 것 같지가 않아서 좌로 멀라 바라다만 보고 지났다. 길이라야 역시 키를 넘는 싸리와 억새와 쑥이어서 평지를 가는 것에 비하면 수배의 힘과 시간이 드는데 차차 女同行들이 짐이 되기 시작하므로 은근히 걱정이 된다. 그中에서도 信川孃이 우울하고 다만 여전히 씩씩한 것은 文姬孃뿐이다.

극락목문(極樂木門)이라는 바위에서 잠시 쉬고 백운 연못에 다다르자 앞서 가던 李老人이 겁난 소리로 외친다. 호랑이를 본 것이다. 山君도 의외라 놀랐는지 숲속으로 숨어 버리기는 하였지만 이런 일이 있고 보니 무시무시한 생각에 마음이 무거워진다.

이럭저럭 목적한 도화동 입구에 닿기는 하였으나 벌써 오후 5시가 지났으므로 길을 재촉하기로 하야 섭섭한 채로 도화동은 보지 못하고 山城으로 향하였다.

사진은 최고 정상 보적봉(寶積峯) 정복 기념으로 찍은 사진이다.

함석태, 함석태 딸 문희, 노수현, 서항석 그리고 길잡이 李老人

21
수장과 수집, 그 너머의 동지애: 오봉빈

한국 근대미술의 수장과 전파에 결정적인 기여를 한 인물 오봉빈(吳鳳彬, 1893년생, 사망 연도 미상). 천도교 지도자였던 오현단의 셋째 아들로 태어난 그는 어린 시절부터 교육과 민족운동의 정신을 가까이에서 체득하며 자랐다. 봉오학교에서 교편을 잡은 그는 천도교 강습소와 보성학교를 졸업한 후, 3.1운동 직후 상해로 건너가 도산 안창호를 만났다. 귀국 후에는 일본 경찰에 체포되어 생애 첫 옥고를 치렀고, 이후 동경 동양대학 철학과에 진학해 사상적 기반을 더욱 넓혔다.

1929년 광화문 거리에 '조선미술관'이라 이름 붙은 특별한 공간이 문을 열었다. 이곳은 당대 문화 저명인사의 제안으로 시작되었는데, 예술계에 신선한 활력을 불어넣으며 한국 미술사의 중요한 장으로 기록된다.

근대화의 물결이 가득차던 그 시절, 조선미술관은 잊혀가는 우리 예술의 숨결을 되살리는 산소탱크 역할을 하며 쇠퇴해가는 민족 미의식을 되살리는 데 큰 역할을 했다. '십대가산수풍경화전'과 같은 기획전으로 대중의 눈길을 사로잡았고, '고금서화전람회'는 과거와 현재를 잇는 다리가 되는 전시가 되었다.

이 공간을 이끈 사람이 오봉빈이었다. 그의 수집은 단순한 취미활동을 넘어 민족 정체성 보존을 위한 치열한 실천이었다. 그는 작품 하나하나를 발굴

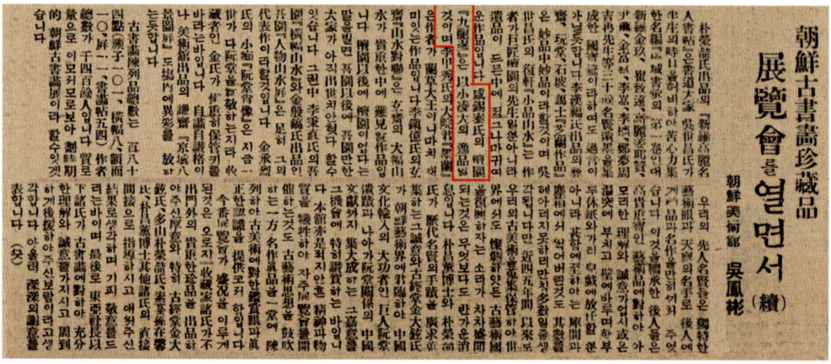
朝鮮古書畵珍藏品
展覽會를 열면서 (續)
朝鮮美術館 吳鳳彬

제2회 '조선고서화진장품전'에서 전람회를 주도한 조선미술관장 오봉빈이 함석태 소장품인 단원 김홍도의 〈구룡폭〉이 그림의 크기가 작지만 깊이가 큰 아주 뛰어난 작품이라고 평하였다.(《동아일보》 1932. 10. 4.)

하여 조각난 역사의 퍼즐을 맞추는 고고학자와 같았으며, 문화 유산의 수호자이며 예술 정신의 전도사의 역할을 했다.

아쉽게도 이 문화적 저항은 1941년 막을 내렸다. 외부 세력의 압박으로 미술관이 문을 닫게 되었을 때, 그가 느낀 상실감은 단순한 사업 실패의 아픔이 아니었다. 그것은 우리 예술 전체에 드리워진 검은 장막을 지켜봐야 하는 민족적 비통함이었다. 그러나 미술관은 역사 속으로 사라졌지만 그가 심은 문화적 씨앗은 후대에 꽃을 피웠다.

이러한 오봉빈에게 있어서 함석태 선생은 단순한 고향 친구 이상의 존재였다. 두 사람 모두 평안북도 영변 출신으로 예술과 민족에 대한 깊은 애정을 공유하고 있었다. 1940년 5월 1일자 《동아일보》에서 오봉빈은 함석태 선생을 '소물진품대왕(小物珍品大王)'이라고 부르며 그 수장에 담긴 섬세한 안목과 성실함을 극찬했다. "그가 수집한 골동품은 기이하고 정묘하며 모두 실물이다. 작은 것 하나하나에 진가를 읽어내는 안목은 조선에서도 그를 따를 이가 드물다"는 그의 평가는 단순한 미담을 넘어, 동시대 수집 행위에 담긴 의미

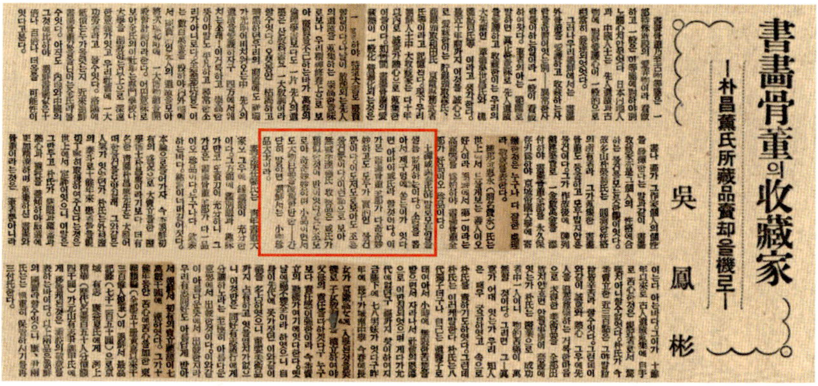
書畫骨董의 收藏家
—朴昌薰氏所藏品賣却을機로—
吳鳳彬

오봉빈이 함석태를 '소물진품대왕이라.'고 언급한 기사
《동아일보》 1940. 5. 1.

를 되새기게 한다.

특히 오봉빈은 "함석태는 마치 소털을 흘리지 않고 제 구멍에 다 담을 수 있는 사람 같다"고 표현했는데, 이는 곧 그의 꼼꼼하고도 정밀한 성정을 예술적 안목과 연결한 것이었다. '소물진품대왕'이라는 별명에는 물리적으로 작은 물건 속에서도 진가를 포착하는 그의 심미안뿐 아니라, 사소한 것에서도 시대와 정신을 읽어내려는 통찰이 담겨 있었다. 이는 결국 오봉빈 자신의 미술관 운영 철학, 곧 예술을 통한 민족의 자존 수호와도 깊이 맞닿아 있었다.

오봉빈을 통해 바라본 함석태 선생은 단순한 골동 수집가가 아니었다. 수장과 감정, 보존과 기록, 연구에 이르기까지 시대의 미를 지켜내려는 그의 작업은 조용한 문화운동이었다. 그가 '토선(土禪)'이라는 호를 지은 것도 흙의 질감, 도자의 결을 통해 조선인의 미감과 정신을 읽으려는 시도에서 비롯된 것일지 모른다.

수양동우회 사건으로 오봉빈이 투옥되었을 때에도 두 사람의 교류는 끊기지 않았다. 시대를 살아낸 동지이자 예술의 벗으로서, 그들은 각자의 방식으로 민족 예술의 숨을 이어갔다. 수집과 보존, 발굴과 전시라는 서로 다른 경로였지만, 그 끝은 '민족 예술을 어떻게 지켜낼 것인가'라는 동일한 물음이었다.

해방 후 오봉빈은 정치평론, 시국론 등을 집필하며 문필 활동을 이어갔고, 정부 수립 이후에는 남선전기(현 한국전력공사) 사장을 지내기도 했다. 하지만 6.25 전쟁이 터지며 납북된 이후, 그의 생애는 뚜렷한 기록 없이 사라졌다. 조선 예술과 민족 정신의 회복을 위해 애쓴 인물임에도 그의 말년은 한국 현대사 속에서 조용히 잊혀졌다. 그럼에도 그의 글과 활동은 많은 것을 남겼다. 예컨대 함석태 선생에 대한 그의 평가는 단지 한 개인에 대한 칭송을 넘어, 수집이 어떻게 문화적 저항이 될 수 있는지를 보여준다. 조선의 예술을 사랑한 두 사람은 각자의 방식으로, 때로는 침묵으로, 때로는 붓과 손끝으로 시대를 건너는 미감을 지켜내고 있었다. 그들이 걸어간 길은 우리에게 한 가지를 되묻게 한다. '예술을 지킨다는 것은, 어떤 삶의 방식인가'라는 질문이다.

VII

함석태 소장품 관련 작가

1

하늘이 내린 신필: 연담 김명국

연담 김명국(蓮潭 金明國, 1600 - ?)은 조선 중기의 가장 독창적인 화가로 꼽힌다. 도화서 화원이자 인조 연간을 대표하는 인물로서, 그는 자신의 내면에 깃든 예술적 감흥을 술의 취기 속에서 길어 올리는 방식으로 그림을 그렸다. 연담에게 술은 단지 기호가 아니라 무아(無我)의 경지로 이끄는 수단이었다. 취해야만 붓을 들 수 있었고 그러한 무심한 필획 속에서 오히려 신운(神韻)이 드러났다고 평가된다.

그의 예술은 기존 틀에서 벗어난 자유로운 표현을 특징으로 한다. 특히 인물화와 수석화에서 특별한 재능을 보였는데, 수묵과 담채를 자유자재로 다루며 생동감 넘치는 이미지를 창조해냈다. 그가 그린 달마도와 신선 그림은 독창적 시각과 강렬한 필력을 드러내며 단순한 형상 이상의 깊은 사유를 담아낸다.

그는 왕실 기관에서 교수와 사과의 지위까지 올라, 조선 궁중의 다양한 의례 기록물 제작에 핵심적 역할을 하게 된다. 왕세자의 혼례식, 왕과 왕비의 봉안, 궁궐 보수, 국왕의 장례식 등 국가 주요 행사마다 공식 화가로 참여했으며, 1661년에는 왕실 화원 중 최다 선발 기록을 세우기도 했다.

그의 명성은 한반도를 넘어 이웃 나라인 일본까지 퍼지며 현지에서 폭발적인 인기를 끌었다. 1636년과 1643년 두 차례 외교 사절단의 화가로 일본을 방문했을 때, 그의 작품 하나를 얻기 위해 비단과 금가루, 심지어 엄청난 재물을 아끼지 않았다는 이야기는 그의 예술적 영향력을 잘 보여주는 일화이다. 일본의 선불교 회화 전통과 만난 그의 신선도와 달마 그림은 깊은 감동을 주었고, 그의 작품은 영적 신비와 예술적 혁신을 동시에 전달하는 다리가 되었다.

한편, 연담의 삶과 예술은 수많은 일화로도 전해진다. 인조로부터 공주에게 줄 빗첩에 그림을 그리라는 명을 받았을 때, 육안으로는 보이지 않는 이 두 마리를 그려넣어 모두를 놀라게 한 이야기는 그의 기지와 세필력을 상징적으로 보여준다. 또한 금가루를 입에 머금고 벽 사방에 뿜은 뒤 그 자국들을 따라 그림을 완성했다는 일화는 그의 파격과 즉흥성 속에 내재한 절정의 예술혼을 드러낸다.

이처럼 연담 김명국은 조선 회화사에서 단순한 궁중화원을 넘어 시대와 장르를 넘는 독창적 정신의 소유자였다. 그는 전통과 관습을 초월해 자신만의 내면적 진실을 그림으로 표현했고, 그 안에는 조선 예술의 자유정신과 창조적 광기, 그리고 무엇보다도 진정성이 배어 있다. 그의 그림은 그리움과 사랑, 자유를 향한 내면의 응시를 담은 상징이 된다.

—

함석태 선생은 1934년 6월 22일부터 6월 30일까지 《동아일보》가 주최한 '조선중국고서화전람회'에 소장하고 있던 연담 김명국의 〈선인도(仙人圖)〉를 출품했다.

2
묵죽의 세계를 잇다: 수운 유덕장

조선 중기, 대나무를 화폭에 담아낸 대표적인 화가로 수운 유덕장(峀雲 柳德章, 1675 - 1756)이 있다. 그는 동시대의 이정(李楨), 후기의 신위(申緯)와 함께 조선 3대 묵죽화가로 꼽히는 인물이다. 특히 그의 대나무 그림은 '속세를 벗어난 고고한 기세'라는 찬사를 받을 정도로 동시대 문인들에게 깊은 인상을 남겼다.

유덕장의 묵죽화는 이정의 화풍을 계승한 것으로 평가받는다. 특히 굵은 대의 통죽(筒竹)을 다루는 방식에서 두 화가의 유사성이 뚜렷하게 드러난다. 하지만 유덕장은 이정에 비해 마디의 입체감을 표현하는 데 있어 비교적 절제된 방식—거의 직선에 가까운 선을 활용—을 취했으며, 세밀한 필획보다는 전체적 기운과 분위기를 중시한 화풍을 보였다. 또한 토파(土坡)를 묘사할 때는 이정의 복잡한 묘사 대신 음영과 점묘를 활용해 단순하게 표현하는 경향을 보였다.

이정은 조선 묵죽화의 정점이라 할 만한 인물이다. 그는 임진왜란 때 오른팔을 크게 다쳤음에도 불구하고 강한 정신력으로 다시 붓을 잡고, 오히려 더 힘찬 필선을 남겼다. 특히 바람이나 비에 흔들리는 대나무의 유연한 탄성과 생명력을 탁월하게 담아낸 〈풍죽도〉와 〈우죽도〉 등은 조선 회화사에서 높이 평가받는 작품이다. 이정의 통죽 표현 방식은 마디의 양 끝을 둥글게 둘러 입체감을 강조하고, 점차 먹색이 옅어지는 수묵의 농담을 통해 대나무의 생동감을 극대화하는 기법으로 후대 묵죽화가들에게 큰 영향을 끼쳤다.

이와 같은 전통 위에 선 유덕장은 이정의 기법을 바탕으로 자신만의 표현을 덧입혔다. 예컨대 풍죽이나 설죽을 그릴 때 먹의 짙고 옅음을 대비시켜 공간감을 연출하는 수법이나, 대의 앞뒤 관계를 먹색만으로 처리하는 방식은 이정의 것을 모방하면서도 자신의 감각을 반영한 결과라 할 수 있다.

그에 작품에 대해 필법과 묘사, 기술면에서(특히 잎새의 표현이나 먹의 미세한 활용에 있어서) 이정의 경지에 완전히 도달하지는 못했다는 평가가 있기도 하지만, 유덕장은 대나무 그림을 중심으로 당시 미술계에 깊이 참여한 중요 인물이었다. 또한 그의 작품은 독창적 시각을 담고 있어 미술사적으로 상당한 가치를 지닌다.

조선시대 수묵 대나무 그림은 단순한 묘사를 넘어서 상징적 세계를 구축하는 예술이라 할 수 있다. 유덕장의 대나무 작품 역시 고상한 선비 정신과 내적 절개를 표현하는 문인화 전통의 맥락을 잇는다. 조선 중기의 선대 화가의 강인한 필력과 뛰어난 구도감을 바탕으로 그는 시대 감성에 맞는 대나무 표현을 새롭게 구현해냈다. 수묵 대나무의 정신적 가치를 계승한 그는 조선 미술계의 전통과 혁신 사이를 연결하는 교량 역할을 한 인물이었다.

—

함석태 선생은 1934년 6월 22일부터 6월 30일까지 《동아일보》가 개최한 '조선중국고서화전람회'에 수운 유덕장의 묵죽(墨竹)을 출품했다.

3
진경의 붓으로 조선을 그린 화가: 겸재 정선

조선 후기 미술사에서 가장 큰 족적을 남긴 화가를 꼽으라고 한다면 겸재 정선(謙齋 鄭敾, 1676 - 1759)을 말할 수 있다. 그는 자연을 단순한 경관이 아닌 민족의 혼과 감성이 스며든 살아 있는 공간으로서 화폭에 옮기고, 그 속에서 살아가는 사람들의 이야기를 밀접히게 연결시켰다.

정선은 중국 그림을 모방하거나 기존 화첩을 참고하던 방식에서 벗어나, 직접 조선의 산하를 찾아다니며 자신의 눈으로 본 풍경을 표현하는 '진경산수화'라는 새로운 길을 열었다. 그가 발을 디딘 모든 장소 - 금강산과 묘향산, 한강 주변 및 서울 주변의 인왕산과 북한산 - 는 예술로 탄생했고, 이 작품들은 한국 회화의 방향을 바꾸는 획기적 전환점이 되었다.

진경산수화는 자연을 있는 그대로 표현하면서도 그 안에 흐르는 생명력과 정서를 포착하여 단순한 사실적 묘사를 넘어선다는 특징을 가지고 있다. 바위의 질감, 물의 흐름, 나무의 구부러진 모습까지 그의 붓을 통해 생명력 있는 세계로 재탄생하게 된다. 그는 외형의 표현과 내면의 투영 사이를 오가며 '현실을 초월한 진실성'을 추구했다.

그런 점에서 〈금강전도〉는 그의 예술 세계의 정점에 달한 걸작이라 할 수 있다. 정선은 여러 차례 금강산 여행을 통해 다양한 시점에서 금강산의 아름다움을 캔버스에 담았는데, 이는 단순한 여행 기록이 아닌 조선인 마음속의 금강산이라는 상징적 존재를 시각적으로 구현한 작업이었다. 화폭 가득 펼쳐진 웅장한 산세와 구름, 산길과 절벽 위 소나무는 금강산의 절경을 장엄하게 표현하는 동시에, 그곳을 거닐었던 이들의 시선을 생생하게 전달하고 있다.

정선은 구도를 짤 때도 감각적이었다. 부드러운 흙산과 단단한 암산을 균형 있게 배치하고 화면 곳곳에 자연의 리듬을 가미하여 보는 이가 실제 풍경을 바라보는 듯한 몰입을 느끼게 한다. 이는 단순히 '그림을 잘 그렸다'는 수준을 넘는다. 그의 작품에는 산수 너머에 깃든 정신, 자연을 통해 삶을 통찰하려는 사유가 배어 있다.

그는 양천현령으로 재직하던 시기에도 붓을 놓지 않았다. 오늘날 서울 강서 지역을 중심으로 제작된 〈양천현아〉, 〈이수정〉, 〈종해청조〉 같은 작품들에서는 행정관으로서의 시선과 화가로서의 시선이 교차한다. 이들 그림은 조선의 공간성과 그 안의 정서가 보다 또렷하게 드러난다.

정선은 후대 회화에도 뚜렷한 영향을 남겼다. 단원 김홍도나 혜원 신윤복과 같은 화가들이 조선의 일상과 풍속을 조형적으로 풀어낼 수 있었던 데는, 이미 정선이 조선의 자연을 '자기 눈으로' 본 방식이 선례로 자리하고 있었기 때문이다. 그는 단지 산을 그린 화가가 아니라 조선의 시각과 사유, 그리고 미감을 스스로의 눈과 손으로 정립한 인물이었다.

그의 예술 세계는 오늘날에도 간송미술관과 국립중앙박물관 등에 소중히 보존되어, 우리에게 '한국적 정체성의 본질은 무엇인가'라는 근원적 질문에 대한 실마리를 던져준다. 겸재 정선이 화폭에 담은 산과 강은 결국 조선의 영혼을 표현한 것이며, 이 땅에서 살아간 사람들의 내면인 것이다.

—

함석태 선생은 1934년 6월 22일부터 6월 30일까지 《동아일보》가 개최한 '조선중국고서화전람회'에 〈금강전경액(金剛全景額)〉을 출품했다.

4
붓으로 피운 예술의 경지: 현재 심사정

현재 심사정(玄齋 沈師正, 1707 - 1769)은 양반 가문 출신이었으나, 정치적 격변으로 관직 진출이 좌절되어 평생을 예술과 함께한 인물이다. 그의 호 현재(玄齋)는 중국 명대 화가 동기창의 아호에서 영감을 받은 것으로, 젊은 시절부터 그는 중국 문인화 전통에 깊이 배료되어 있었다.

심사정의 조부가 연잉군 암살 음모와 연관되면서 가문이 철저히 무너진 이후에 그에게 남은 것은 예술뿐이었고, 이러한 삶의 제약은 역설적으로 그를 더 깊은 예술의 세계로 인도했다.

정선의 제자로 그림을 익힌 그는 진경산수의 바탕 위에 남종화의 미학을 결합하여 한국 미술사에 고유한 발자취를 남겼다. 그의 화풍은 진경산수의 묘사 기법뿐 아니라 중국 화보와 회화 유산, 특히 오파(吳派)와 원대 말기의 대표적 화가들의 양식을 융합한 것이었다. 다양한 준법과 점묘법을 자유자재로 활용하며 북종화와 남종화의 장벽을 초월한 그의 작품은 단순한 모방이 아닌 창의적 재해석의 산물이라 할 수 있다. 〈강가의 저녁 풍경〉, 〈비 내리는 다리에서 매화를 감상하는 모습〉, 〈촉나라의 저녁 풍경〉과 같은 산수화는 그의 깊은 감성을 표현하는 대표적 작품이다.

그는 또한 도교와 불교 인물화를 손가락으로 그리는 독특한 기법을 시도하며 새로운 영역을 개척했다. 특히 손가락으로만 그린 〈유해섬상〉은 그의 뛰

함석태 선생의 소장품이었던 현재 심사정의
〈자년명화〉에 대한 기사
《조선일보》, 1936. 1. 3.

어난 기술과 과감한 실험 정신을 동시에 보여준다. 꽃과 곤충, 새를 그린 작품에서도 옅은 먹과 짙은 먹, 정교한 세필과 대담한 붓놀림을 자유롭게 넘나들어 자신만의 독창적 세계를 구축한 예술가였다.

심사정은 일생 동안 직업화가에 가까운 삶을 살았지만 그의 작품 세계는 단순한 생계의 결과가 아니라 고난 속에서 완성된 예술의 정수였다. 강세황이 평가했듯, 그는 조선 남종화의 정착과 확산에 핵심적인 역할을 한 화가였다. 그의 예술은 시대의 비극을 품은 동시에 그 비극을 초월하여 조선 회화사의 한 중심축으로 자리 잡았다. 그의 그림은 조용한 붓질 속에 한 인간의 꿋꿋한 삶과 미의 추구가 고스란히 담겨 있다.

—

함석태 선생은 1934년 6월 22일부터 6월 30일까지 《동아일보》가 개최한 '조선중국고서화전람회'에 심사정의 〈매도(梅圖)〉와 〈묵연(墨蓮)〉을 출품했다.

5

해학과 문기, 조선 화단의 별: 단원 김홍도

조선 후기의 대표적인 화가 단원 김홍도(檀園 金弘道, 1745 - 1806 이후)는 우리에게 풍속화로 널리 알려져 있지만, 그가 남긴 예술적 유산은 특정 장르에 머물지 않는다. 김홍도는 산수화, 인물화, 영모화, 도석화 등 다양한 분야에서 유려한 필치와 특유의 해학으로 조선 후기 회화사의 결정적 전환점을 마련한 인물이다.

김홍도는 하급 무관 가문 출신이었지만 뛰어난 재능을 인정받아 저명한 예술가 강세황의 추천으로 왕실 그림 기관에 발을 들인다. 이후 왕세손의 초상화 제작과 국왕의 초상화를 그리는 화가로 선발되고, 심지어 일본 지도 제작이라는 국가적 중요 과제까지 맡게 된다. 이러한 이력은 그가 궁중 화가로서의 뿐 아니라 당시 문화와 정치의 핵심 현장에 있었음을 입증한다.

우리가 잘 알고 있다시피 김홍도의 풍속화는 많은 사람들에게 사랑을 받았다. 서당에서 공부하는 아이들, 씨름 경기, 자리를 짜는 장인 등, 그림 속 인물들의 생생한 표정과 움직임은 유머와 따스한 관찰력으로 가득하다. 평범한 사람들의 일상에 생기를 불어넣은 그가 그린 풍경은 단순한 생활상 기록이 아니라 정조의 개혁 정책과 깊이 연결되어 있는데, 백성들의 삶을 예술의 중심으로 끌어들이는 정치적 의미를 내포하고 있다.

산수화에서는 정선의 진경산수의 전통을 이어받으면서도 더욱 자유롭고

김홍도의 〈구룡폭〉(평양조선미술관 소장)

밝은 화풍으로 한국적 정서를 표현했다. 실제 풍경을 기반으로 하면서도 학문적 깊이와 서정성이 어우러지도록 재구성을 하여 작품을 완성했다. 특히 금강산을 그린 〈금강산군첩〉이나 병풍 형태의 산수화들은 단원만의 예술 세계를 상징적으로 보여주는데, 실제 경관을 배경으로 사람과 동물들을 조화롭게 배치하고 있는 점이 특징이다.

도석인물화와 고사인물화에서도 김홍도의 장기는 빛난다. 〈삼공불환도〉, 〈추성부도〉 등은 문헌 속 고사를 차용하되 등장인물에 생생한 인간미를 불어넣는다. 이는 전형적이고 정형화된 도상에서 벗어난 창조적 해석의 시도로, 조선 화단에 문인화의 감성을 불어넣은 기여로 평가받는다.

영모화는 그의 또 다른 재능의 영역이다. 새와 짐승의 생태를 탁월하게 관찰하고 표현한 김홍도는 단순한 정밀묘사에 그치지 않고 대상의 생기를 생생

김홍도 〈노예흔기〉(평양조선미술관 소장)

히 전달한다. 풍속화와 산수화 속에서도 동물들이 조연이 아닌 당당한 존재감으로 등장하는 점은 그의 감수성과 관찰력이 얼마나 뛰어났는지를 방증한다.

김홍도는 한 장르에 갇히지 않은 전방위 예술인이었다. 그가 남긴 수많은 작품들은 조선 후기 회화의 수준을 높였을 뿐 아니라, 이후 장승업과 같은 후대 화가들에게 지대한 영향을 미쳤다. 단원은 단지 그림을 잘 그린 화가가 아니라, 조선적 정서를 예술로 구현해낸 시대의 아이콘이자 우리 회화사가 자랑할 만한 위대한 인물이다.

—

함석태 선생은 1930년 10월 17일부터 22일까지 6일간 《동아일보》 주최 '조선고서화진품전람회'에 단원의 〈동물(動物)〉을 출품했다. 1932년 10월 1일부터 5일까지 개최된 《동아일보》 전람회에는 〈구룡폭(九龍瀑)〉을 출품했다. 또한 1934년 6월 22일부터 6월 30일까지 《동아일보》가 개최한 '조선중국고서화전람회'에 〈노예흔기(老猊掀鬐)〉를 출품했다. 이 작품은 일어서려는 늙은 사자의 모습을 그린 것으로 배경은 생략하고 그리고자 하는 대상만을 포착한 것으로 그의 풍속화에서 볼 수 있는 방식이다. 능숙한 솜씨로 붓의 강약과 먹의 농염을 조절하여 사자의 잠재된 운동감을 느끼게 하는 대가다운 솜씨를 발휘한 대작으로 김홍도 특유의 활달한 붓놀림이 인상적이다.

6

품격 있는 삶과 예술을 살다: 이재 권돈인

조선 후기의 문인 서화가 이재 권돈인(彝齋 權敦仁, 1783 - 1859)은 본관이 안동이며 1813년(순조 13년) 증광시에 병과로 급제하였다. 이후 정자(正字), 헌납(獻納) 등을 거쳐, 1819년과 1835년 두 차례에 걸쳐 동지사로 청나라에 다녀오는 외교 경력을 쌓았다. 이후에도 여러 관직을 역임하면서 경상도 관찰사, 이조판서, 우의정, 좌의정을 거쳐 1845년에는 영의정에 올랐다. 그러나 1851년 진종의 조천례(祧遷禮)를 둘러싼 주장을 계기로 파직되어 순흥으로 유배되었고, 그곳에서 76세를 일기로 생을 마감하였다.

정치가이자 학자였던 그는 서화에도 뛰어난 재능을 보였다. 특히 추사 김정희(金正喜)와는 평생을 두고 돈독한 교유를 이어갔는데, 서로 합벽첩(合璧帖)을 만들고 작품을 주고받았다. 예술적 감식안을 공유한 두 사람의 관계는 단순한 우정보다 깊은 예술적 동지애에 가까웠다.

권돈인의 서체는 당시 김정희의 추사체와 어깨를 나란히 하며 '권합체(權閤體)'로 불렸다. 추사체와 함께 널리 퍼져 후대 서예 양식에 깊은 영향을 미친 그의 서체는 신위의 필법을 기반으로 하면서도 더욱 성숙하고 강인한 필력으로 스승을 뛰어넘었다는 평가를 받았다. 특히 그의 작은 글씨는 김정희의 것과 구별하기 어려울 정도로 유사했다.

그의 행서는 온화함과 절제미를 동시에 갖추었고, 예서는 한나라 시대 예서의 소박한 멋을 따랐는데, 대표작으로 「추사 김정희 화상찬 및 추모시」, 「석노가」, 「추사영실」 등이 있다. 회화 분야에서도 산수화와 먹으로 그린 난초화에 재능을 보였는데, 김정희의 영향 아래 남종 문인화 특성을 계승했다. 대표작인 〈세한도(歲寒圖)〉는 김정희의 〈세한도〉와 화풍상 유사점을 보이지만, 김정희가 마른 붓으로 차가운 절개를 표현했다면 권돈인은 윤택한 붓으로 따스하고 부드러운 분위기를 창조했다. 두 작품 모두 논어의 "추위가 닥친 후에야 소나무와 잣나무의 굳은 절개를 알 수 있다"는 구절에서 영감을 얻었다고 하며, 그 심오한 선비 정신을 작품에 담아냈다.

한편, 권돈인은 김정희의 금석학 연구에도 실질적인 공헌을 한 인물이다. 함경도 관찰사로 부임했을 때, 김정희의 요청을 받아 황초령에 있는 또 다른 진흥왕 순수비의 탁본을 채취해 전달함으로써, 후에 『진흥이비고(眞興二碑攷)』가 완성되는 데 중요한 역할을 했다.

그의 예술 철학은 단순한 기술적 완성을 넘어 당대 미학적 조류를 이끈 핵심 인물이었다. 중국을 여러 차례 방문했음에도 사대주의에 함몰되지 않고 한국 고유의 품격을 유지했다는 점은 특별히 주목할 가치가 있다. 그는 김정희의 독창적 서체가 발전하는 과정에서 아낌없는 지원을 했으며, 추사가 세상을 떠난 후에도 가까운 친구로서 예의를 다했다.

권돈인이 구현한 고전적 우아함, 웅장한 기세, 담백한 미학은 그의 예술 세계뿐 아니라 삶의 태도를 통해 오늘날까지도 본보기가 되고 있다. 다만 그의 문집인 『이재집(彝齋集)』이 유실되어 현존하는 작품에 비해 학문적 평가는 아직 충분치 않다.

—

함석태 선생은 1934년 6월 22일부터 6월 30일까지 《동아일보》가 개최한 '조선중국고서화전람회'에 〈묵란(墨蘭)〉, 〈원당제발(阮堂提跋)〉을 출품했다.

7

전통과 근대를 잇는 조선의 거목: 완당 김정희

조선 후기의 실학자이자 예술가, 그리고 시대를 통찰한 정신적 거목 완당 김정희(阮堂 金正喜, 1786-1856)는 한 시대를 넘어 지금까지도 영향을 끼치는 인물이다. 그는 서예, 회화, 고증학, 불교사상, 정치 참여 등 여러 분야에서 독자적 세계를 구축한 보기 드문 전인(全人)형 예술가였다.

충청도 예산 출신으로 노론 명문가의 후예였던 김정희는 유년기부터 비범한 재능을 보였다. 어린 시절 스승 박제가를 통해 실학의 기초를 닦았고, 1810년 부친 김노경을 따라 청나라 연행길에 올라 60일간 북경에 머물며 옹방강, 완원 같은 청나라 지성들과의 교류를 통해 고증학과 금석학의 정수를 익혔다. 이때의 체험은 그가 훗날 조선 금석학의 토대를 닦는 데 결정적 영향을 끼쳤다. 진흥왕순수비를 고증하여 조선 금석학의 신뢰성을 높인 것도 이때의 연구 역량 덕분이었다.

그의 예술은 곧 사상이고 글씨는 정신의 표현이었다. 김정희의 서체는 단순한 형태적 아름다움을 넘어 깊은 사유와 철학이 스며든 독창적 양식이었다. 그는 오래된 비석과 금속 명문을 깊이 연구하고 북위시대 예서를 한국적 감성으로 재해석하여, 미적 완성도와 정신적 깊이를 동시에 담아낸 글씨체인 추사체를 창조했다. 그의 서체는 경직된 전통에서 벗어나 새로운 한국적 미의 가능성을 제시했다. 여러 서체에 두루 능통하면서도 각 글씨체를 자유

김정희, 〈세한도(歲寒圖)〉

롭게 넘나든 그의 필력은 당대뿐 아니라 현재까지도 강한 영향력을 발휘하고 있다.

그는 회화 분야에서도 조선 문인화의 정수를 보여주었다. 대표작 〈세한도〉는 유배지인 제주에서 이상적이 보내온 책에 대한 의리의 감동으로 그린 작품이다. 혹독한 겨울 속에서도 굴하지 않는 소나무와 잣나무는 김정희 자신이 추구한 선비 정신의 상징이며, 이 그림은 문인화가 단순한 시각 예술이 아닌 정신과 교류의 매개체임을 보여준다. 〈불이선란도〉는 유마거사의 불이사상을 담은 수묵 난초화로 그의 불교적 통찰과 예술적 기법이 융합된 걸작이라 할 수 있다. 김정희에게 난초는 단순한 자연물이 아닌 철학적 사유의 시각적 표현이었다.

완당은 초의선사와의 교류를 통해 불교 철학과 차 문화에도 조예가 깊었는데, 동시에 실학자들의 사상도 수용하여 유교와 불교, 실학이 조화를 이룬 독자적 학문 세계를 구축했다. 그는 다산 정약용과 서신을 주고받으며 교류했고 정약용의 아들 정학연과도 친분을 쌓기도 했다. 그의 열린 사고 방식은 중인 계층, 승려, 화가 등 다양한 배경의 사람들과 평등한 관계에서 잘 알 수 있다.

그러나 그의 삶은 결코 순탄치 않았다. 친구 조인영과의 관계, 풍양조씨와 안동김씨의 세도정치 속에서의 부침, 그리고 윤상도 사건에 연루되어 겪은 유배 등 정치적 여정에서 그는 시대의 파고를 온몸으로 겪게 된다. 하지만 유배지에서조차 학문과 예술적 열정은 식지 않았고, 그곳에서 난초를 그리고 돌로 만든 화살촉을 연구하며 『석노가』를 저술하는 등 학문의 깊이를 더해 갔다. 8년간의 제주 유배는 오히려 그가 예술적으로 더욱 성숙해지는 결정적 시간이 되었다.

귀양 후에도 김정희는 후학 양성에 힘썼고, 허련, 민태호, 오경석 등 수많은 인재들이 그의 문하에서 배출되었다. 특히 김정희는 제자들과의 관계에서도 위계보다는 교감과 소통을 중시했으며, 예술과 학문이란 결국 삶의 태도와 맞닿아 있다는 철학을 공유하였다.

말년, 과천에 머물며 조용히 여생을 보낼 때까지 그는 붓을 손에서 놓지 않았다. 세상을 떠나기 나흘 전에도 봉은사의 판전 현판을 쓰며 예술혼을 이어갔다. 그의 삶은 단지 예술가로서의 생애가 아니라 조선 후기의 정신과 미의식, 시대의 전환을 고스란히 담고 있는 상징이기도 하다.

완당 김정희는 전통을 계승하면서도 새로운 세계를 열어젖힌 이정표와 같은 인물이다. 그의 서화는 조형미뿐 아니라 정신성과 철학, 교유의 흔적을 담고 있으며 그의 학문은 조선의 마지막 실학자로서 근대를 여는 창이 되었다.

—

함석태 선생은 1930년 10월 17일부터 22일까지 《동아일보》사에서 개최한 '조선고서화진장품전람회'에 〈예서십폭병(隷書十幅屛)〉을 출품했다. 또한 1934년 6월 22일부터 6월 30일까지 《동아일보》가 개최한 '조선중국고서화전람회'에 〈행서칠언대련(行書七言對聯)〉, 〈적고당예액(籍古堂隷額)〉, 〈묵란〉 등을 출품했다.

8

조선의 아웃 사이더: 호생관 최북

최북(毫生館 崔北, 1712 - 1786?)은 조선 후기를 대표하는 서민 화가이다. 자는 성기(聖器), 호는 호생관(毫生館), 성재(星齋) 등으로 알려진 그는 중인 계층 아버지와 기생 어머니 사이에서 태어나 신분적 한계 속에서 화가의 길을 택한다. '붓 하나로 생계를 이어가는 사람'이라는 뜻을 가진 '호생관'이라는 그의 호처럼 그는 그림에 전 생애를 바친 예술인이었다.

최북은 한쪽 눈이 보이지 않는 화가로 유명한데, 고위 관리의 거만한 태도에 격분해 붓으로 자신의 눈을 찔러 시력을 잃었다는 일화는 그가 예술가로서 지닌 자부심과 독립성의 상징처럼 전해진다. 그는 그림 의뢰가 있어도 마음이 내키지 않으면 붓을 들지 않는 원칙을 지키는 것으로도 유명했다. 구속 없는 방랑 생활을 했던 그의 삶은 단순한 일탈이 아닌 당시 사회 체제와 예술 권위에 대한 지속적인 도전이라 해석할 수 있다.

중국 남종 문인화 전통에서 시작한 그의 화풍은 점차 한국의 실제 풍경을 담은 진경산수화로 발전한다. 그는 "조선 사람은 조선의 산천을 그려야 한다"고 강조하며 중국 산수를 맹목적으로 모방하는 당시 화단의 경향을 비판했다. 이는 한국 미술의 독자성과 정체성을 지키려는 노력이었으며 정선 이후 진경산수화의 흐름을 이어가고자 하는 의지였다.

최북은 산수화뿐 아니라 인물화, 꽃과 새를 그린 화훼영모화, 시를 그림으

함석태 선생의 소장품으로 추정되는 취북의 〈금강산전도〉(평양조선미술관 소장)

로 표현한 시의도 등 다양한 장르에서도 뛰어난 재능을 발휘했다. 특히 〈풍설야귀인도〉는 그가 직접 시구를 시각화한 시의도의 대표작으로, 격정적인 붓질과 예리한 감정이 생생하게 표현되어 있다. 이 작품은 손가락으로 그렸다는 설이 있을 만큼 실험적이고 자유분방한 기법을 선보인 것으로 평가받는다.

그는 또한 당대 문인들과 활발한 소통을 통해 예술의 지평을 확장했다. 강세황, 이광사, 신광수 등과의 교류는 그의 예술적 신념을 공유하고 확산하는 데 중요한 역할을 했고, 〈아집도〉 등의 공동 작업을 통해 미술사에 뚜렷한 족적을 남기기도 했다. 남공철의 문집에는 그에 관한 일화와 성격이 여러 차례 언급되어 있는데, 조선 예술계에서 그가 얼마나 독특한 인물이었는지를 증명해준다.

그의 예술은 기술 이상의 것이었다. 그림에는 고통, 유랑, 자유, 그리고 조선에 대한 애정이 담겨 있었다. 기성 권위와 양반 중심의 질서에 저항하며 자신의 붓으로 살아낸 최북은 조선 후기 회화사의 경계를 확장한 인물이었다. 약 90여 점의 작품이 전해지며, 오늘날에도 그의 그림과 삶은 자유로운 예술 정신의 상징으로 회자된다.

—

함석태 선생은 1930년 10월 17일부터 22일까지 《동아일보》사에서 개최한 '조선고서화진장품전람회'에 〈금강경도(金剛經圖)〉를 출품했다. 또한 1934년 6월 22일부터 6월 30일까지 《동아일보》가 개최한 '조선중국고서화전람회'에 〈금강전경선면(金剛全景扇面)〉을 출품했다. 근대의 화가이자 미술 이론가인 근원 김용준이 1948년에 간행한 『근원수필』에서 함석태 소장 최북의 〈금강산선면〉을 언급한 바 있는데, 이 작품이 평양의 조선미술박물관 소장의 〈금강산전경선명〉으로 추정된다. 최북 특유의 필치보다 태점(笞點)을 반복으로 사용했다.

9
꽃과 붓의 경계의 예술: 북산 김수철

조선 후기에서 근대로 접어드는 전환기의 화단에는 시대의 틀을 가로지르며 자신만의 빛을 남긴 인물들이 있다. 북산 김수철(北山 金秀哲, 19세기) 역시 그러한 존재였다. 그의 자는 사기(士器), 호는 북산이며 생몰 연대는 정확히 전하지 않으나 젊은 나이에 생을 마감한 것으로 전해진다. 비록 짧은 생애였지만 그는 화단에서 단연 주목할 만한 존재였다.

김수철은 특히 화훼 절지화(꽃과 나뭇가지를 일부 잘라 그리는 정적인 화훼도)에 탁월한 솜씨를 보였다. 붓끝에 담긴 그의 감각은 고전의 전통에서 벗어나, 생략과 여백을 미학으로 삼아 신선하고도 문기(文氣) 어린 분위기를 자아낸다. 채색과 구성 면에서는 완성도가 아쉽다는 평가도 있지만, 그만의 유려하고 근대적인 표현 방식은 오히려 그의 그림을 시대를 앞선 회화로 평가받게 했다. 이는 전통과 서구적 감수성이 교차하던 시기, 북산의 작품이 후대에 재조명되는 중요한 배경이 되었다.

조선 후기의 대표적 문인화가 추사 김정희는 북산의 그림 〈매우행인도〉를 평하며 이렇게 말했다. "포치는 능숙하고 붓질에는 막힘이 없지만 채색의 섬세함은 미흡하며 인물 표현에는 약간의 조급함이 있다." 이 평은 김수철의 장단점을 압축적으로 보여준다. 붓의 운용에서는 자유로웠고 공간 구성에는 능숙했으나 인물 묘사와 착색에는 다소 부족함이 있었다는 것이다. 하지만 추사조차 그의 구성력과 감각적 표현에는 탄복하였으니, 이는 곧 그의 예술이 당대의 규범을 넘어서 있었다는 증거이기도 하다.

그의 대표작 중 하나인 〈송계한담도(松溪閑談圖)〉는 북산체라 불리는 그의 화풍을 가장 잘 보여주는 작품이다. 긴 소나무가 휘어지듯 화면을 휘감고 그 아래 앉은 인물들은 말없이 자연과 조응한다. 장송의 곡선과 여백 사이에 스며든 흐릿한 채색은 동양화의 전통 위에 서구 수채화적 감각을 가미한 듯 보이며, 이것이야말로 북산이 독자적인 경지에 이르렀음을 말해준다. 인물은 구체적인 묘사 없이도 대화를 나누는 듯한 정취를 풍기고, 전체적으로는 조용한 대화처럼 화면이 흘러간다.

김수철의 그림은 서양화에 본격적으로 문을 열기 전, 한국 화단이 가졌던 감각저 실험과 표현의 다양성을 보여주는 귀중한 사례다. 그는 남들이 전통의 문지방에서 머뭇거릴 때, 그 문을 조심스레 밀고 들어가 새로운 감각을 펼쳤다.

비록 생애는 짧았지만 그의 화풍은 여전히 신선하다. 북산 김수철은 시대를 앞서간 한 예술가로서, 그리고 오늘의 회화적 상상력에 은밀히 숨결을 불어넣은 선구자로 기억될 것이다.

—

함석태 선생은 1932년 10월 1일에서 5일까지 개최된 '동아일보전람회'에 〈선면매죽(扇面梅竹)〉을 출품했다. 또한 1934년 6월 22일부터 6월 30일까지 《동아일보》가 개최한 '조선중국고서화전람회'에 〈화분대복(花奔對福)〉을 출품했다.

10
붓끝에 깃든 고요한 자존: 석파 이하응

정치적 갈등과 개혁으로 점철된 격동의 인물 흥선대원군 이하응(石破 李昰應, 1820 - 1898)은 조선의 마지막 격랑기를 이끈 국정 운영자일 뿐 아니라, 탁월한 서화가로서의 흔적을 남긴 인물이다. '석파(石坡)'라는 호로도 잘 알려진 그는 정계에서 물러난 후 예술에 몰두하며 문인화로서의 정체성을 뚜렷이 세운 예술가였다. 그가 남긴 〈묵란도(墨蘭圖)〉는 단순한 회화가 아니라, 기예와 정신, 세속으로부터의 초연함이 조화를 이룬 선비 정신의 형상화였다.

그의 대표작인 〈흥선대원군 필 묵란도〉(서울시 유형문화재 제142호)는 말년에 완성된 12폭 병풍으로 유려한 먹의 흐름과 절제된 여백의 미학을 통해 난초의 생명력을 표현했다. 병풍에 그려진 기이한 바위와 난초는 그의 내면세계를 반영한 상징물이다. 잎사귀의 곡선과 바위의 구조는 조선 후기 문인화가 정학교의 영향을 받았다고 전해지는데, 붓의 움직임에서는 그만의 개성과 독창성이 뚜렷하게 드러나며 '석파란법'이라 불릴 만한 그만의 예술적 경지를 보여준다. 각 폭의 양쪽에는 작품을 그리게 된 배경과 예술 형식에 대한 사색, 그리고 진정한 감상자를 만나길 바라는 화가의 소망이 담긴 산문 형식의 자필 글이 있다. 이를 통해 석파의 작업이 정신 수양과 철학적 사유를 담아내는 매개체로서 예술을 추구했음을 알 수 있다.

그의 글씨체는 김정희의 추사체를 기반으로 하지만, 노년에 이르면 더욱 자유롭고 활달한 형태로 발전한다. 행서로 쓰인 병풍의 제목은 그가 문자의 향기와 먹의 묘미를 조화시킨 경지를 보여준다. 석파의 서예와 회화는 모두 선비 정신과 무관심한 듯하면서도 깊은 자의식이 결합된 산물이었다.

이하응의 난초 그림은 후대 서화가 김응원(金應元)에게 영향을 미치게 되고, 이는 다시 근대 미술 교육기관인 서화미술원(1911년 설립), 서화협회(1918년 설립)의 흐름으로 이어진다. 이러한 석파의 난초 표현 기법의 흐름은 단순한 기술 전수가 아닌 내면의 뜻을 그림으로 표현하는 정신의 계승이자 전통과 근대를 잇는 가교라 할 수 있다.

유배와 은거의 시간은 그가 먹과 종이를 매개로 자아를 응축하고 내면을 다스리는 예술가로 성숙해가는 과정이었다. 오늘날에도 여전히 한국 문인화의 깊은 숨결을 증언하고 있는 그가 남긴 먹의 향기와 붓끝의 울림은 시대를 초월한 예술적 독백으로 남아 있다.

—

함석태 선생은 1930년 10월 17일부터 22일까지 《동아일보》사에서 개최한 '조선고서화진장품전람회'에 석파 대원군의 〈란(蘭)〉을 출품했다. 또한 1934년 6월 22일부터 6월 30일까지 《동아일보》가 개최한 '조선중국고서화전람회'에 〈묵란대폭(墨蘭對幅)〉을 출품했다.

속이 후련하다. 막힌 체증이 내려간 듯 시원하다.

2년 전부터 훌륭한 선배이신 함석태 선생님의 기록을 남겨야겠다고 마음먹었다. 자료를 준비하고 챙겼다. 막상 원고를 쓰려하니 힘이 들었다. 수필은 몇 편 써봤지만 방해한 양의 자료를 정리하는 글을 써본 적이 없어 두려움이 앞섰다. 게다가 시력이 안 좋아 조금만 원고를 써도 눈이 아프고 졸음이 먼저 찾아왔다. 더욱이 워드 치는 실력도 시원치 않아 진도가 더뎠다. 다행히 성당모임에서 알게 된 출판 경험이 있는 대단한 자매님을 알게 되어 큰 도움이 되었다. 그분 도움이 아니었다면 좌절했을지 모른다.

1925년 함석태 선생이 만든 한성치과의사회 100주년을 맞아 기어이 전기를 쓰겠다고 목표는 정했다. 함석태의 일대기(一代記)는 우리 민족의 일대기이고 그분의 수난과 고통은 우리 모두의 고통이었다.

함석태는 한국 최초의 치과의사이자 최초의 치과개원의, 구강계몽운동가, 문화재수집가, 나라를 아낀 애국운동가였다. 그 흔적을 부족하나마 남기게 되어 기쁘다. 남겨야 되겠다는 불같은 마음이 끓어올랐다.

도와주신 모든 분께 감사드린다. 특히 교정과 글을 다듬어주신 글나무 출판사 오혜정 사장님께 감사드린다.

폭싹 속았수다.